i
imaginist

想象另一种可能

理
想
国
imaginist

穿透

严飞 — 著

像社会学家一样思考

上海三联书店

图书在版编目（CIP）数据

穿透：像社会学家一样思考 / 严飞著 . -- 上海：
上海三联书店，2020.11（2025.8 重印）
ISBN 978-7-5426-7198-1

Ⅰ . ①穿… Ⅱ . ①严… Ⅲ . ①社会学—通俗读物
Ⅳ . ① C91-49

中国版本图书馆 CIP 数据核字 (2020) 第 179009 号

穿透：像社会学家一样思考

严飞 著

责任编辑 / 殷亚平
特约编辑 / 刘　畅
装帧设计 / 艾　藤
制　　作 / 李丹华
监　　制 / 姚　军
责任校对 / 张大伟
出版发行 / 上海三联书店
　　　　　（200041）中国上海市静安区威海路755号30楼
联系电话：编辑部：021-22895517
　　　　　发行部：021-22895559
印　　刷 / 山东京沪印刷科技有限公司

版　　次 / 2020 年 11 月第 1 版
印　　次 / 2025 年 8 月第 10 次印刷
开　　本 / 1230mm×880mm　1/32
字　　数 / 210千字
印　　张 / 10.875
书　　号 / ISBN 978-7-5426-7198-1/C · 603
定　　价 / 68.00元

如发现印装质量问题，影响阅读，请与印刷厂联系：0533-8510898

序 言
那天下班，他才发现自己的家没了——社会学的想象力

梁文道

　　我有一个同事，30来岁，低调、诚恳，喜欢电影，爱好拍摄，时常注意到街头巷角一些不为人在意的景象，例如一个推着独轮车运着不知道什么东西的工人，以及墙头几根刚刚结出花蕾的野草。由于他实在是太低调了，又或者是因为我太少在公司出没，所以我跟他一直没有太多的交流。于是那件事发生之后，我也是隔了两天才从其他同事那里知晓。是的，2018年的冬天，我们都晓得，城市在排查"违法建设与经营"，尽管主流媒体报道不多，但还是能在社交媒体上看到的讯息和图片。快要过春节了，有人在时限前抢出大包小包的衣物，运筹着怎么样回老家。也有些人是晚上下了班回家，才发现早上出门时还有不少小店和小摊的街道，已经崩解成一片工地。还有人一下子不知道该怎么办才好，夜里在马路徘徊……可是新闻太多，又有那么多事情抢夺我们的关注；再加上这些事情好像

都离我们挺远，大家的工作又这么忙碌，于是关心，也就只能是今天互联网时代最常见的那种 15 分钟不到的关心，140 个字之内的表态。

但我无论如何也想象不到，这个同事竟然也是那条消息的角色之一。其他同事告诉我，那天下班之后，他才发现自己的家没了，唯有勉强在瓦砾中找回几袋东西。夜深，他只好临时找到可以帮忙的朋友，寄住几天，于是一下子，手机上看到的消息，忽然就离自己近了很多。

很奇怪，无论怎么看，这个白领同事并不像我们平常所见的那种"底层群体"呀。在请公司注意一下情况，看看有什么可以帮忙之后，首先我想到，是不是我们公司的薪水太低，竟然要一个同事住在那种随时会被拆掉的地方？然后我又反过来想，也许这只是因为他要省钱，住在那样的地方，条件不怎么样，开销肯定少。都城大不易，不知有多少外地过来的青年，得咬着牙栖身。那一类街区，说近是不近，但又绝对不会太远（否则住在里面的人，该如何伺候这座城市最低端的需求？），价格相宜，或者还真有许多像他这般类似境遇的人呢。假如一个人同理心并不发达，说不定会认为这是他自己计算错误，做了不对的决定，当初要不是为了省钱，就不必遇到这种麻烦。再凉薄一些，甚至可能推论下去，觉得他根本一开始就不应该搬到这座城市，贪慕原来不属于自己的前景；现在这里发展了，难免要牺牲"少数"。很不巧，只是正好轮到他成了"少数"。

其实我只是想用这个例子，说明严飞这部新著究竟是本什么样的书。像这样的事情，发生在离我这么近的范围，我当然很容易把它理解为个案，是一个人不幸的故事。从他自己来讲，未来某日，回头省思，说不定也会把它当作个人生命史中的一件奇特遭遇，检视它发生在自己身上的原因，以及留下来的影响，并且把它化为值得说给晚辈听的故事。但身为旁观者的我们，如果扩大视野，把它放在更广阔的格局以及结构中，我们有没有可能会对这件事情产生更丰满的理解呢？又假如他本人，也采取了更宏观的角度，将他的遭遇联系到其他人身上（比如说他当时的邻居），那又会得出怎么样的结论呢？

　　"在一座拥有 10 万人口的城市中，如果只有一个人失业，那这就是他的个人困扰。但在一个有 5000 万就业人口的国度里，如果有 1500 万人失业，这就成了公共议题。"这句话出自 20 世纪中叶，美国"新左派"社会学家米尔斯（C. Wright Mills）的名著《社会学的想象力》（*The Sociological Imagination*）。[1] 米尔斯在美国知识界特别保守的那个年代，可是出了名的叛逆分子，曾经跑到美国新崛起的敌人古巴那里，与卡斯特罗（Fidel Castro）畅谈拉丁美洲身处美国后院的困境，让冷战年代一些美国人怀疑他是共产党的同路人。然而一回头，他又去了苏联，在官方宴会上面举杯祝酒，祈愿将来有一天，看到被暗杀的托洛茨基（Leon Trotsky）的著作，能在苏联的土地上重新出版。他脾气急躁，行文咄咄逼人，总是满怀热情地想要读者掌握

---

[1]　以下米尔斯的引述，均出自《社会学的想象力》，《第一章：承诺》。——编著

一种非常要紧的特质。这种特质，他称之为"社会学的想象力"。

他说："人们通常不从历史变迁和制度矛盾的角度出发，来界定自己所经历的困扰。他们只管享受安乐生活，一般不会将其归因于所处社会的大起大落。普通人很少会意识到，自己生活的模式与世界历史的进程之间，有着错综复杂的关联。他们通常并不知道，这种关联如何影响到自己会变成哪种人，如何影响到自己可能参与怎样的历史塑造。"因此，"他们所需要的，以及他们感到他们所需要的，是一种特定的心智品质，这种心智品质能够有助于他们运用信息，发展理性，以求清晰地概括出周边世界正在发生什么，他们自己又会遭遇到什么。我的主张是，从记者到学者，从艺术家到公众，从科学家到编辑，都越来越期待具备这种心智品质，我们不妨称之为社会学的想象力。"请注意，他并不只是在对社会学家，或者研读社会学的学生说话；他还期盼包含你我在内的大众，也都能够拥有这种"社会学的想象力"。用最简单的话来讲，这就是一种可以在个体与社会之间，在个人遭遇与更广大的历史场景以及社会机制之间，架构出某种连接的能力。为什么这种特质和能力如此重要？

米尔斯解释道："具备社会学的想象力的人，就更有能力在理解更大的历史景观时，思考它对于形形色色的个体的内在生命与外在生涯的意义。社会学的想象力有助于他考虑，个体陷于一团混沌的日常体验时，如何常常对自己的社会位置产生虚假的意识。在这一团混沌中，人们可以探寻现代社会的框架，进而从此框架中梳理出各色男女的心理状态。由此便可将个体的那些个人不安转为明确困扰；而公众也不再漠然，转而关注公共论题。这种想象力的第一项成果，即体现它的社会科学的第一个教益，就是让人们认识到：个体若想理解自己的体验，估测自己的命运，就必须将自己定位到所处的时代；他要想知晓自己的生活机会，就必须搞清楚所有与自己境遇相同的个体的生活机会。"

　　《社会学的想象力》这本小书已经出版超过 60 年了，但直到今天，都还是很多社会科学课程必备的入门。在专业论文和论著之外，非常喜欢写作小册子去和普通人沟通的米尔斯，确实希望这本书能有更多的读者。我第一次读到它，是 30 多年前的事了，坦白讲，当时的我并没有完全读懂（我始终怀疑这其实是毕业生该看的书，用来提醒自己所学何为，而不是交给新生的教材）。可是，我始终记得米尔斯那热切的呼吁，尖锐的批判。他要我们想象自身的处境，其实并不都只属于自己，更是我们看不到的巨大力量所塑造的结果。我们必须理解那股力量；并且在有可能的情况下，参与行动，改变那些要比我们个体庞大得多的东西。当然你也可以试着用一句话去打发这本书，一句老话："这都是社会的错。"例如我那位同事的不幸，我们都可以简单总结："好吧，这是社会的错。"可这种话说了，岂不等于没说？重点在于我们凭什么指认这是社会的问题？什么叫作"社会"？又该如何解释一个人的具体处境，与社会结构和历史力量之间的关系？所以光是有这样的想象力，还远远不够，我们更需要掌握一套甚至好几套不同的工具跟方法。

　　我是在香港认识严飞的，那时候他刚从牛津念完硕士，正准备再去斯坦福深造。那时候我就发现他具备了我在米尔斯的著作中所读到的那种热情，但他当然不像米尔斯那样火爆；相反的，他足够冷静，能够为自己和自己身处的人间，间隔出一段在社会学上来讲非常必要的理想距离。所以待他回国任教，安稳了一段日子之后，我就邀请他在我们"看理想"开设一档关于社会学的节目。我猜想，对于许多社会学者来讲，这种入门节目或许不算太难，把学校里的基础课程再简化一些便是。但问题是这样的东西已经太多，我们在市面上也都能见到林林总总的社会学入门书，往往都是罗列一些最根本的概念和方法，介绍社会学底下的不同领域，说明那些最经典的问题；还有，用最浅白的语言去解释几个社会学大家的核心理论。然而这都不是我想要的，因为我们假想的听众都不是专业的社会学学生，而是米尔斯所期待的"大众"。就算听懂了塔尔科特·帕森斯（Talcott Parsons）的"结构功能论"，甚至德国社会学家尼克拉斯·卢曼（Niklas Luhmann）对于"一阶观察"和"二阶观察"的界分，这对我们而言又有什么好处呢？我真正想要的，是让大家习得"社会学的想象力"，一种社会学家的思考方法，一种能够帮助我们更好地省视自身际遇的视野。

　　你现在看到《穿透：像社会学家一样思考》，就是脱胎自严飞为"看理想"做的那档节目。没错，他的确是让我们听懂了社会学奠基者们的一些核心观念。但更重要的，是他真正示范了这些伟大思想家提供的工具，如何有助于我们培养那种必要的特质，去想象我们自己身边所发生的事情，与更宏阔的社会空间的联系。他让我们看见了广场上跳舞的人群，原来并不是一个亲密的社群。使我们理解为何有那么多城市底层的务工者，要在"快手"上面做一场没有一个观众的直播。他甚至令我们发现，是什么样的秩序观念，令我那位同事在下班之后，才发现自己的家已经不在的事件。严飞在此展现的能力，正是足以穿透个别现象的"社会学的想象力"。于是这本书，我可以大胆地把它看成是《社会学的想象力》面市 60 年之后，一位中国知识分子采用当代中国素材所完成的回响。

目 录

前　言

让我们像社会学家一样思考

什么是社会学？

什么是社会学？社会学到底研究什么？相信不同家庭背景、不同生活经历的朋友，都会根据个人的体悟和对社会的观察，给出完全不同的答案。即便是学习社会学许久的社会学系师生，也未必会给出一个完全统一的答案。

用最通俗的话来讲，社会学就是研究社会的一门学问。但是这样的回答显然太过笼统，因为"社会"本身就是一个非常庞大的存在。我们每天都生活在社会之中，每天和形形色色的人打交道，反而会忽视我们所生活的这个社会：她到底是以什么样的方式存在和运转的？人和人之间，到底又是如何相处与交往的？

在我看来，社会学的一个核心命题，就是对人性与社会秩序进行研究。对于人性与社会秩序的追问，长期以来都是社会学家试图认识理解我们这个世界的核心使命。

那么到底是人性在先，还是社会秩序在先？是人性构成了社会秩序的基础，还是社会秩序不断塑造着人性？

要回答这样的问题并不容易。因为，不同流派的社会学家，会根据研究对象的不同，在阐释人性和社会秩序及相关问题时做出各自优先的选择。因此我们看到，在社会学发展的长河中，诞生出了种类繁多的社会学流派：结构功能理论、社会冲突理论、社会交换理论、符号互动理论，等等。同时我们还能够看到，社会学中各种不同范式间的对立与转换，既与人们在何种层面上讨论"人性与社会秩序"的问题密切相关，也与人们对理解社会的不同层级紧密相连。

事实上，秩序可以规范和约束人性，人性反过来也会塑造秩序、维护秩序。但同时人的最天然最原始的本性，就是冲破秩序的约束和规范。这两者互相缠绕、互相博弈，构成了我们的社会。

人性是一个复杂的存在。经济学家喜欢强调人类是理性的动物，在理性的思维之下，人们喜欢计算利益的得失，规避风险，降低成本，追求利益和利润的最大化。这几乎是人性的本能。而社会秩序就是由无数利己的"经济人"相互交易而形成的，市场则变成了"一只看不见的手"，政府要扮演的则是"守夜人"（night watchman）的角色。换句话说，经济学家认为人类利益性的理性追求，为社会生活领域中的秩序奠定了理性的基础。

但是，在社会学家的分析框架中，人们则是要挣脱理性的囚笼，摆脱祛魅的世界，因为人们不仅仅是理性人，更是社会人。在社会当中，人和人是通过千丝万缕的纽带紧密连接，不断地进行社会交流与互动。这一现象在社会学理论中，被称为"镶嵌"（embeddedness），即人是嵌套在社会中的，没有办法孤立的存在。人们的行为因此会受到很多非正式制度的约束，譬如情面、场面、道德、习俗、规范等。这就需要人们在行动中，不仅要考虑自己，也要考虑他人、家庭、社区的存在，考虑自己的预期是否符合社会的要求，考虑整个社会的"共享价值"。这些考虑就会导致人们在一个事件面前，或在历史的某个关键节点，做出不同的选择。由选择导向行动，行动又指向社会秩序的排列，而这背后，又是我们复杂的人性。

社会学的动力从何而来？

美国社会学家约翰逊（Doyle Paul Johnson）曾提出，社会学的产生动力来自两个方面：其一是"前所未有的复杂的社会变迁"，其二是这种变迁获得了来自知识界的有意关注，因为正是"急剧的社会变迁……有可能提高人们自觉地反复思考社会形式的程度"[1]。

在我看来，今时今日的中国社会正在经历一场"前所未有的复

---

[1] ［美］D. P. 约翰逊：《社会学理论》，南开大学社会学系译，国际文化出版公司，1988年，第18页。

杂的社会变迁"。贫富差距的不断扩大，导致阶层固化现象在加剧；农村留守儿童和城市打工子弟一代，在为着打工经济做出牺牲；经济发展对于人口红利需求强烈，反之则是不堪重负的育儿成本和代价，到底应不应该生二胎成为家庭与社会争论的焦点，于是有专家站出来，提议要把工资的一定比例拿出来缴纳生育基金，不生二胎不能取；技术的创新与进步带来了自媒体平台和共享经济的兴盛，我们每天都在使用共享单车、共享专车，在手机上看微信、刷抖音，在享受技术便捷的同时，新媒体平台上的诈骗和谣言却层出不穷，共享经济也带来了诸如滴滴顺风车司机涉嫌杀害乘客的惨案；消费主义浪潮不断兴起，霓虹灯下的欲望在膨胀，然而中产阶级却在热烈地讨论消费降级，人们愈发陷入为工作、为学区房、为子女教育、为食品安全、为空气洁净深深的焦虑和担忧中，似乎随时都有可能被时代的巨轮所抛弃。

崔健多年前在歌曲《不是我不明白》中唱道：

过去的所作所为我分不清好坏
过去的光阴流逝我记不清年代
曾经认为简单的事情现在全不明白
忽然感到眼前的世界并非我所在
……
我强打起精神

从睡梦中醒来

可醒来才知这个世界变化真叫快

在"这世界变化快"的变迁洪流之下，经济与技术的发展使得植根于传统社会的美德消失殆尽，而与现代社会对应的契约精神却未形成，从而造成了普遍意义上的社会道德困境。反映在国家层面上，是法治精神在实践中遇到的重重阻力；反映在社会层面上，是诚信的缺位导致的诸多社会问题。从三聚氰胺的毒奶粉到长春假疫苗，从医患矛盾到家庭财产纠纷，从高铁霸座所欠缺的契约精神到昆山龙哥引发的什么是正当防卫的法律辩论……似乎每一件事情、每一条热点新闻都和我们生活中的秩序息息相关。在这一背景之下，我们更加有必要去深度学习社会学，用社会学的视角帮助我们更好地理解这个世界。

只有学习社会学，才可能厘清社会运作的基本逻辑，发现隐藏在诸多社会现象背后的机构、组织、社群和个体各自不同的行动逻辑；只有学习社会学，才可能发现社会出现的种种问题，以及问题背后所暴露出来的积习已久的弊病；也只有学习社会学，才可能帮助我们更好地去修补和弥合我们的社会裂痕、道德滑坡、家庭衰落，和人与人之间信任的缺失，从而迎接一个更加有序美好的社会图景。

社会学负不负责解决社会问题？

社会学到底有什么用？对于这个问题，无论是局外人还是社会学家自己，都曾提出各式各样的回应。

比如有些社会学家会认为，社会学家连任何美好社会的理想愿景都不应该提出，有的社会学家则认为他们至少可以给出一些社会问题的诊断，又有些社会学家甚至认为学者本身是"有机知识分子"，应该介入到实际的社会变革当中，成为百分百的行动者。

事实上，社会学三大奠基人，对"社会学的边界在哪里、社会学负不负责解决社会问题"这些提问都有不同的看法，比如马克斯·韦伯（Max Weber）就比较坚守学问与实际行动的边界，认为学者应该谨守学术的界限不可逾越；而卡尔·马克思（Karl Marx）认为知识是一种力量，学习知识是为了改变世界；埃米尔·涂尔干（Emile Durkheim）则从实证主义立场出发，为解释现代社会提供了诸多经典性的研究范例。

同样的情况也发生在经济学等各种人文社科学科当中。比如说，有些人就会希望经济学家能够给我们提出更好的政策建议方向以及化解危机的办法；但是也有些人会觉得经济学家的任务只是寻找出一些根本的规律，以及对现象做出解释，然后我们自己要从那些规律里摸索出应对种种危机的方法以及促进繁荣的政策。

其实，每一位社会学家都会依据他学派立场的分别，对这个问题提出不同的理解。假如我们试图主张社会学应该以某种特殊的方式而有用，譬如说透过对于社会运作深入解剖，创造出改善社会的方法，让社会按照某种特定的模式和组织运行，而社会学正是服务于此的有用工具。然而，我们不应该被迫接受社会学本质上便是谋求实际性或是有用性学科的观点。社会学也许真的一点实际的用处也没有。它当然可以是一种知识智识的追寻，一种帮助我们提升批判力和审美力的重要工具。

就某种意义而言，其实人人都可以是社会学家，我们在日常生活中每天都在不断讨论各种社会话题，甚至还在朋友圈、微信群里就某一话题进行辩论，尽管我们可能并没有认识到自己正以社会学家的方式思考。正是这种"反身性"社会学思考的渗透效果，才对社会造成了最大的改变和影响，让我们正视我们所生活的社会，融入其中，带着问题不断思考自己的社会行为与周边的制度。

学习社会学的意义在什么地方？

那么，学习社会学，像社会学家一样思考的意义又在什么地方呢？

在我看来，社会学既是帮助我们认识世界、思考问题的分析工具，又是我们分析某些问题时的出发点，特别是那些与我们每一个人都切身相关的问题，无论是结构性的，还是个体性的，都让我们回归到社会秩序的本源去窥探人性的幽暗与良善。

社会学最为独特的一面，就是其一直保持着批判的利刃。社会学和哲学、经济学相比较，有一个基本的特点，就是对于社会中广为接受的信念与日常实践常常报以批判。对于研究哲学的人来讲，他们会着重思辨；对于研究经济学的人来说，他们会更加的务实，更加强调以结果为导向，提出问题，解决问题。而学习社会学的人，他们的特点是更加具有批判的精神，这种批判不是愤青式的批判，而是有理有据的批判。这种批判的思维会深入到他的骨髓里面，会帮助他们一针见血地穿透社会运作的基本逻辑、社会发展的基本规律，从而用新的目光去审视我们生活于其中自以为非常熟悉的世界。

社会学家都是说故事的人，他们常常期待在社会转型的大潮中遭遇到一些未预期的故事，这就需要他们既遵循一种理性的思维原则，又同时需要切入场景之中，用经验质感去感受那深入肌理的切肤之痛。美国社会学家赖特·米尔斯的名言："我力求客观，但绝不冷漠。"（I have tried to be objective, but I do not claim to be detached. ）说的就是这个道理。

我希望，我们讨论的社会学，是在社会学想象力的基础之上，对社会学理论和知识纵深的一次探险；我还希望，我们讨论的社会学，是有趣而包容的，促进我们共同的讨论视野和公共的表达；我更加希望，我们所讨论的社会学，是思辨批判的，引导我们对于这个世界是否会更好的求真求善求实。哲学家马丁·海德格尔（Martin Heidegger）说："思想之业是危险的。"马克斯·韦伯则说："今天，国民大众蒙受的巨大苦难沉重地压迫着我们这一代的社会良心，但我们必须恳切表明：我们感到更加沉重的是我们在历史面前的责任。"[1]

学习社会学，像社会学家一样思考，穿透生活日常，观察和理解社会秩序的构成与意义，理解人性的幽暗与良善，正是要培养我们独立思辨的品质以及勇于批判的勇气。

我的社会学之旅

社会学于我而言，仿佛是一条学问的冒险之旅。

我是 2000 年考入复旦大学社会学系，随后在英国、中国香港、美国学习和工作，在不同的国家和地区，不同的社会背景下去亲身实践社会学的方法，最后又作为社会学系的老师，站在讲台上给年轻的学子教授什么是社会学。

我接受这一学科的训练超过 20 年，曾经在公共空间里和友人激辩有关社会正义与道德秩序的命题；也曾在乡村的田野里被口述者一字一句道来的家族史而撕裂内心，和被访者一起在一段大历史的裂痕前泪流满面；更曾记录过社会转型时期的一个群体、一个世代、一个社会的彷徨和呐喊、失落与希冀，倾听他们在这个时代的歌声。在这一过程中，透过社会学的专业视角，我看到个体在人性中的艰难选择和不舍，社群对于集体记忆的保育与珍视，社会在失范边缘时，

---

[1] ［德］马克斯·韦伯：《民族国家与经济政策》，甘阳编选，生活·读书·新知三联书店，2018 年，第 118 页。

中产阶层的挣扎以及对重建规范与道德的迫切。这些话题，是如何在历史的维度之下不断重现，又带领我们回到历史的框架中，去寻找社会发展与制度治理背后隐藏的线索。

我很幸运学习社会学，并对社会秩序和人性的研究充满兴趣。印象最深的两段田野，一次是曾在上海郊区的打工子弟学校做过一个长达三年时间的城市流动人口研究。这些在城市里和父母一起漂泊的孩子，因为父母在城市里打工，乡土里的那个家乡已经成为再也回不去的故乡，而城市的公立教育、私立教育又将他们排除在门槛之外。打工子弟学校成为他们最好的受教育场所，但却因为包括办学资质、场地资金等多方面的原因，时刻面临着关门和倒闭的风险。当我扎根这些城市流动人口所居住的社区，和这些孩子每周在一起交流，带着他们学习、做游戏、进行认识城市的户外探险，我深深地感受到，所谓的教育不公，并不仅仅只是一组统计报表里的数据，背后更牵涉到我们有关户籍制度的设计局限和城乡不平衡、社会阶层愈发固化这样的深层次问题，连带出来的，则是我们整个社会秩序的组成和运作。

另一段田野调查，带着学生花了差不多将近二十个小时进入到偏远的小县城，记录被访者的家族历史和村庄故事。其中的一位被访者在一次对话中，眼睛直直地看着我，一字一句地讲出他的父母，在20世纪50年代"大跃进"时期，因为没有满足政府的粮食征购指标，而遭受残酷暴力批斗的往事。那是一个社会几近失序的动荡时代。被访者在我的面前，非常平静地讲述着这一段历史，却早已泪流满面。

这是两段完全不一样的田野经历，展现出的，却是一样的社会学品质，即对于现实的强烈关怀和责任。

我们会学习到什么？

我期待，带着这样的社会学品质，在这本书中可以和大家一起认真地讨论七位古典社会学家的理论。

西方古典社会学理论是社会学的源头，马克思、涂尔干、韦伯又被称为社会学的三巨头。他们对于社会学的探索和理论贡献，为后续的社会学流派的发展和壮大打下了坚实的基础。要真正学好社会学，就需要深入、全面地理解古典社会学理论。

19世纪，由于受到科学和科技进展的鼓舞与影响，一些思想家相信可以对于任何事物做出合乎理性的解释，而科学研究则将带来所有社会问题的解答。赋予社会学名称的法国社会学家孔德（Auguste Comte）认为，将来有一天，社会学作为一门学科可以立足于科学的巅峰，并且能够用来为社会的运作和发展建立法则。他相信人们将能预测未来的发展，而受到启蒙的领袖人物将能够利用那些社会学理论潮流驾驭社会。

孔德在法国社会学界的后继者涂尔干也抱持相同的观点，只不过涂尔干倡议社会学家应该让他们的研究远离政治参与，在社会整合的框架下，用科学实证的研究，将社会学建立为一个值得尊敬的学术领域。关于学科远离政治参与的观点，他与同时代德国的韦伯不谋而合。在韦伯看来，西方近代资本主义的诞生以及人在近代世界中的特性是最值得社会学家关切的问题。在现代社会中，伴随着科层制的广泛运用，人们运用个体理性的机会被扼杀，成了庞大机器上的一颗螺丝钉，成了"快乐的机器人"。理性和理念，因此成为探索人性处境和命运的钥匙。

在 19 世纪，对于社会学思想产生重大影响的马克思，则积极倡导激进的社会改革，号召全世界无产阶级联合起来，为获得自己的解放而斗争。另一位德国社会学家齐美尔（Georg Simmel），则最早将美学带入社会学视野。在齐美尔看来，对于社会的理解，不应该简单地只看重社会经济效益，而是应该注重内在的精神生命，注重作为个体的生命体验与道德实践。同样是来自德国的滕尼斯（Ferdinand Tonnies），则区分了"共同体"与"社会"，并以此为基础对当时社会的发展做出合理性解释。

我们看到，这些经典的社会学理论，经过了 100 多年的沉淀，到了今天，依旧有着鲜活的解释力和生命力。我们的社会，依旧沿着这些古典大家的理论脉络，延续、演化与发展。

譬如，知识付费的潮流下，商品的价值该如何用马克思劳动价值理论来理解，它体现出了怎样的"使用价值"和"交换价值"？被"996"围困的年轻人，真的是如有人所说的，"996"是一种巨大的福气，是一种为了理想而幸福的拼搏吗？在马克思看来，这是一种劳动的自愿，还是劳动的异化？伴随着社会分工越来越细密，人和人的差异也越来越大，但与此同时，人和人之间的依赖也越来越强，我们越来越依赖外卖小哥、依赖滴滴出行，涂尔干说，有机团结是现代社会的基本特征，但我们真的了解外卖小哥们的世界吗？人性中有利他、理性的一面，也有功利、幽暗的一面，在韦伯的世界中，到底如何区分价值理性与工具理性？我们真的如韦伯所言的那般，生活在巨大的铁笼之中吗？

从这些日常的社会现象出发，通过社会学经典理论的解读，我们会发现，这个世界原来比我们想象的更加复杂多面，也更加有趣。

通过这些经典社会学理论，我们会学习到社会秩序的构成和表现。秩序就在你我的身边，相对来讲比较容易看见和理解。你可以触摸到空间的秩序，感受到人和人之间互动所产生的一种人际间的秩序。无论是空间秩序还是人际秩序，背后都有社会、文化和政治的因素在起作用。是不是整齐划一、步调一致，就是秩序的美，是不是上下有异、贵贱有分，就是秩序的等级，秩序的基础应该是更加强调个体的价值还是强调集体的意志？

我们会学习到人性的本质和困境，以及社会对于人性的规范和约束。人性是复杂的，有好的一面，也有坏的一面，有天使的一面，也有魔鬼的一面，蕴含着良善与幽暗。为了规避人性中的幽暗面，激发人性中的自爱心和怜悯心，我们就需要很多正式的和非正式的制度安排和设计，譬如教育、组织，譬如家庭伦理、宗法观念。那这些正式和非正式的制度设计，又是如何激励着人们的行为选择，确保秩序规范运作？

我们会学习到秩序的失范和瓦解，以及这种失范对于人性的破坏和冲击。制度失灵之后，社会就会走向失控和混乱，暴力和冲突随即爆发，在这样的情况之下，人际关系会发生怎样的变化？人和人之间，社群和社群之间，还会一如既往地保持信任和依赖吗？如何去提升社会整体的信任，凝聚社会的团结，最终的目的是引导我们的社会走向良治有序，引导居于其间的人们，活得自由、安全，有尊严，有信念。

我期待，读完这本书之后，我们都可以做到像社会学家一样思考，带着批判的利刃，穿透日常的表象，深度观察和理解我们的社会。

第一章

社会学的诞生与进化

社会学的起源：

社会学厉害，还是物理学厉害？

社会学不如经济学、物理学？

社会学作为一门系统地研究社会秩序与人类行为的学科，尽管得到学术界的广泛认可，但是有时我们依旧会听到一些诸如"社会学是科学吗"这样的质疑。有一些人会直接指出，社会学当然比不上经济学，因为经济学是教导大家如何通过市场行为，更好地创造经济收益；也有一些人会说，社会学也比不上物理学，因为物理学是自然科学中的带头学科，掌握了物理学，就可以掌握自然运作的基本规律。

作为不能直接创造经济价值，无法在短时间内变现收益的学科，社会学在可以指导人们赚钱的经济学面前，在可以发明原子弹的物理学面前，似乎要低下头。但是，你是否知道，社会学这门学科创立之初，名字其实是叫"社会物理学"（Social Physics）呢？

"社会学"和"物理学"曾经这么紧密地联系在一起过，这其中到底又有什么样的渊源？那我们就要来看看社会学诞生的时代背景。

社会学诞生的时代背景

1789年7月14日，法国人民攻占巴士底狱，国王路易十六被送上断头台，法国大革命爆发，这一天后来也被法国定为国庆日。法国大革命对当时的社会带来了巨大的冲击，革命后的残破社会，引起了很多知识分子及有识之士的深思，他们企图寻找重建社会秩序的办法及方案，因此刺激了社会学理论的发展。

此时，工业革命也正在欧洲悄然兴起，并在19世纪达到高潮。人们大量离开农田，转到迅猛发展的工厂去工作；工厂也经历了一系列的技术变革和创新。工业革命彻底改变了欧洲社会的经济结构，将之从农业经济转变为工业经济体系，工厂、财务机构、银行及各种服务行业逐一诞生兴起，造成了人们工作及生活上翻天覆地的变化，并由此引发了应当如何适应社会变迁的诸多探讨与争论。

工业革命自然带来了科学研究的发展。欧洲的大学如雨后春笋般成立，科学教育受到特别的重视，不仅在大学学府，而且在整个社会中，科学变成了最重要的思考方式及研究方法。在当时的欧洲，很多旧的哲学思想与信念受到挑战和冲击而遭抛弃，代之而兴起的是所谓的启蒙哲学，其中最著名的学者包括孟德斯鸠、狄德罗、卢梭等人。他们共通的信念是强调自然法则、理性认知，以及使用科学的经验研究来分析社会秩序及变迁。

在启蒙运动兴起的同时，也有一股反启蒙运动的思潮。这股思潮主要来自法国的天主教会，在法国天主教会看来，重建法国社会之道，应在复古，将法国带回到中古的安宁与和谐之中。在那种状况中，神是社会的创造者，人们应该遵行神的旨意，而不是动不动要求改变、搞革命，这样的结果只会是得不偿失，社会被破坏得四分五裂，满目疮痍，民不聊生。

在这样的背景之下，早期的社会学，或者更确切地说法国的社会学，便在这种启蒙运动哲学及反启蒙哲学浪潮的交互激荡下萌生了。

社会学理论的催生者

这其中的代表人物，就是法国的哲学家和思想家孔德。

孔德是第一位使用"社会学"这一名词的人。事实上，他是"社会学"这一学科名字的创立者。1838 年，在他代表作《实证哲学教程》(*Introduction to Positive Philosophy*)第四卷中，他正式提出"社会学"这一名称，并建立起社会学的框架和构想。

法国大革命后，孔德对法国社会受到摧残破坏的社会现象，以及陷入无政府的状态深感痛心与失望，于是把重建法国社会当作他终身的职责。孔德对启蒙运动的哲学感到不满，他开始发展一套积极哲学去对抗启蒙运动中那些他认为是消极的破坏性的哲学。他对反启蒙运动的天主教保守学者回归过去光辉社会的想法，也表示质疑。他认为只有在现有的社会情况中重建社会秩序，才是可行之道。

如何进行社会秩序的重建？孔德深受他的启蒙老师圣西门（Claude-Henri de Rouvroy）的影响。圣西门是法国空想社会主义的代表人物，早年曾参加过美国的独立战争，担任过乔治·华盛顿的助手。战争结束后，他回到法国，得到了一笔巨额的遗产，使得他可以从事独立的学术研究工作。1817 年，孔德被圣西门雇为秘书，协助一些文书写作的工作。

圣西门意欲创立一套适合于应用在工业社会中的社会改革哲学，将物理学的方法引用到社会研究中，试图如牛顿发现万有引力定律一样，发现支配人类社会的普遍规律。但是圣西门所构想的社会重建蓝图，过于依赖社会精英，认为"只有依靠有天才的人，才能在社会关系方面得到改造"。

在这一点上，孔德与他老师的看法有一致的地方，也有偏离的地方。在孔德看来，重建社会秩序是需要一套崭新的知识体系做指导来进行的。和他老师的看法相似，孔德也同意这一套崭新的知识体系也确实需要借鉴物理学等科学研究的方法。于是他首先想到了"社会物理学"（Social Physics）这一名字，因为在孔德看来，对于社会现象，可以采用和天文现象、物理现象、化学现象、生物现象同样的实证主义方法来进行考察。换言之，社会现象受到不可变更的自然规律的制约，揭示这些规律就是社会物理学研究的特定目标。之后，孔德又用拉丁语的词头"soci"与希腊语的词尾"ology"合并，创立了一个崭新的词汇"社会学"（sociology），意在为社会的秩序与进步，引入一种全新的知识形态与信仰体系，用孔德自己的原话来说，"因为只有掌握了现象的规律、从而能够遇见未来，我们才能为了自己的利益逐一改变现象……科学产生预见，预见产生行动。"[1]

社会学："皇后之学"

在孔德的心目中，社会学是所有科学的皇冠，它的知识是建立在其他科学的基础上，整合其他学科的知识而建立的。倘若将所有的学科按照它们各自的重要性进行排序，放在一个金字塔图案上，那么社会学就会站在金字塔的塔尖，统领其他所有学科。社会学之后，依次则是生物学、物理、机械、天文学和数学。数学排在所有学科的最后。换句话说，如果我们想修读社会学，就必须先精修数学、天文学、机械工程学、物理学、生物学，逐级而上，最后才可以有资格修读社会学。

为什么社会学是被排在金字塔的最顶端呢？

原来在孔德的构想中，社会是最为复杂的一种存在，这种复杂度远远不是数学、物理学通过几个方程式就可以进行归纳和总结的。

---

[1] 转引自刘易斯·科塞：《社会思想名家》，石人译，世纪出版集团，1990年，第2页。

因此解读社会的社会学，也自然成了一门内容最复杂且包含面最广的学科，是所谓的"皇后之学"（The Queen of Sciences），而社会学也因此比任何其他科学都重要。按照孔德的原话，就是："每一种社会学的分析都可以有三类考虑，一个比一个更复杂：即个人的社会存在状态，家庭，以及社会；从科学意义上说，涵盖最广的是人类总体。"[1]

孔德认为，社会学的研究可以分为两大部分。

第一大部分叫作社会静态学，是研究整个社会如何依照社会法则，由不同的部分或单位所组成的。换言之，它主要研究社会结构或社会秩序。孔德认为社会秩序是建立在社会成员共识之上的，大家必须要有一种"普遍的共识"（universal consensus），才能够将社会的诸多成分贯穿联结起来。"普遍的共识"是社会团结及社会分工的基础。对孔德而言，社会结构或社会秩序有三个面向，即个人、家庭与社会。其中尤以家庭最为重要，它是社会结构最根本的单位。正是在家庭内部，个人的利己主义倾向才有可能被抑制，学会"为他人而生活"。

第二大部分则叫作社会动态学，是研究社会变迁或社会进步的。孔德对未来社会充满了乐观，认为未来的社会会越来越好，因此他深信社会进步。认为社会的发展，需要经过三个阶段的发展，先是

---

[1]　转引自周晓虹：《西方社会学历史与体系》（第一卷），上海人民出版社，2002年，第44页。

由朴素、神学式的思想所萌生，历经抽象概念的使用，最终达到实证的地位，迈入科学的时代。

在孔德的心目中，研究社会学就意味着必须研究社会静态学及社会动态学，一个是研究社会的结构，另一个是研究社会的变迁，两者相辅相成，缺一不可。

社会学的乌托邦

然而孔德到了晚年时期，却日益回归保守。

晚年的孔德认为，当社会进化到最后期，一种以实证主义为基础的人道主义宗教将会应运而生，主导人们的社会生活。在这个宗教内，社会学家成为牧师，而孔德自己则成为预言家，被诸子弟所包围追随，传道解惑，传达福音，拯救芸芸众生。在这个新的人道主义的实证社会秩序里，"仁爱"是原则，"秩序"是基础，"进步"是目的。人们没有自私之心，一切均为利他着想，大家均热心公益，以助他人为乐。

虽然孔德一再声称他的实证主义从真正意义上讲就是一种宗教，但是他在晚年以宗教代替科学的做法，最终妨碍了他自己对社会学长期的研究和坚持，可惜他至死对这一点都并未觉悟。

孔德的贡献

今天我们再回头去看孔德，他的绝大多数观点都不可避免地带有那一时代的局限性，我们在今日的社会学课本中，只会留出一小部分页面介绍他的生平与思想。但作为社会学的创立者、社会学之父，孔德对社会学的贡献却是不可磨灭的。

从孔德时期起，实证主义已经发展成为一种思考方式，社会学的发展，也开始以实证主义作为发展趋向。譬如在孔德之后，法国另一位社会学家涂尔干，就开始沿着实证主义的路线，通过详尽的数据收集总结社会发展规律，从而得以将社会学研究往前推进了一大步。

那么什么是实证主义思路呢？在社会学中，实证主义就意味着人们必须在经验的基础上，以科学的观察与实验来寻求真理。真理或事实的真相必须是可以透过感官的经验，由实际观察或实验研究所搜集的资料加以验证的。通俗地说，就是社会学家要多走出去做实地的考察，而不是常年待在书房里拍着脑袋想问题。

今天的社会学研究方法，主要有两种：第一大方法是定量研究。所谓定量研究，就是讲数据。学者们建立统计模型，用科学的统计方法去挖掘社会诸多现象背后的一个因果联系。譬如说为了研究转型时期中国城市居民的消费模式变化，就需要收集相应的数据，包括人口特征、职业、收入、家庭、教育背景等变量进行统计分析，从而找到影响消费形态最为重要的因素。

第二大方法是定性研究。所谓定性研究，就是讲故事。学者们深入社会的田野当中去不断地交流，通过参与观察、访谈对话和口述史去记录个体的生命历程和家族史。英国的《独立者报》在2001年6月8日的一篇专栏文章里，就描绘了社会学家是如何利用参与观察法深入理解我们这个变动中的世界。在这篇题为《从社会学中获得乐趣的学者》（The academic who got a kick out of sociology）中，作者指出："我们可能会发现社会学者们在街角与年轻的帮派分子厮混，在擅自闯入的空屋中与吸毒者并肩而坐，或是和不良少年一起站在天台上。"这些看上去不可思议的田野体验，其实正是社会学实证研究的趣味所在。

社会学虽然被孔德誉为"皇后之学"，我们并不是去比较社会学和经济学、物理学的优劣，而是想告诉大家，社会学是一门综合性的学科，使用的是严谨的实证研究方法。正如孔德所坚信的，社会学的研究应当和其他的自然科学一样是科学而系统的，可以被反复的观察和检验的。

社会进化论：
为什么达尔文的进化论可以解释社会？

相信大家一定都对"优胜劣汰，适者生存"这句话耳熟能详。这是达尔文进化论中的核心观点，意思是说，在生物漫长的发展进程中，只有能够跟随环境的改变而去适应环境的物种才能够生存下来，不能够适应的物种将会被大自然淘汰。所有生命都必须遵循这一套优胜劣汰的自然发展规律。

如果说这是自然界的一般法则，那么在"社会"这个范畴中，是否也存在着这么一套优胜劣汰的发展法则呢？

我们从进入学校的第一天起，似乎就开始进入到一个不断竞争的环境中。在学生时代，我们就被教导要好好学习，才可以从激烈的竞争中脱颖而出，从千军万马的考试中杀出一条路，进入好的大学；到了工作岗位，我们又被要求要好好工作，努力完成 KPI，考核不通过就会被淘汰，无论是大企业，还是小企业，大家都在强调拼搏精神、狼性文化，抢资源，拼发展。整个社会，就好像是一列高速前行的列车，火车司机不断踩下油门，轰鸣地一路往前，生怕落后一点，就会被别人超车。

这，是不是也是一种社会学意义上的"优胜劣汰，适者生存"？达尔文的进化论，真的可以用来解释我们今天社会的游戏规则吗？在社会学中，社会进化论是一种主流的社会学理论吗？

实证主义的崛起

要回答这些问题，还需要我们将视线拉回到社会学发展的早期，回到达尔文生活的 19 世纪欧洲。

19 世纪，工业革命横扫欧洲，给社会的方方面面都带来了巨大的变革和进步，生产领域从农业生产体系到工业生产体系都经历了前所未有的变革。农民们纷纷脱离了长期依附的土地，转移到城镇中的工厂去工作。

此时的英国正处于极度繁荣的维多利亚时代，资本主义制度完全确立。然而，随着工业化的发展，也逐渐暴露了资本主义社会的许多矛盾。当时的工人，普遍工作很长的时间，却拿着相当低的薪水，社会上出现了许多反对工业体系和反对资本主义的工人运动，也出现了各种意图改革甚至推翻资本主义体系的革命。资产阶级迫切地想要掩盖其固有的矛盾，巩固自身的统治。

与此同时，欧洲的自然科学也得到了迅速的发展，力学、天文学、物理学等领域都有了许多突破，此时的欧洲知识分子们更加坚定了科学的实证性。同一时期，生物学领域的几项重大发现，如细胞学说——人们发现细胞才是动植物结构和生命活动的基本单位——对当时的社会产生了重要的影响。人体的许多秘密正在被揭示，动物种类的差异性也逐渐明确，其中最重要的是达尔文登峰造极的生物进化论——物种是可变的，生物是进化的，这一发现强烈地刺激了知识界和社会大众的普遍认知。

　　在这样的背景之下，欧洲的哲学家、思想家们也纷纷从实证科学中寻找新的灵感和依据。上一篇我们介绍的法国哲学家孔德，就将实证主义研究带进了社会学，并把社会学赞誉为"皇后之学"。在英国，也有一位哲学家，也在思考着社会进化的一般规律，他就是在当时整个欧洲大陆产生极大影响的斯宾塞（Herbert Spencer）。

社会达尔文主义之父

　　斯宾塞是英国哲学家，他从小并未受过太多的正规教育，但却依靠自我的努力，不懈地阅读、进修与写作，终成大家。他曾做过铁路工程师，也做过伦敦财政报纸《经济学人》（*The Economist*）的编辑，还和另一位达尔文进化论的代表人物赫胥黎是好朋友。他著作等身，论著所涵盖的学科及论题几乎无所不包。

　　很多人以为"适者生存"（Survival of the Fittest）一词是达尔文首创使用的，其实不然，斯宾塞才是首创该词并且第一个使用该词的人。斯宾塞早期受到英国人口学家马尔萨斯（Thomas Robert Malthus）的影响。马尔萨斯在 1798 年出版的《人口原理》（*An Essay on the Principle of Population*）指出，在没有限制的条件下，人口以几何数列增长，生活资料以算术数列增长，其结果必然引起灾难和战争。只有通过优胜劣汰的方式，譬如战争、瘟疫、穷人不得结婚等方式，才能抑制人口增长，实现人口和生活资料的均衡。

当达尔文提出生物进化论这一观点之后，斯宾塞被深深吸引，于是将生物进化的原理与法则应用于社会领域中，提出了社会进化论。1857 年，斯宾塞发表了在社会达尔文主义方面的重要论文——《进步：法则和原因》（*Progress: Its Law and Cause*），这篇论文的出版时间，要比达尔文的《物种起源》（*On the Origin of Species*）还早两年。他的著作《第一原理》（*First Principles*）则出版于 1860 年。在这本书里，斯宾塞参照当时的生物学，认为宇宙存在着一个首要原理，这个首要原理就是进化是宇宙的主要过程，宇宙间一切事物都是由简单到复杂、由不确定到确定、由同质到异质的过程，人类社会也必须要遵循这样的原则。

譬如，由简单到复杂，我们可以观察到人类社会是由最简单的部落形式，逐步发展到复杂多元的国家形态；由不确定到确定，我们可以看到人们最早是受到习俗、礼仪的约束，那这样的约束因为没有强制效应，所以具有很大的不确定性，后来习俗发展成法律，各种行为准则就在法律框架的约束之下，变得更加明确；由同质到异质，一个最好的例子就是从传统农村走向现代都市的发展，在乡土社会中，由于大家都是从事相同的农业生产，再加上人口流动小，所以家家户户的同质性很高。但是伴随着城镇化的发展，越来越多的城市出现，在城市中，不仅工作的机会和岗位大大增加，城市的范围扩大后，也导致人们生活方式愈发的丰富多彩，人和人之间的差异性也相应增加，这就是一种异质性的体现。

上一篇中我们谈论的孔德认为社会变迁的动力来自观念与精神的发展。和孔德不同，斯宾塞的进化论观更加强调社会体系的结构与功能。

他认为人类社会的首要原理，就是进化。进化是朝着更大的规模、更具凝聚力、多样性与确定性的方向发展。提出社会进化论的斯宾塞，也因此被后人誉为"社会达尔文主义之父"。

社会有机体论

斯宾塞的社会进化论，它的理论基础又是什么呢？

在斯宾塞的社会进化论中，社会有机体论可以说是最重要的理论思想。斯宾塞将社会类比为有机体，他认为社会是个有机体，在本质上是与生物有机体一样的，二者在很多方面都有相似的地方。譬如，社会与生物有机体都表现出聚集增长。伴随着机体的不断增大，体积也会相应增大，其结构也会变得越来越复杂；社会与生物有机体除了发展与成长之外，两者也都在结构上呈现出进一步的功能分化，功能分化之时，不同部分的机体变得更加相互依赖，倘若有一部分的机体，或者社会功能受到破坏，就会影响整体，牵一发而动全身。

当然，社会与生物有机体也有许多差别。譬如，生物有机体有着可以观察到的特点外形，而社会却没有可以观察的外形，所以说"社会有机体"多少是一种比喻；生物有机体的各个部分都是具体的相互联结着；而社会则不是，社会是一个分散的整体，很多社会成员都分布各处，成员之间是自由的、分散的，互相不通消息，甚至老死不相往来；生物有机体有大脑这个意识中心，而社会却无此意识中心，相反，社会中的每一个人都有其自己独立的意识中心。

斯宾塞又特别指出，生物有机体和社会更为重要的差别，就是生物有机体是靠皮肤维系起来的，而社会有机体是通过语言媒介保持团结的。按照斯宾塞的原话："动物的各部分形成实在的整体，社会的各部分构筑成抽象的整体……虽然各部分的聚合是有机个体赖以维持生命合作的先决条件，但是社会有机体能通过另一方法保持合作，社会成员不用接触就能通过情感语言和口头或者书面语言超越空间而保持合作，这就是说语言具有身体刺激所没有的媒介功能。"[1]

此外，斯宾塞进一步指出，生物有机体的各种器官机能是相互配合的、均衡的，这种均衡和稳定使得生物有机体能够正常的生存

[1] Spencer, Herbert. 1882. *The Principles of Sociology* (Vol. II), London: Williams and Norgate, pp. 212–217.

和进化。社会有机体也是一样，也需要处于一种功能平衡的状态。每个部门均各尽其职，履行自己的职能，来服务整个社会的需要。假如有任何部门失职，引起失调，社会体系就会有自动调整的功能，将失调的状态恢复平衡，从而使得社会得以生存和进化。

从社会有机体论出发，斯宾塞认为社会中的人们必然按照不同的职能，分化成三个不同的阶级，即担负生产功能的劳动阶级、担负分配功能的商人阶级、调节生产分配及整个社会的工业资本家阶级，这三个阶级对于社会各有各的功能，缺一不可，而且三个阶级之间可以达到平衡和安分守己、各司其职。这三个阶级的同时并存是由社会有机体的本性所决定的。

与此同时，身为一位社会达尔文学者，斯宾塞相信"自然选择"基础之上的"个人主义"。他反对社会改革、社会福利以及任何政府控制或干预的政策。在斯宾塞看来，政府的活动应该加以限制，越少干预人民的事务越好，一切让之自然发展，自然就会理出一条最好的解决之道。政府越是出台一些新的政策，干涉人民的生活越多，就越会将社会弄得一团糟糕，鸡飞狗跳，民怨载道。譬如教育制度、货币制度、社会福利政策及措施，都非政府所应该涉足的。

斯宾塞早年认为社会进化是不可避免的，但到了晚年他稍微修正了自己的看法，认为社会进化并非必然，其进展需视情况而定。但是在大体上，斯宾塞认为每个社会都是朝前进步发展的，但由于个别的不同情况与外来社会的接触影响不一，在不同的时期就会有不同的反应以及高低起伏的变化，但从长期总体方向看来，社会进化总是向前进展的，社会在向一个建立在友爱、利他主义、专业化而看重个人成就的未来社会迈进。

社会达尔文主义在近代中国

斯宾塞的社会达尔文主义尽管深受达尔文的影响，认为人类社会也和自然界一样，存在自然选择的进化规律。但是斯宾塞的社会进化论和达尔文的进化论是有一定区别的，比如达尔文从来没有提出"演化"等同于"进步"，达尔文认为进化产生的新物种只是更加适应不断变化的环境。但是斯宾塞的社会进化论则引入了社会进步的概念，认为进化后新的社会形态总是比以前的要好。这一思想也被中国近代的启蒙思想家严复借来所用，并在当时的中国社会产生了震撼的效应，这集中体现在他 1897 年翻译的著作《天演论》中。

《天演论》原名是《演化论与伦理学》，是严复翻译自英国生物学家赫胥黎（Thomas Henry Huxley）名为《进化与伦理》（*Evolution and Ethics*）的演讲与论文集，这是一本宣传达尔文生物进化论的通俗小册子，其基本观点是：自然界是不断变化的，并且在"物竞天择"的原则上不断进化，这一原理同样适用于人类社会，人类文明越发展，伦理上最优秀的人就最能适合生存，可以说赫胥黎坚持并发挥了达尔文《物种起源》的思想。

与其说《天演论》是严复翻译赫胥黎的作品，倒不如说《天演论》宣传了斯宾塞的社会进化论思想。严复的《天演论》并不单纯是一本译作，其中的许多思想其实也并不是完全翻译了赫胥黎的原著。除了宣扬"进化论"外，严复对赫胥黎的原著加以改造和评论，更主要的是加入了斯宾塞的社会达尔文主义。

在赫胥黎看来，因为人类社会中道德伦理的存在，人类社会的进化并不能和自然界的进化一概而论，在一定的历史时期，社会可能会更进步也可能会倒退。然而，严复并不认可这个说法，严复吸收了斯宾塞的优胜劣汰学说，主张进化主要是进步，他并不承认进化还有倒退。

为什么斯宾塞的社会进化论会如此受到严复的重视呢？

这和当时中国的时代背景是密不可分的。1895 年，甲午中日战争爆发，中国战败，李鸿章代表清政府与日本签订了丧权辱国的《马关条约》，清政府不仅割让台湾、澎湖及其附属岛屿，还向日本开放多个中国内陆港口城市，并赔偿日本 2 亿多两白银。自鸦片战争以来，西方列强欺侮瓜分中国已经到了白热化的程度。此时的中国，民族危机空前深重，维新意识空前高涨。正是这样的背景之下，严复开始了《天演论》的翻译。作为曾经在英国留过学的知识分子，严复迫切想要将西方先进的人文科学和自然科学思想引入中国，尤其是想借用达尔文的进化论、斯宾塞的"优胜劣汰、适者生存"来警醒当时的国人，希望中国能够自强，意识到只有不断进步才不会被淘汰，才能实现救亡图存的目的。

《天演论》的出版和流行的确给了当时的清政府和中国社会当头棒喝，敲醒了一大批有识之士。进化论成了一个非常有利的思想武器。1897 年《天演论》首刊出版，此后，书中的许多口号如"物竞天择""适者生存""天演进化""优胜劣败"迅速风行。严复指出，适者生存，不适者被淘汰，中国人若不在世界竞争中生存，必将会被天所弃，而致亡国灭种。这于国人心理产生极其震撼的效应，书中思想极大地推进了维新运动的发展。可以这么说，"五四"运动之前，《天演论》是中国最火爆的畅销书。

当时有许多的名人名家都是《天演论》的粉丝。譬如我们熟知的胡适，胡适之名就是他看了《天演论》后将自己的原名胡洪骍改为胡适的。孙中山手下大将陈炯明的字"竞存"，也是由此而来。鲁迅也是在他的《朝花夕拾》中说："在学校生活最大的乐趣就是'吃侉饼、花生米、辣椒，看《天演论》'。"更不用说当时一心想要变法图强救中国的康有为、梁启超，他们皆为《天演论》所折服，康有为称《天演论》为中国西学第一者也"。许多的学堂，老师都以"物竞天择"来命题让学生们考试创作。

社会进化论的时代价值

可以说，斯宾塞的社会进化论的诞生，以及在 19 世纪末 20 世纪初的中国成为思想浪潮，都有着鲜明的时代背景。但是到了 20 世纪中期以后，人们更多的将其与种族主义、纳粹主义相联系，社会达尔文主义也因此越来越多地受到批判和争议。

今天，我们生活在一个竞争更加激烈的社会中，但是社会之所以会前进,不应该只是一套残酷的"优胜劣汰,适者生存"的逻辑,"狼性文化"也许可以获得一时的优势领先,但实际上并不具有可持续发展的能力。我们后面提到的涂尔干,就提出社会进步的动力,是在社会整合基础之上的有机团结;韦伯则指出理性和价值是指引社会发展,促进社会进步的源动力;滕尼斯则强调我们的社会,是一个大的共同体,人们以和平的方式相互共处。这些社会学理论,在今天依旧对于我们的社会和人们的行为发挥着重要的指引作用。

如果我们有机会去伦敦海格特公园拜谒大名鼎鼎的马克思墓,那你一定不要错过斯宾塞的墓碑。斯宾塞的墓碑就紧挨着马克思的墓碑,然而遗憾的是,世人只知道去一睹马克思,却极少有人知道斯宾塞。从这一个小的细节,大概也可以看出,社会进化论学说在今天早已经没有了其两百年前的生命力。但是不可否认的是,社会进化论在世界范围内曾产生过极为轰动的效应,在社会和政治思想史上占有重要的位置。

第二章

金钱是我们时代的上帝

劳动的异化：

劳动带来的喜悦和满足为什么消失了？

买不起手机的富士康工人

很多年轻人都喜欢用苹果手机，觉得苹果代表着科技的创新。每次苹果新品发布会，都会赚足人们的眼球，而每一次苹果手机推出新一代版本，都会掀起一股新的购买的热潮。

可是，大家有没有想过，当我们使用苹果手机的时候，每天经手无数的富士康流水线工人，自己却买不起一台自己生产的手机？更多的人只能使用更加便宜的国产手机。

在富士康工作的一线工人，每天工作时间是从早上 8 点一直到晚上 10 点，差不多 12—14 个小时，一个月勤勤恳恳，除了吃饭就是工作，到手也就 4000 元左右。而与此同时，每年评估发布的新机型不断刷新着手机的价格上限。现在最新的一台基础款的价格都已接近 1 万元。

　　我有一位朋友，曾经为了写博士论文，就亲自去郑州的富士康工厂做实地调研。她假装自己是前来应聘的工人，完成了简单的见工手续后，就直接被派往一线的生产线上，每天的工作是给苹果手机后壳贴膜，并拧一颗螺丝。算上加班，每天要工作超过 12 个小时，下班后住的是那种 6—8 个人上下铺的集体宿舍，真正亲身体验了一次这种强度大、枯燥单调的打工生活。

　　在这样的现象面前，我们想知道，为什么制造手机的人却买不起自己所造的手机？为什么在背后默默付出的一线工人，工作强度如此之大，挣的钱却最少？他们的劳动究竟是为了什么？他们是否可以从制造代表科技创新的苹果手机中，获得劳动的喜悦和满足呢？如果没有喜悦和满足，那获得的又是什么？

社会学家马克思

　　之前，我向大家介绍了古典社会学的起源和发展。在这一节中，我们将会进入到一位非常经典的、重要的社会学大师，他的著作在过去 150 多年时间里，彻底改变了我们对于人类社会发展形态的根本认识。他就是卡尔·马克思。

　　说到马克思，大家首先会想到的是我们在学生时代所学的"马经""马哲""马原"这些最基本的政治哲学课程，会想到马克思所提出的历史唯物主义和辩证唯物主义的思想观，以及他的鸿篇巨制

《资本论》（*Capitalism*）和经典著作《共产党宣言》（*The Communist Manifesto*）。

从这层意义上来说，大家会觉得马克思是一位哲学家，那怎么会被归类为社会学家呢？马克思也从来没有声称自己就是一名社会学家，但事实上在我们社会学领域，特别是在古典社会学领域，马克思和法国社会学家涂尔干、德国社会学家韦伯一起并称为社会学的三巨头。

今天我们为什么还需要马克思？是因为马克思为我们提供了一种认识世界、解释世界的基本方法和框架，这样的方法首先就是从社会出发的。马克思将社会看作是我们认识自身的一个出发点。

他认为社会是人们交往方式的产物。有什么样的社会交往方式，有什么样的人和人之间的互动方式，就会有相对应的经济交换方式、生产方式、生产资料的再分配方式。也因此会诞生出相对应的国家、家庭和社会不同的组织形式，以及马克思所描绘的人类社会发展的不同形态。

所以在某些学者看来，马克思虽然有众多的头衔，譬如哲学家、思想家、伟大的无产阶级革命导师、社会活动家、记者，但事实上，最适合马克思的还是社会学家。

异化的劳动

为什么富士康的工人买不起他们自己劳动生产出来的手机呢？

在一般人的设想当中，似乎工人们的工资收入是和他们的劳动付出成正比的，因为这些工人的劳动技术含量低，容易被替代，所以社会竞争力低，收入自然也低。再加上他们的受教育程度低，所以工作只能生存和温饱，谈不上喜悦。毕竟一台手机的诞生，工人们进行装配只是进入到后期的生产阶段，前期还需要大量的研发和测试，而这一部分的技术含量才更加有价值。

这是今天我们在市场经济思维下对于劳动的认识，但是在马克思的观点里，他可不把劳动看成是一种因为劳动的技术含量低，就应该收入低，就应该买不起自己所生产出来的手机这样理所应当的事情。

在马克思看来，劳动是人类的本质活动。劳动应该是一种有着主观能动性和自我意识的活动。人因为劳动而更富有创造力。人是通过劳动才可以不断地去改造世界、建造世界的。

马克思最为看重的是人区别于动物的本质和存在。他认为在劳动的过程中，人的本性是一种自由、自觉的活动，用通俗的话说就是人会自觉自愿地进行劳动，并没有受到别人的强迫。

这种发自本性的劳动是人类的一种本能需要，这种需要不仅仅是为了生存，比如打猎、耕种，让人不至于饿死，同时马克思更强调当劳动成果展现在我们面前时，人可以获得极大的喜悦和满足。

譬如，在传统农业社会当中，工匠那种小作坊式的、小型自助式的生产就是一种自觉自愿的劳动。因为生产什么产品，生产多少产品，生产多长时间，都是由自己或者是家庭的需要来决定的。劳动就变成了工匠们日常生活中的一部分，并不是出于他人的命令而去进行劳动。这样的劳动是人们自觉自愿的，是能获得满足和喜悦感的。

想象一名工匠，按照自己的品位和技巧去制作一件物品，就好像是在精心打磨一件艺术品。当这么一件艺术品终于完成的时候，内心必然充满了无尽的喜悦和骄傲，迫不及待地想与其他人分享自己的这件作品。这样的喜悦，就是自觉自愿的劳动所带来的。

可是到了工业化的时代，工人们在现代的大型工厂里就失去了自主性，变得越来越厌恶劳动但是又不得不劳动。在迫不得已的压力之下，劳动所带来的喜悦和满足感是怎样消失的呢？

下面就涉及我今天要重点为大家介绍的，马克思所分析的"劳动的异化"。

什么是异化呢？首先让我们来看一下马克思的定义。在《1844年经济学哲学手稿》（*The Economic and Philosophic Manuscripts of 1844 and the Communist Manifesto*）这本书里，马克思明确提出，异化是人类自己创造的力量，作为外部力量又反过来支配人类。[1]

用通俗的话来讲，异化就是人们自己创造出来的东西，成了不受自己控制的一种外在力量，反过来又来统治人。这种力量不断地支配人类，从而导致人和人之间除了赤裸裸的利害关系、冷酷无情

---

[1] 参看［德］卡尔·马克思：《1844年经济学哲学手稿》，中共中央马克思恩格斯列宁斯大林著作编译局译，人民出版社，2000年。

的现金交易，就再也没有任何别的联系了。

对于这样的一种定义，我们应该如何进行理解呢？理解异化至少有四个维度，我们来重点看其中的三个。

第一，异化首先是发生在劳动者与其劳动产品之间，或者是说工人与其创造出来的劳动产品之间的一种异化。

在劳动的生产过程中，工作不再是由工人自己决定，因为生产工具是被垄断在工厂主或者是说雇主手上，因此工人的工作就变成了与个人生活相脱节，但是为了生存，工人又没有办法和工作相分割开来。于是，工人的劳动就失去了原本的一种自主性，就变成必须依附在工厂里，必须依附在生产车间之上才能进行的生产劳动。人就成了工厂和生产车间这些机器的附属品，而机器成了主体。

譬如，在富士康的生产车间，工人们不再是为了满足自我的一种本能需要去进行劳动，尤其是马克思强调的从劳动中获得满足感的这种需要。工人们只能按照雇主的要求进行生产，因为工厂里的机器、生产工具都不是他们自己的，就连身上穿的工作制服也不属于他们。所以生产出来的产品也并不属于他们自己，而是交由苹果公司去赚取最大的利润，这些利润再多，也分不到工人们自己的头上。所以在这种情况之下，工人们就和自己所制造出来的手机产生了分离。这种分离就是一种异化。工人自己买不起自己所生产出来的产品，这就是第一点所说的劳动者与其劳动产品之间产生了异化。

第二，不仅劳动者和他的劳动产品之间发生了异化，就连整个劳动过程本身也发生了异化。

劳动对工人来说是一种外在于他的东西，是不属于他的东西，工人们根本不知道自己在做什么，也不知道自己在生产整个过程当中究竟处于什么样的角色和地位。

譬如在流水线上的工人，他只是整个生产线上的一环，每天周而复始，在机械重复着完成一个固定的操作，甚至日常生活中的吃穿住行都受到严格的限制。这时候工人们就会产生出很多的疑问，在整个产品的生产过程中，作为劳动生产主力的工人们来说，他们究竟参与到了什么？制造出来了什么，是否又可以从自己的劳动过程当中获得成就和满足？

因此，在整个劳动的过程当中，工人们并没有感到幸福，而是感到不幸，不是在肯定自己，而是在不断地否定自己，也不是自由地在发挥自己的智力和体力，而是不断地使自己的肉体受到折磨，精神受到摧残。

显然，这种劳动满足的不再是人们的劳动需要，劳动成了工人们迫不得已的生存手段，一方面痛恨无休无止的劳动，但另一方面又不得不参与劳动，这种劳动就已经和最初的人们自觉自愿的劳动发生了巨大的变化。这就是我们所说的第二点，劳动过程本身发生了异化。

第三，在整个劳动的生产过程当中，人和人之间也发生了异化。具体来说，就是工人和他的劳动伙伴之间也发生了异化。本来相亲相爱的工友之间，在整个劳动的过程当中变成了最熟悉的陌生人，工友和工友之间，正式工和临时工之间，早班工人和晚班工人之间，更多的是彼此之间不断竞争的一种关系，比较谁生产出来的劳动产品更加的多，谁更可以讨上级的欢心。

在这样的一种情况下，工人们在工厂当中必然会变得反感劳动。劳动从人的一种自觉自愿的本性变成了对人的一种折磨，劳动伙伴之间的合作关系变成一种折磨的关系和状态，这就是马克思所提出来的第三种异化。

异化的人生

马克思的异化理论，从提出至今已经100多年过去了。在过去的100多年里，马克思的思想对资本主义，乃至整个世界已经产生了巨大的影响，今天工人的劳动情况已经和19世纪中期的欧洲，工人们受剥削的情况有了天壤之别。今天的工人们有最低工资保障、有医保、有加班费，工厂的老板也更加人性，甚至有的时候还会组织工人们集体联欢和聚餐。

那我们在今天又应该以怎样的眼光看待异化？随着社会变得越来越复杂，异化的程度到底是减轻了还是加重了？

实际上，虽然马克思的异化理论诞生于100多年前，但即便放在今天，也依旧有着它强大的现实生命力。

所谓异化实际上就是我们所创造出来的东西，反过来又统治着我们、束缚着我们的生活。我们可以看看自己，扪心自问，今天我们的生活是否也处在一个被扭曲、被异化的状态之下。我们有多少人是真正为自己而活着的？我们的人生是否真的可以自己说了算，可以自己做主呢？

譬如在工作上，不知道从什么时候开始，加班就成了一种趋势。很多人都应该深有体会，在今天竞争如此激烈的大环境下，从大公司到中小微企业，每个上班族都会感觉到，加班的次数越来越多，加班的时间越来越长，工作越来越劳累，我们自己可以掌握的休息、生活的时间也越来越少了。甚至有的公司以加班到十点以后可以报销车费这样的名目，不断地激励大家多多加班，号召员工都要和公司一起去成长，一起去创造辉煌。

前一段时间在某互联网企业的年会上，居然颁布了实行"996"工作制的规定，也就是早上9点上班，晚上9点下班，每周工作6天。这件事在舆论中引发热议。虽然这个企业也遭到了劳动监管部门的调查和介入，但不得不承认，很多企业都在变相的实行加班，甚至把加班提升为一种文化、一种信仰。

为了指标、业绩、利润的增长，大家都在拼命地工作，同事和同事之间也挤破了头，在办公室政治中钩心斗角。但是有多少人是真正因为喜欢和热爱这份工作而去投入其间的呢？

紧张忙碌了一整天，即便拖着疲惫的身体回到家里，很多人也依旧得对着电脑、对着微信在拼命地打字和进行工作上的联系，我们根本没有办法做到真正的身心放松和自由，回想起来还真不一定知道自己这一天里面到底做了什么，或者是说这样做的意义和价值何在。这就是我们被异化的生活。

　　在异化的生活之下，大家都在加班的生活中一边吐槽，一边煎熬着，才会有彩虹合唱团高唱的："夜幕笼罩了朝阳公园，老板出现要求加班。职员内心抱怨，感觉身体被掏空，想带父母去云南旅游。"

　　即便买不起自己所生产出来的苹果手机，去富士康工厂应聘的工人仍源源不断，只增不减。因为比起其他的"血汗工厂"，富士康已经足够人性和有保障，至少还有从宿舍到工厂的班车，还有洗衣的福利，还提供集体宿舍。

　　我们是否值得过上更好的生活？那种可以不被工具或者目的所主宰，不被上级和领导所驱使，有自由选择人生、决定人生权利的生活？马克思的理论直到今天也在不断提醒我们，那些你认为理所当然的问题，永远值得我们思考。希望我们可以早一点过上不再被异化的生活。

商品拜物教

为什么我们永远在"剁手"？

剁手的双十一

每年的 11 月 11 日，都是一年一度的"剁手"大赛。

很多人早早在购物车里囤积好了心仪已久的商品，焦急地等待这一天的来临。有些人甚至在半年前有想买的东西，也会想着："等到双十一再买吧。"在买买买荷尔蒙和各种促销策略的刺激之下，大家都在疯狂地抢购一切可以抢到的商品，这背后是一条被坚信的购物原则：抢到就是赚到！

这注定是一个冲动大于理智的夜晚。2019 年的"双十一大狂欢"，仅仅开始 1 分 36 秒，天猫的成交额就突破了 100 亿元，当天最后的总成交额则突破了 2600 亿元。

当然，这样的标志性数据也不可避免带有水分，因为剁手高潮过后，就是物流的高潮，物流高潮过后，就是退货的高潮。冲动消费下的不理智行为终究会被账单上的消费额带回理智。

　　我的一位朋友，就在双十一到来前的一周，早早看好了一套服装，在零点刚刚过的时候，就把紧连着的三个号码的衣服都拍了下来。她的理由很简单："留下最合身的，其余都退掉。"这种看似理智的消费，实际上背后还是冲动的荷尔蒙，否则怎么会如此虎视眈眈地为了这套衣服，花费这么大的精力去买呢？

　　但无论如何，双十一已经彻底改变了我们的生活，甚至一部分人的命运。这让我们不禁思考,在人们纷纷扬言"再买就剁手"之后，为什么双十一的销售额只增不减，这是否反映了人们的消费欲也在上升呢？人们像拜物教一样纷纷拜倒在商品的石榴裙之下，到底又是什么在激发和推动着这场消费的狂欢？

揭示资本主义神秘性的基本工具

　　在当今时代，消费越来越主导我们的日常行为。你能不能消费，消费什么，似乎都构成了你的社会地位、身份与声望。为了追求这样的地位、身份、声望，我们对商品越来越迷恋，越来越依赖，越来越喜欢在我们的朋友圈、在我们的微博上晒出我们新买的衣服和包包，也越来越需要琳琅满目的商品来装点我们的生活。

　　这种对商品的迷恋和崇拜，就是今天我们要探讨的社会学问题。它背后的理论，就是马克思所说的商品拜物教。

商品拜物教理论在马克思的《资本论》中具有独特而重要的地位，因为马克思提出，商品拜物教是"揭示资本主义政治经济体的神秘性的基本工具"。

大家也许会好奇，我们购买的商品它只是一个物品，看得见，摸得着，怎么就变成了"揭示资本主义政治经济体的神秘性的基本工具"了呢？这种神秘性到底体现在哪里呢？

这还得从商品的生产方式说起。

商品是人类劳动的产物。前一篇文章里我们讲到，劳动生产的本质应该是满足生产者自身的需求和目的，这时的劳动是私人的。

但到了商品经济的环境中，人们实际上就是互相为对方而劳动，劳动就不再是私人的了，而是具有了社会属性，也具有了交换价值。所以，人们在进行劳动，生产出劳动产品时，就不再仅仅只是考虑自身的需求和目的，而是必须要考虑市场的需求。

人们生产出一个产品是期待它能被卖出去，能够在市场上流通，能够被消费者所喜欢。因为只有商品被卖出去，它的生产者才会获得收益。如果商品可以获得良好的口碑，它的生产者就会源源不断地获得更多的收益。

在马克思看来，商品价值体现的是一定生产方式中人与人之间的关系，也就是生产关系的体现。生产关系不是存在于商品和商品之间，而是人们在生产过程中结成的相互关系。它是包括生产、分配、交换和消费等每一个环节中存在的诸多关系。换言之，生产关系中，必须有人的存在。

　　设想一下，你在双十一购物节的每一次剁手，比如买到了一件衬衫，你就无形中进入到成百上千的生产关系当中，这种生产关系包括为你提供购物平台的电商，电商中每个独立的商铺运营者，店铺中的客服，店铺里的采购人员，店铺使用的快递公司，运送衣服的货车司机，将衬衫送到你手中的快递小哥，服装厂的老板、服装厂的每一个员工，布匹的销售者、生产者，棉花的种植者、采摘者，等等。假如这棉花是进口的，你可能还支持了国家之间的贸易。这一切就发生在你的一个简单的付款行为中。

　　但相信我们所有人在生活中，都注意不到这种商品背后所体现出来的人与人之间的关系。我们所看到的，是商品的外在形态，这个商品好不好看，实不实用；所关心的，是我花了多少钱去购买它，或者说，是节省了多少钱去购买它。

　　在这样的过程中，商品背后的人与人之间的关系就被悄无声息地掩盖起来了。我们每一次的购物行为,仿佛都简化成了物与物之间、物与金钱之间的交换。换句话说，不再是商品生产者支配商品经济的运作，而是商品经济反过来支配着商品生产者。

　　当商品经济反过来支配着商品生产者的时候，就会出现一些负面的效果。因为人和人的关系被物和物的关系遮蔽，那么社会对于一件物的评价便直接决定了对此人的评价，人们就会形成一种以物的交换价值为导向的价值体系和精神状态。

　　譬如，在商品拜物教中，一个讲究衣服的材质、品相、真假的店主，因为更加看重衣服本身的价值而不愿意采用噱头式的宣传和推广，所以反而得不到太多人的关注。相反，一家喜欢采用噱头式营销，经常请网红美女穿着暴露的衣服，小露香肩进行直播推广的店主，往往更能得到流量的青睐，获得巨量的点击。在这里，我们看不到衣服真假的区别，只能看到关注度与点击量高低的区别。人们在这种价值导向下，为了获得更多的点赞和流量，就会选择娱乐至死的营销方式，甚至放弃了对于专业与真实的坚持。

金子，是一个奇妙的东西

商品拜物教发展到一定程度，就会形成货币拜物教。人们对货币的崇拜，通俗的话说，就是拜金主义。

拜金主义的核心自然是金钱。那么金钱的本质又是什么？

在马克思看来，金钱是一种最可怕、最有效的理性量化工具，把所有的物品全都圈进了商品的范围内。在金钱出现之前，物与物的交易关系必须用复杂的倍数关系来处理或想象。简单的几个物品之间的关系我们还算得出来，但是几十上百个物品之间的关系比例就很难算清了。算不清楚，就意味着这种关系不能够完全主宰我们对于价值的看法。

但是金钱用一套简单的数字，便解决了所有复杂的比例关系。一件东西一旦成为商品，便立刻取得了以金钱为标示的售价。它和其他商品之间的价格高下、交换关系也变得一目了然，物与物之间的交易比例，一旦被转化成金钱数字关系，就很容易被固定下来。

于是我们就活在将所有东西都看作商品的环境中，也就必然用价格来架构自己和世界之间的关系，我们被价格包围，被价格剥夺了欲望的自主性，纷纷拜倒在金钱，或者说货币的脚下，这是马克思看到的人的可悲之处。

马克思在《资本论》中，引用哥伦布与莎士比亚的话，说明了金钱的神秘力量。[1]

哥伦布在 1503 年从牙买加寄来的信中说：

金子是一个奇妙的东西！谁有了它，谁就成为他想要的一切东西的主人。有了金子，甚至可以使灵魂升入天堂。

莎士比亚在《雅典的泰门》中讲：

金子！黄黄的，发光的，宝贵的金子！

只这一点点儿，就可以使黑的变成白的，丑的变成美的。

使黑的变成白的，美的变成丑的，使灵魂升入天堂，这样的力量，到底是好还是坏呢？在"万能的金钱"面前，我们又应该做何选择？

马克思对拜金主义有着很多的批判。在马克思看来，拜金主义严重地损毁了人们心中的道德自律，当我们活在一个任何东西都成

---

[1] ［德］卡尔·马克思：《马克思恩格斯文集》第五卷，中共中央马克思恩格斯列宁斯大林著作编译局编译，人民出版社，2009 年，第 155 页。

了商品的环境中，用价格代表的金钱货币来构建自己和世界之间的关系时，会导致我们感到更加空虚、迷茫、失去方向。

在后面的章节中，我还会结合其他社会学家的观点，来分析金钱对人性的影响。

最鼎盛的消费时代

对于置身现代社会的个人而言，消费时代已经成为有史以来最繁盛的时代。我们被商品世界所包围，几乎是要做最大的挣扎才不购物，因为不购物反而才是不正常的。

我们看到，生产者想尽办法将产品做得更加容易被消费者青睐和购买。比如，在化妆品的购买者依旧以女性为主导的今天，彩妆的生产厂家除了提高商品质量，提升商品使用体验，他们也会在包装上选择女性喜欢的颜色和造型，甚至在气味上也选择女性最喜爱的芳香，同时还会请来好看的模特，实地演示使用效果。

又比如，普通的包装生产和营销已经司空见惯，商家们为了给消费者带来耳目一新的感觉和刺激，在了解到当前的消费者追崇文化消费时，商家也会开始打起用文化进行包装的小算盘，使精致包装的吸引力远远大于商品功能本身。有的时候，人们购买的已经不再是商品本身，而是一种外在的包装。奢侈品店前，一眼望去，几乎每个人手上都拎着大大的购物袋，每个购物袋上，都印着品牌的大大 LOGO，生怕让别人不知道自己买的是什么牌子。这就是商家的小算盘，用那些大大LOGO，完成一次炫耀性的消费。

同时我们也看到，销售者在产品本身之外，也在想尽办法讨好和吸引消费者。如今，除了传统的电视和网络广告，自媒体时代的到来使得许多的微信公众号、官方微博，甚至一些短视频平台博主都成了商家广告营销的平台。商品的销售者想尽办法通过抓眼球的促销活动来促进人们购物。比如商家会推出各种形式的满减活动，"双十一当天折扣价格""满2000有八折优惠还送旅行套装"，而电商平台的"跨店满减，满300减30，整点红包雨，红包抵现金使用"等这一切的设计都是为了刺激人们更多的购买。

这种情况下，消费者也会尽量购买商品以达到满减的条件享受折扣，比如有的人为了达到满减的折扣，就给尚未出生的孩子买了以后数年都用不完的尿不湿和各种婴幼儿用品。享受到折扣和满减的消费者通常都会有一种打了胜仗的成就感，似乎是占到了便宜，省了钱，这种精神上的满足感仿佛吸食毒品一样，给人们带来了许多的快感。很多时候，由于现代人生活的忙碌和精神的空虚，人们常常选择购物这种短平快的方式来填补自己的内心，人们购买商品不再是因为需要使用它，而更多的是占有和享受这种购物带来的心理体验。

这场购物的狂欢活动中，无论是生产者、销售者，还是消费者，参与其中的每一个人，看似都曾是商品的主人，而实际上却都成了商品的奴隶，成了商品的敬拜者。我们都想控制自己的购物欲，一边高呼再买任何商品就"剁手"，一边在汹涌而来的商品面前，都忍不住地一次次掏出钱包、掏出手机，买回来更多的东西。

　　我们今天也不时有人提出"赚再多的钱有什么用"的问题，说明我们对于商品交换的本质，还是有作为人的独立思考的。马克思用商品拜物教的理论提醒我们：我们应该做金钱的主人，而不是做金钱的奴仆。我们今天读马克思，就是要提醒我们，不要活在一个只有金钱观和价值观的世界中。

使用价值与交换价值：

知识是一种可以买卖的商品吗？

知识付费时代的兴起

近几年来，"知识付费"这个概念红遍大江南北。仿佛是一夜之间，各种知识付费内容兴起，这一方面是解决了年轻人想利用碎片化时间学习的需求；更深层次的原因，其实是从一定程度上缓解了很多城市白领想要提高自己核心竞争力、提升自己职场上升效率的压力和焦虑感。

越来越多的人认识到知识的宝贵，想要获取更多的知识，越来越多的平台开始出售各种类型的音频课程。很多时候，我们都需要支付一定的费用才可以购买到定制的知识。很明显，知识成了一种商品。作为商品的知识，它的价值到底是什么呢？我们究竟是否可以通过这种付费的方式，来满足获取知识的需求？我们又如何从马克思的角度来理解知识的价值？

知识的价值

我们在思考和讨论这些问题的过程中，有必要为大家做一个马克思经典的劳动价值理论入门。首先我们要介绍一下马克思对价值的定义。

在马克思看来，工人劳动制造出来的物品，有着内在的"使用价值"。这个内在的使用价值指的是一个物品的可用性，越有用的东西就有越高的"使用价值"。"使用价值"是内在于物品本身，而不是依靠市场的供求关系决定的。

由于"使用价值"牵涉到各人和物品之间独特的关系，因此"使用价值"本身无法用来交易。如果想把物品进行交易，就得创造出另一种价值作为交易中介，这就催生了"交换价值"。

"交换价值"是出现了盈余和匮乏之间的失衡，才有了交换的需要。你有的我没有，我有的你没有，为了交换有无，我们才不得不考虑交易。物品一旦有了"交换价值"，物品就变成了商品，当一个物品用来交换时，他就获得了一个"交换价格"。价格来自交易，也只存在于物与物之间的交易关系中，并不等同于"使用价值"。

那么，知识的价值是什么？如何去定义知识的价值？

我国著名的教育学家顾明远先生在《教育学》一书中明确定义了知识的价值，他说："知识价值是知识对于人类社会的存在和发展，以及丰富个体精神生活所具有的价值。随着人类社会的发展，人们的精神需求也日益丰富，人们对知识的追求，是人类精神需求的重要方面。"

　　这个定义来自教育学家。那么我们能用马克思的概念来定义知识的价值吗？

　　我们知道，知识产品是通过知识、智力并结合资本、劳动等因素的投入，而产生的满足消费者物质或精神需求的创造性成果。在物质生产领域中，马克思天才地发现了价值规律，即由"社会必要劳动时间"决定物质产品的交换价值。所谓社会必要劳动时间，就是"在社会平均的劳动熟练程度和劳动强度下，制造某种使用价值所需要的劳动时间"。但是，我们却发现，很难用生产知识的"社会必要劳动时间"来定义知识产品的价值。

　　为什么这么说呢？首先是因为，知识产品的生产和一般商品的生产不一样，是一种依托于个别劳动的生产，具有唯一性。譬如我讲授的社会学课程，必然带有我自己鲜明的视角和价值判断，有我独特的节奏，如果另一位老师来讲，所讲授的知识体系就会完全不一样，所花费的时间也会不一样。这表明，知识产品的产出价值无法由社会必要劳动时间决定的。再者，因为知识生产是创造性劳动，人们无法为日心说、相对论、进化论等的发现确定其社会必要劳动时间。即使在技术开发领域中也无法为计算机、机器人、基因工程、空间技术等的发明，确定社会必要劳动时间来看。这些科学技术的发现和发明从本质上说是无价的，因为它们的社会作用是延绵千古，永远造福于子孙后代的。

可是如果知识作为一种商品进行买卖，就必须要有能定价的"价值"，有了价值的依据方谈得上分配与交换。

那么，什么样的知识更有"价值"，可以卖出更多的钱呢？知识的价值可以量化吗？

这里，我们可以学习马克思在发现物质产品的"价值"时的思想方法。任何物质产品都有"使用价值"（没有使用价值的东西，人们不会去生产，也就无所谓"产品"），而不同的物质产品，其使用价值都不同。这就同样存在不可比性。怎样把不可比的诸多物质产品的使用价值化为可比的价值，这就是一个"量化"的过程。马克思找到了"社会必要劳动时间"作为物质产品量化的依据。对于知识产品，我们前面已经提到，不能用"社会必要劳动时间"来量化知识产品的价值，那么就得另找"量化"知识产品的价值的根据。

量化知识产品的价值，是一项非常复杂、难度极大的"科研项目"。这里我们只能提出一些思路。知识产品的价值，总体上讲在于促进社会系统的功效。比如科学发现是技术创新的基础，科学推动技术发展，技术促进社会生产力的发展，这都是我们可以观察到的知识的效用。对于自然科学和人文社会科学的基础理论研究，它的价值就更难找到量化的依据了。尽管这类知识的价值难以量化，但是我们并没有否认基础理论研究的价值和作用，我们从长远的眼光，依旧能够看到基础理论研究对我们的社会生产和人类的精神文明产生的价值。

知识如何进行交易

既然知识有其价值，那么我们再更进一步地追问，就是知识如何可以作为商品进行交易？这个交易是如何实现的？

这里，我们先来介绍一下交易。金钱货币出现后，人的经济行为基本上就是围绕着"交换"而来的连锁活动。我们将所有的东西都看成是可交换的商品，金钱货币是交换的媒介，定义出它们的交换价值，再将商品换成金钱货币，然后再用手上的金钱货币去交换等值的另一项商品。就是"商品—金钱—商品……这样如此不断循环"。

交易如何成立？首要条件是要有相等的"交换价值"，打个比方说，你是一个面包店的主人，你生产的面包具有 100 元的交换价值，可以换来 100 元的金钱货币，而后你拿着 100 元的金钱货币去买一门网络课程。100 元的面包和 100 元的网络课程具有相同的交换价值，这很容易理解。

但马克思提醒我们，仅有这一项条件成立还不足以构成交换行为，还有另一项条件必须同时存在。那就是两种商品之间要有不等的"使用价值"。在什么情况下你才会拿 100 元的面包去换 100 元的网络课程呢？一定是在你心目中，网络课程的使用价值高过了面包的使用价值，你需要这门课程的程度超过了面包，你才会拿面包去换这门网络课程。反之，什么人会开一门网络课程用他的知识去换面包，一定是需要面包超过这门课程的人。两个都想要面包的人，即使一个有 100 元的面包，一个有 100 元的网络课程，他们之间也不会形成交换行为。尽管表面看来，这两种东西的交换价值是一样的。所以说，光看交换价值，我们无法真正理解交易。

诡异的是，交易的成立，"交换价值"不一定等于"使用价值"。对于拥有面包的人来说，他手中面包的使用价值低于100元时，他才心甘情愿地拿面包去换100元，再用这100元去换对他而言使用价值等于100元的网络课程。反之亦然。正如面包在面包店里，对于店主来说，没有"使用价值"，因为他吃不了那么多的面包，不需要那么多的面包。但是，面包被任意一个顾客买走了，立刻就增加了"使用价值"。顾客最终是为了吃这个面包才买的。而一个拥有知识的人，他自己创造、拥有的知识对他本身来说并没有那么多的使用价值，将知识传播给他人，他也获取了自己需要的面包。这个过程中实际上知识的"使用价值"是实现了。

这就是交易和市场的优点：交易实现"使用价值"。货品从不使用、不需要的人手里，被交换到要使用、有需求的手里，提高了"使用价值"。表面的等值交换，让实质上牵涉其中的人都获得了较高的"使用价值"。经济活动越频繁，就增添越多整体的"使用价值"。从这个角度来看，知识经济确实是有利于知识的使用价值的增加的。

知识的获取有捷径吗？

我们前面所讲的都是为了说明知识的价值，其实在当今社会越来越多的人看到了知识的价值，人们都想去好的学校接受教育，或者读一本好的书，上一门有用的网课，期待可以通过一个知识大咖某几次的分享和讲授，就能够迅速学习到某领域或者某项技能的精华，缩短自我摸索的时间，减缓内心的焦虑和压力。这也是当今知识付费商业模式得以逐步成熟发展的重要原因。

乐观地思考，知识经济这件事本身是有利于知识的传播的。但是我们也应该思考，知识经济映射了市场经济的哪些方面？如果马克思在今天，会怎么看待这样一种交易行为？付费的知识产品究竟能够在多大程度上，帮助人们真正掌握知识，提升自我呢？

我们依旧以知识经济为例。知识的直接提供者并不是这场交易中唯一的获益者，甚至在很多情况下，反而是提供这场知识分享的平台，才是最大的受益者。尽管这一商业行为传播了知识，但是目的却大多是为了获得金钱货币。尽管现在的各大知识分享平台依旧想尽办法提高用户的完课率，使用各种打卡形式、现金红包优惠券等返现形式来激励消费者的完成率，但他们最终目的是实现消费者复购的概率，从而可以获取更多的利润。

在这场知识变现的热潮背后，一定是有巨大的利益在驱引越来越多的商家加入这股浪潮，创造更多的赚钱机会。我们当然不反对通过购买网络课程来获取知识，能够获取高质量的知识本身是一件好事。

可是，有多少人是购买了网络课程就搁置一旁，或者只听了其中几次，就再也没有坚持下去呢？我想这样的消费者并不少，我们也可以问问自己。知识变现这场交易能否真正通过这个交易过程让消费者获取知识，真正享受到它的使用价值呢？

事实上，知识的获取并没有那么多捷径可走，知识付费课程容易给你一种错觉，仿佛你购买了就可以掌握知识。作为知识消费者，事实上你购买之后只是获取了这些知识的信息或者这些知识的片段。譬如，我们在知识付费课中讲述马克思，以及其他的经典社会学家，但是我们没有办法逐字逐句地带着大家一起，在十多分钟的时间里去深度阅读原典，去仔细剖析马克思的思想历程。我们只能摘取其中一两个经典的理论，再结合当下的社会热点，以直观易懂的方式讲授给大家。而真正掌握这些理论，还是需要每一位读者继续下功夫，阅读原文，甚至是反复阅读，这样才可以更加深入地了解到所习得的这一部分知识的内涵与外延。

换句话说，我们要思考，知识的真正价值是什么。我们也应该明白，无论这些网络课程收费便宜与否，知识的获取并不等同于知识的掌握。知识付费的形式只是为大家打开了一扇了解知识的大门，激发大家对一个专业领域的知识，甚至一门学科产生兴趣。但至于真正掌握知识，还是需要依靠深度的阅读和坚持不懈的大量练习才可以达到一个更高的境界。在这个时代，或许看起来我们多了不少了解新知的捷径，一定程度上帮助我们解脱了很多我们生活中的迷茫和焦虑，让我们不再对陌生的知识发怵、彷徨。但要深入一门领域，其实是没有捷径可言的，需要我们沉下心，认认真真去学习。

经济决定论：

婚姻里真的是谁收入高，谁就更有话语权吗？

我曾看到一则新闻，说东北三省近几年，平均每10对登记结婚的人里，就有6对登记离婚，离结比率在全国位列前三。我赶紧去问我东北的朋友，是不是你们那儿的人都在忙着离婚呢。我的东北朋友笑而不语。

近几年一提到东北，即使是从来没有去过，在一些媒体的报道和身边东北朋友的口中，都可以听到有关于东北的大致情况：老工业转型困难，经济低迷，人口大量外流，很多一二十年前繁荣的东北中小城市，现在都基本成了"废都"，像鹤岗市的房价，就已经低到"白菜价"了。

有流传"投资不过山海关"的说法，很多年轻人纷纷逃离东北，选择去经济更发达的沿海地区就业，或是在外求学后，也不再愿意回到老家工作生活。优秀的人留不住，年轻的人又不断外流，再加上经济结构转型困难，"振兴东北"越来越成为一个口号式的标语。在这样的大背景下，人们的婚姻选择也开始出现了明显的转向。

马克思说，经济基础决定上层建筑。那东北的经济状况，是高离婚率的背后主要原因吗？用马克思的理论，我们又应该怎么理解这个现象呢？这个现象是东北的特例吗？

经济基础决定上层建筑

我们先来看看这个理论是怎么回事。

1859 年，马克思在《政治经济学批判》（*A Contribution to the Critique of Political Economy*）一书的序言里，明确提出了"经济基础决定上层建筑"的理论。放在今天东北的大背景之下，可以再度折射出 150 多年前马克思的智慧和远见。

这个理论，相信你或多或少都有读到过。马克思明确指出，经济基础与上层建筑的关系，经济代表的是物质的基础，上层建筑代表的是精神层面的东西。他认为，物质决定精神，没有物质作为保证，也就没有资格去谈论精神。

经济基础决定上层建筑，上层建筑反作用于经济基础。用马克思的原话，就是："人们在自己生活的社会生产中发生一定的、必然的、不以他们的意志为转移的关系，即同他们的物质生产力的一定发展阶段相适合的生产关系。这些生产关系的总和构成社会的经济结构，即有法律的和政治的上层建筑树立其上并有一定的社会意识形式与之相适应的现实基础。"

马克思的原话很绕，他的意思是，一个国家或是一个地区的经济发展水平，决定了这个国家的政治、文化，以及精神面貌等内容，也就是说钱的多少、对金钱的观念决定了社会或者地区的观念、文化等发展方向。

经济在婚姻中的作用

在婚姻当中，经济基础是一个极为重要的要素。对于这一点，可以从两个维度进行理解。

第一个原因，就是在婚姻当中，仅仅拥有甜蜜的爱情并不能让婚姻持久，爱情之余，还是需要"面包"。

东三省的情况就是一个最好的例子。在东北，以老重工业为代表的经济发展模式，意味着没有办法短时间进行产业的升级，不得不面临产能落后、经济衰退的局面。而经济的衰退又导致越来越多原本在体制里享有安稳生活的人们被迫下岗，推到了市场的最前线。下岗以后，由于失去生活来源，许多东北家庭生活变得异常拮据。前几年甚至有看到新闻，出现下岗职工家庭，丈夫载着妻子去洗浴场所进行皮肉交易，以赚取家用。所谓贫贱夫妻百事哀，经济的缺乏带来各种家庭矛盾，夫妻双方的矛盾很容易被放大，离婚率升高也必然变成潜在的结果。

另一方面，越来越多的人选择走出东北，前往东部沿海发达地区就业。所以我们才会看到，近些年来东北经济整体不景气，外出务工的势头只增不减。而外出务工，就会给婚姻家庭带来很多的不稳定因素。许多人是婚后不久就外出打工，感情基础不牢固，夫妻长期两地分离，缺乏信息以及思想情感的及时沟通，就会极易导致离婚。

离婚率增高的第二个原因，同样和经济因素有很大的关联，就是女性经济状况得到改善，女性群体愈发独立，可以自主决定自己的生活。

根据最高人民法院 2018 年发布的《司法大数据专题报告之离婚纠纷》（2016—2017 年）。全国范围内超七成离婚案件的原告都是女性。现在的中国夫妻在处理婚姻矛盾时不再像长辈那么"隐忍"，尤其是女性。过去，许多女性即使对自己的婚姻不满意，也不敢提出离婚，在婚姻中可能更多的是逆来顺受，因为从前的女性由于缺乏经济独立能力，即使挣脱了父权和夫权，依旧无法在社会立足。而随着经济的发展，女性外出工作，拥有自己的事业，获得报酬后实现了经济独立，自我独立的意识被越发地唤醒，那么此时如果不满足婚姻现状，就比较敢于说"不"。

今天，伴随着传统观念发生风向变化，女性不进入婚姻，不再被看作是失败的或者悲剧性的，许多人意识到选择婚姻并不是每个人都必须遵守的规则。越来越多的女性开始想要成就一番事业，开始正视自我价值和个人发展，不再像从前一样将自己牺牲在枯燥的、数十年如一日的婚姻生活里。

　　说得直接一些，相比从前，现在很多人对于感情会更加倾听内心的声音，而不是被传统价值观、长辈们的观念所影响。对于婚姻的去留，现代人的自主权和自由度都更高了。

　　近些年，女性不断获得经济自主的权利，并逐步唤醒了自我的独立意识。她们认识到，丈夫不是成年生活的唯一依靠，她们大可以在工作，以及其他丰富的生活内容中获得满足。

　　与此同时，越来越多的女性开始享受多元化的社会关系，而不是把自己锁在家里，过柴米油盐、相夫教子的生活。她们可以开始享受和优秀的同性互相鼓励、一起进步的人生。对她们来说，友情不是爱情的替代品，而是彼此指引、互相给予力量的情感关系。

　　在美剧《欲望都市》（ Sex and the City ）里，我们看到里面四位各具特色的女性，实现着自己的事业和爱情理想，同时也有着牢固的友情，可以在遇到难关的时候互相支持。爱情、婚姻对她们来说更多的是探寻自我的一个内容，而不是人生的全部。

单身女性的时代

　　那么，女性是从什么时候真正走出家庭，反思婚姻制度对于自己人生的限制？看完了这几年的变化，我们来聊聊，历史上，女性曾怎样为自己争取权益？又如何影响文化与社会生活的方方面面？

　　这里，向大家推荐一本名为《单身女性的时代》（ All the Single Ladies ）的书，作者丽贝卡·特雷斯特（ Rebecca Traister ）是美国著名的新闻记者，她通过聚焦单身女性这一群体，从近百个原始访谈中选取了约三十位美国女性的生活经历，发现当今这个时代的女性在思想、经济、两性关系上比以往更加独立自主，她们也更有能力选择单身，不再像从前一样，需要依赖婚姻来改善自己的经济状况。[1]

而在 19 世纪之前，在美国，几乎没有女性能找到和男性同工同酬的工作，对于多数女性来说，除了婚姻以外，并没有其他途径，可以让她们获得稳定的经济来源和社会地位。未婚女性能从事的职业寥寥无几，并且薪水微薄，比如助产士、裁缝、护理、家庭教师等。

到了 19 世纪，越来越多的女性投入到追求事业和学习知识中去。19 世纪美国最著名的女作家之一路易莎·梅·奥尔科特（Louisa May Alcott），她最有名的小说是《小妇人》（Little Women）。这本书是她一本半自传体的家庭伦理小说，故事背景发生在美国南北战争时期，讲述了四个姐妹如何经历爱情、追寻理想和不同的归宿，是一个女人从少女到小妇人的过程。无论是在小说里，还是现实生活中，作者都一直注重女性意识，并且身体力行地大力倡导女性独立，打破婚姻枷锁。作者路易莎当年为了贴补家用，不仅做过教师、护士、裁缝等职业，还勤奋写作，可以说是那个时代少有的实现经济独立的女性。

---

[1] ［美］丽贝卡·特雷斯特：《单身女性的时代》，贺梦菲、薛轲译，广西师范大学出版社，2018 年。

19世纪末和20世纪初，是美国女性结婚率达到历史最低水平的时期，当时发生了一件事，就是美国政治和社会出现了巨大震荡。很多年轻女性迫于生计，纷纷跑去大城市寻找工作机会。女性的职业种类也很快开始多样化和现代化，比如打字员、电话接线员、秘书、工人等。

所谓"经济决定上层建筑"，女性经济状况的大大改变，让更多女性产生出了自我抗争的意识，希望为自己争取到更多的权益，获得和男性相同的政治权利等。于是，在那个时代，诞生了由女性领导和参与的第一场劳工运动。可以说，女性通过改变自身的经济状况，再加上经过一系列的斗争所取得的胜利，永久地改变了美国的性别政治。

从1920年起，美国历史上女性公民首次获得了投票权利。经过一个世纪的努力，女性的独立精神越来越强，美国女性为争取权利而发起的运动，彻底改变了国家的命运。

到2012年的美国大选，未婚女性选民的数量占全部选民数的23%。大量的未婚女性选民，可以说是深刻地影响着美国的选民构成。当时的奥巴马总统，深深知道女性选民的重要性，为了博得好感支持争取连任，他当时还提出了一系列有利于女性的政策，对他最后获得摇摆州的胜利起了重要作用。美国女性的确在颠覆着原有的秩序，影响着经济、政治和性别权利在两性间的分配。而大量的美国单身女性正在重新改写对于传统家庭的定义，也极大地影响着社会政策的制定。她们向世人证明，她们有着改变美国的力量。

从社会角度来看，这一百多年来，越来越多的女性不再只是把自己局限于家庭空间里，在婚姻中、在社会上都有了越来越多的自主权、话语权和决定权。不论是主动选择单身，还是结束一段不满意的婚姻恢复到单身状态，从个人角度来看，是独立意识的觉醒；从整个大环境来看，是社会经济发展的产物。

新婚恋时代

早在一百多年前，恩格斯就预言，人类的家庭形式将随生产方式的变化而变化。在中国，我们看到结婚率逐年下降，而离婚率却普遍升高已经成为趋势。女性个人经济状况的改善，以及整个大环境的变化，传统观念受到的冲击，都对现代婚姻制度构成了重要影响，给大众带来了更多对于婚姻本质的思考和质疑。

在今天，伴随着市场经济飞速发展，人们受教育程度也相应大幅提高，对于婚姻也有了更多新的理解。传统的婚姻观念，自然受到了很大的冲击，甚至是完全的颠覆。可以说，我们已经迎来了一个全新的婚恋时代。

这个时代是什么样的呢？我们不妨仔细想想身边的例子。在20世纪七八十年代，甚至90年代初，身边离婚的人可以说是寥寥无几，很重要的原因之一是，那时候大家普遍都收入不高，一旦变为单身，在抚养子女方面是有很大经济压力的。所以，在那时，对单亲妈妈来说，很多人可能会不只是因为感情的吸引，而是因为沉重的经济负担而改嫁再婚。但今天的女性就大大不同了，随着收入的增高，她们对个人生活的选择权也大大增加。可以说，今天这一代年轻的中国女性，正在身体力行地实践着自己的新婚恋观。

今天我们用马克思"经济基础决定上层建筑"的理论讨论了经济在婚姻中的作用，经济对于女性自我意识的唤醒、婚恋和人生重大选择的改变，以及如何影响着女性社会地位的变化。

我们需要知道的是，离婚虽是发生在夫妻两人之间的事，但放在社会学的眼光里，远非仅是个人的感情问题，更是整个社会经济、政治、文化的缩影。等到三五十年，甚至百年后的后人来看我们今天讨论的感情问题、面临的婚姻状况，肯定就会像考古一样，从个人情感小世界里，可以窥见整个社会变化发展的宏大格局。

这也是我们为什么要学习社会学，为什么要用社会学的方法来思考问题的意义。很多时候，社会学可以帮助我们跳脱个人的狭隘观点，拉到一个更为广阔的格局里认识问题、思考问题，并尝试着解决问题。

阶级与分层：

底层的人生，距离我们有多远？

寒门难出贵子

我在清华大学教书，在大家的印象中，可能这些来自全国各地的学霸都是"人生的赢家"，象牙塔中的他们，应该没有什么烦恼了吧。但事实上，学霸们的世界里，人生迷茫的不少，有些学生就跑来和我说，认为"自己不够好"，自我价值感匮乏。有人抑郁，有人甚至休学……

我接触到形形色色、各种家庭背景的学生，有从偏远农村、小县城来的学生，他们到了北京、到了清华后才发现自己和大城市的孩子，和北京四中、人大附中毕业的学生不一样。这里的不一样可能是包含了见识、家境、教育背景、对于未来人生的梦想与期待等。比如北京中产阶层的孩子，他可能在大一入学的时候就已经周游了世界，在海外有交换项目，有苹果笔记本电脑，读过很多课外书，等等。但是对于一位来自偏远农村地区的学生来说，他可能是第一次来北京，从来没有接触到苹果的产品。所以，他的视野和阅历深度都没有这些中产阶层家庭的孩子好。

这种情况下，这些来自寒门的学生，就会产生很大的心理落差，就会更加拼命学习，希望可以通过学习来弥补。但是在信息化时代，有时候并不是简单地记笔记和学习，就可以在短期里弥补因为家庭背景的差距而造成的落差。

这里，有一件有意思的事情。2017 年北京高考的文科状元，一个 18 岁的高中毕业生，就说了这样一番话："农村地区的孩子越来越难考上好学校，像我这种，属于中产阶级家庭的孩子，衣食无忧，家长也都是知识分子。而且还生在北京这种大城市，所以在教育资源上享受到这种得天独厚的条件，是很多外地孩子或农村孩子所完全享受不到的。这种东西决定了我在学习的时候，确实是能比他们走很多捷径。"这番听起来真实得有些让人心头一颤的话，被很多网友评论为是大实话。一个青涩的 18 岁的少年，就已经清醒地意识到了，自己是属于"中产阶级"家庭，有着如此明确而肯定的"中产阶级"意识，知道自己可以享有更多的教育资源。

为什么来自"中产阶级"的孩子，就可以天然享受到优渥的教育条件，甚至更加富有的家庭，可以花 650 万美元把孩子送到斯坦福大学这样的世界名校去读书；而出身贫寒的孩子，却越来越难以得到平等的教育，要做出最大的努力，才能够改变自己的命运？

这几年，我们经常听到和阶级或者阶层有关的各种说法，比如"阶层跨越""阶层固化""阶层流动"。要了解"阶层"到底是什么？来自不同阶层的人，会产生什么样的自我认知？我们从社会学的角度来看，就有必要追根溯源，看看在马克思的理论当中，他是怎么定义阶级、分析阶级？

马克思的阶级观

在马克思的理论中，阶级（class）占据有非常重要的地位，甚至是马克思理论的一个核心概念。需要首先做一个说明的是，英文的 class 翻译成中文，可以是阶级，也可以是阶层。我们接下来在分析今天中国社会结构的时候，更多采用的是阶层的分析框架。

实际上，阶级本身是一个中性词。在马克思的时代，"阶级"是一个用以观察、描述社会与经济行为的新兴工具，并没有被赋予今天那么多复杂的色彩和含义。

在马克思看来，阶级是一个历史范畴，阶级的形成是与生产发展的一定阶段紧密相连的，是由人们在一定社会经济结构中所处的地位所决定的。

具体而言，阶级指的是人类生产分工中所出现的垂直化分。说到生产过程中的垂直划分，那必然有人问，水平划分是什么？比如，盖房子这件事，你打石头，他砌砖，你和他的劳动是水平划分；但你打石头，他砌砖的同时，还有包工头负责指挥管理你们，那么，工头和普通的石匠、砌墙工人之间的关系，就是垂直分工，这就是阶级。也就是说，你介入生产活动的方式决定了你的"阶级"，而你的阶级反过来也影响着你看待生产活动的角度。所以说，不同阶级的人对分工的生产程序，以及分工的生产成果的看法不可能是完全相同的。人在生产关系的体系中处在什么位置，便会站在这个角度思考自身利益的最大化，并站在自己的角度提出对整套生产关系的主张，这就是"阶级"带来的"阶级意识"。

从"阶级"和"阶级意识"来看，不同阶级的人会对生产活动持有不同的利益主张，两者无法跨越彼此的阶级立场，并找出统一的利益主张或运作模式。

马克思认为，仅当人们意识到他们和别的阶级的矛盾时，一个阶级才会真实的存在。当人们意识到这种矛盾时，就形成一个真实的阶级，每个阶级都是为了它自身的利益。对此，马克思在《路易·波拿巴的雾月十八日》中指出："既然数百万家庭的经济条件使他们的生活方式、利益和教育程度与其他阶级的生活方式、利益和教育程度各不相同并互相敌对，所以他们就形成了一个阶级。"[1]

在马克思生活的 19 世纪，他主要区分了两个阶级：资产阶级和无产阶级。资产阶级指的是市场经济中的资本家，他们占有生产资料，并且大量雇佣劳动者。而无产阶级则是没有占有生产资料的被雇佣

---

[1]　［德］卡尔·马克思：《路易·波拿巴的雾月十八日》，中共中央马克思恩格斯列宁斯大林著作编译局译，人民出版社，2015 年，第 110 页。

者。两者天然存在着对立。

在关于阶级的问题上，后来的列宁又在马克思的基础上，给出了一个非常清晰的定义，以作为马克思主义关于阶级的标准定义："所谓阶级，就是这样一些大的集团，这些集团在历史上一定的社会生产体系中所处的地位不同，同生产资料的关系不同，在社会劳动组织中所起的作用不同，因而取得归自己支配的那份社会财富的方式和多寡也不同。"[1]

而到了现代，整个资本主义系统有效地将工人转化为一种职业，而不是一个阶级身份，工人们普遍享有各种福利待遇，享有晋升的可能，同时还有行业工会进行保护，这也就大大缓和了阶级之间的对立。同时我们也需要意识到，由于马克思的提醒，资本体系会注意到"游离者"，也就是介于工人和资本家之间，既非此亦非彼，尚未确定阶级属性的人。这是马克思来不及看到的现象。今天我们社会的大多数劳动者其实是处于这片区域的。

今天我们虽然没有了太多阶级对立，但社会分层依旧存在。而且随着经济和科技的发展，社会分层的情况可能会愈来愈明显。

---

[1]　［苏联］列宁：《列宁选集》第四卷，中共中央马克思恩格斯列宁斯大林著作编译局译，人民出版社，1995年，第11页。

从纽约精英到北京蚁族

这里，再向大家推荐一本名为《我是一个妈妈，我需要铂金包》（*Primates of Park Avenue*）的人类学著作，作者是耶鲁大学的人类学博士，书里主要描述了纽约精英妈妈的育儿焦虑。作者原本住在纽约的西区，是一个典型的中产家庭，然而孩子到了幼儿园的年龄，她和先生咬咬牙，决定搬到拥有更好学区的上东区，也就是贵族聚集区。这一搬，看似只是移动了几条街而已，实际的生活却发生了彻底的改变。从孩子入学的种种残酷经历，到作者一心为了融入精英妈妈圈层，不得已买了一只象征身份门槛的铂金包……可以说，作者彻头彻尾地陷入了精英育儿战争中。[1]

上东区的人们虽然拥有巨额财富，但并不敢松懈，担心一松懈就可能会由富返贫。因此，他们对于自我甚至对于智慧和外在美，都时时保持着热烈的追求与强大的自律，某种程度上，这种状态已经远远超出了人的动物本能，甚至有些超乎人性。作者在书里自嘲说："焦虑与压力是西方疾病，也是西方工业民主国家教育程度高的富裕人民特别会受到的折磨——这群人的英文缩写凑起来刚好是'怪胎'（Weird: western, educated, industrialized, rich, democratic people）。"看到这里，可能很多人会深有感触。美国作为先富起来的工业化国家，消费主义至上、效率至上，阶层意识也比中国等发展中国家强烈很多。

---

[1] ［美］薇妮斯蒂·马丁:《我是个妈妈，我需要铂金包》，许恬宁译，中信出版集团，2018 年。

中国今天的社会结构中，阶层又是如何划分的？

已故的社会学家陆学艺在其主编的《当代中国社会流动》一书中，对当代中国社会阶层的划分标准作了说明。他发现人们凭借社会经验和主观感受对人群进行分类，分类主要依据三个方面的标准：是否有钱（收入高低或拥有多少财产），是否有权（在政府或企事业单位中的职位高低），是否有文化（学历高低）。在今天的中国，经济资源、政治组织资源和文化资源的占有量，决定着人们综合性的社会经济地位，决定着他人对某一个人的社会性评价。

譬如，高收入人群，和在政府部门中占有重要职位的人，他们都处于社会的中上阶层，因为他们掌握有更多的话语权、人脉和各种资源，往往可以通过一个精英的人脉圈子，把一些棘手的问题解决好。但是那些低收入人群，来自郊县、农村地区的人们，他们就只能依靠自己，在很多事务上都没有发言权，只能以社会的弱势阶层存在。

因此，我们看到，很多刚刚毕业的大学生拼命想要在这个充满竞争的社会、这个残酷的世界上证明自身的价值。他们希望达成的目的就是，超越祖辈、父母辈，在大城市中谋得一席之地。为了完成梦想，没有背景的农村大学生选择住地下室或是城中村，就好像前几年我们在新闻报道中读到的"蚁族"现象。农村大学生想要改变命运，实现阶层跨越，会要付出更大的代价。

折叠的北京

对阶层的描述和想象，除了现实意义，也是很多文学作家关注的题材。很多科幻语言或者乌托邦、反乌托邦的文学作品，都写过类似的内容。

离我们比较近的，是作家郝景芳 2016 年写的科幻小说《北京折叠》，这部作品获得了第 74 届雨果奖最佳中短篇小说奖。雨果奖的等级，相当于科幻界的诺奖，分量相当高。

在《北京折叠》里，作者用物理空间的方式把北京分为第一、第二、第三这三个空间。第一空间主要是权力和经济资源占有最多的人，第二空间可以说是中产阶级，第三空间就是底层的劳动人民，比如书中的主角，一名垃圾工人就是如此。虽在同一座城市生活，不同空间的人却有着严格的几乎不可逾越的划分和隔阂，仿佛生活在不同的物理空间里。从阶层空间角度来说，北京折叠是确实存在的。

当然这个情况放到许多城市都成立，比如也可以说"香港折叠、上海折叠、广州折叠"。越是国际化的大都市，来自全国的甚至全世界各地的人都会蜂拥而至，想在大城市里赚到钱，改善自己的生活，在大城市生活和生存的人拥有的能力类型和大小本来就是不同的，这也意味着不同阶层的社会分化会越加明显。而在小城市，人们占有的资源和各自的能力相对来说差距没有那么大，同质性更加高，也就意味着两极分化相对也不会那么大。

　　我们看到在北京最底层的劳动者，基本都是外来务工人员，他们住在哪里呢？其实除了住地下室的蚁族，还有许多人居住在北京的郊区，基本是六环外，许多是地铁的尽头，或者只有公交车没有地铁。很多是原本郊区或者农村改造而成的棚户区，没有洗浴和抽水马桶，虽然名义上处在北京，但几乎所有的设施都是过去农村的情况，甚至还比不上如今的普通农村。正因为如此，这些地方的房租也相对便宜，一个月一间屋子的租金只有几百元。

　　他们到底是谁？他们可能是你早上买煎饼果子时问你要不要多加一个鸡蛋的阿姨，是你下班回家遇到的水果贩，是街上随处可见的穿着黄马甲天不亮就清扫大街的环卫工人，也可能是藏于街头巷尾帮你修鞋的修鞋匠，是你昨天下班回家吃的沙县小吃店的洗碗工，是为你每天送外卖的小哥。白天，他们默默地为这个城市奉献着，晚上又远离城区，退回到边缘的地区去居住。他们是这个城市发展建设中最不起眼却是非常重要的一环，为我们的生活提供了极大的便利，然而却因为受教育水平的低下，能力有限，只能从事出卖劳动力的工作，长期处在社会的边缘。

　　我也曾经和在菜市场卖菜的菜农聊过，他告诉我他在老家辛辛苦苦种田一年的收入还比不上他在城市半年的收入，在北京打工虽苦，但因为收入高了，他觉得可能人生还是有希望的，自己多赚钱可以让孩子得到更好的教育、医疗资源，希望孩子未来可以超过他，不再当卖菜的、不再送外卖，可以有机会实现阶层的流动、上升。

　　而有房有车、看起来生活优渥的中产阶层也对自己的境遇无法停止焦虑。在行业裁员面前，极度担忧可能失去自己现有的工作，沦为失业者。于是我们看到近两年 IT 高薪工程师绝望跳楼的新闻。而在高价学区房与巨大的升学压力面前，中产阶级也将期待寄托在下一代身上，于是我们看到了"赢在起跑线"，甚至是"赢在子宫里"，看到了家长眼里一场又一场输不起的育儿之战。在这种种现象的背后，实际上都源于人们对于自身所处阶层的不满足，源于人们一种想要向上流动、努力超越的欲望。

在阶层不平等的现状之下，我们有看到教育的不公平、社会分配的不公平，还看到阶层的固化，也看到社会底层虽然艰辛但却乐观豁达的努力。无论是精英妈妈还是城市务工者，可以说，阶层的意识是在每一个人心中的。

我们学习马克思，很重要的一点，就是透过马克思分析世界的视角，去重新认识我们的社会，看到社会中来自不同阶层的人，以及他们的故事。

新教伦理与资本主义精神：

为什么资本主义没有诞生在中国？

在社会科学领域里，有一个非常经典的问题，就是为什么资本主义没有诞生在中国？

这一问题也衍生出了很多相近的问题，其中最著名的一个，就是大名鼎鼎的"李约瑟难题"。李约瑟是英国的科学技术史专家，在其编著的 15 卷《中国科学技术史》中，他提出了这样一个问题："尽管中国古代对人类科技发展做出了很多重要贡献，但为什么科学和工业革命却没有在近代的中国发生？"换句话说，为什么中国领先了世界一两千年，但是却没有像英国一样爆发工业革命，没有诞生出资本主义呢？

事实上，中国不是没有出现过资本主义的萌芽。在我们的中学历史教科书上，就曾专门有一章节讲过，在明朝中后期的江浙一带，由于手工业和商品经济的发展，在一些行业中出现了资本主义的萌芽。

　　教科书这样的表述，是否准确，我们暂且不讨论，但有一点可以确定的是，在明朝中后期，江浙一带伴随着商业往来的频繁，大型的商业城市开始出现，部分生产部门，如纺织业、印刷业，开始兴盛。可是，这样的星星点点的经济萌芽，最终没有发展出资本主义经济形态。这背后的原因又是什么呢？

韦伯的疑问

　　为了回答这一疑问，我们必须进入到德国社会学家马克斯·韦伯的社会学世界。作为社会学的开创者之一，韦伯是我们在学习社会学的时候，不能绕过的一位社会学大师，甚至可以说，韦伯是社会学创立以来最具有生命力和影响力的社会学家之一。他的研究触及现代社会的各个方面，揭示出社会错综复杂的变化发展，并巧妙地将历史学研究与社会学理论结合在一起。

　　在很多方面，我们可以说韦伯是在马克思理论的框架里做出了突破与创新。譬如，他不同意马克思的经济决定论，在马克思看来，以生产关系为代表的经济形态决定了思想形态，而观念不过是经济地位的表征。对此，韦伯持有相反的观点，他认为思想观念也可以影响经济生活与社会的发展。

　　对此，韦伯做了一项十分著名的研究，并撰写了一本在今天几乎所有的人文社科项目的学生都要求必读的经典著作——《新教伦理与资本主义精神》（*The Protestant Ethic and the Spirit of*

Capitalism）。这本书如此家喻户晓，以至于在 1997 年国际社会学协会的一项有关 20 世纪最重要著作的票选中，韦伯有两本著作进入前五，一本是排名第一的《经济与社会》（*Economy and Society*），另一本就是《新教伦理与资本主义精神》，排名第四。

有趣的是，这本书的写作缘起，有一部分和韦伯自己的成长背景密切相关。韦伯的父母性格截然不同。他的父亲是上层阶级的政治官员，当过柏林市议会议员和普鲁士议会议员。因为身份的关系，韦伯年轻的时候，家里经常会有高层的政治及学界人士来访，使得韦伯小时候就对政治及学术产生了相当程度的兴趣。与热衷于政治的父亲相比，韦伯的母亲则迥然不同。她有着坚定不移的宗教信念，一种加尔文新教的责任感使得她认为教会应该致力于反对贫穷及支持社会福利运动。韦伯从孩童时代就对父亲的权威及武断深感不满，随着年岁的日长，他和父亲的看法越来越相异，冲突也越来越大，而与母亲的见解却越来越接近，更加认同母亲对于新教的信念和价值观。不得不说，父母的信念和价值观的不一致与冲突，对韦伯造成了巨大的影响。特别是母亲身上所体现出的新教徒特质和精神，也在一定程度让韦伯对新教伦理观产生了研究兴趣。

韦伯一生都在探讨"何谓理性"这一问题：人的自由化和社会的理性化之间如何达到一种平衡，人类本性和社会秩序之间的尺度如何把握，情感和理性的张力如何驱动，都是韦伯关注的重要内容。

在《新教伦理与资本主义精神》中，韦伯也开宗明义地指出了自己的研究问题，并将资本主义的诞生上升到西方理性主义发展的高度："为什么资本主义没有在印度、在中国也做出相同的事情呢？为什么科学、艺术、政治或经济的发展没有在印度、在中国也走上西方现今所特有的这条理性化道路呢？当务之急就是要找寻并从发生学上说明西方理性主义的独特性，并在这个基础上找寻并说明近代西方形态的独特性。"[1]

本杰明·富兰克林的道德箴言

韦伯承认，很难用简洁的语言来定义资本主义精神，但他认为本杰明·富兰克林（Benjamin Franklin）的道德箴言是资本主义精神的最好体现。这位美国国父级的先辈，早在18世纪，就定下来很多自我约束的戒律，譬如：

　　切记，时间就是金钱
　　切记，信用就是金钱
　　切记，金钱具有惊人的繁衍性
　　切记，善付钱者是他人钱袋的主人

当富兰克林还是一名印刷厂主的时候，这些戒律信条便对他的

---

[1] ［德］马克斯·韦伯：《新教伦理与资本主义精神》，于晓、陈维纲等译，陕西师范大学出版社，2006年，第10页。

生意促进良多。他的邻居当年回忆，自己早上出门时富兰克林就开始工作，在自己回家时，富兰克林依旧在努力工作，他的努力使他成了费城最大的出版商。同时，他的清教徒生活特色也使自己在生意上占尽优势。

这里也推荐一下《富兰克林自传》（ *The Autobiography of Benjamin Franklin* ）这一本影响了几代美国人的励志书。在书中的第十九章，标题叫"酗酒毁了斯科"。斯科原是富兰克林的好朋友，但由于酗酒的恶习，导致生意不利，以至于穷困潦倒。富兰克林一直坚持认为，不饮酒的习惯使人常常处于清醒，努力工作，在竞争激烈的资本主义自由市场中绝对有巨大优势。

富兰克林另外一个思想——机会成本的理念——则在另外一位商业大佬的手中用到了极致。后来的美国首富约翰·洛克菲勒（John Davison Rockefeller）在很小的时候就学会了复式记账法，这成了他一生中在石油行业打拼的利器。复式记账法是相对于传统的单式记账法而言的，在记账时，每一项经济业务都要以相等的金额，在相互联系的两个账户里，一个记"借"，一个记"贷"，"借""贷"相等。复式记账法优于单式记账法的地方在于它考虑了机会成本，就像富兰克林所说的："借出五便士，也损失了在借出其间可以周转到的利益。"所以经济学家熊彼特（Joseph Alois Schumpeter）才会说，复式记账法是资本主义的高塔。

有趣的是，富兰克林本人却不是一个狂热的宗教教徒，但成型的资本主义精神却发挥了巨大的作用，这的确是无可争辩的。

资本主义精神

那么，什么是资本主义精神呢？

简单说，资本主义精神是现代理性经济的体现，是一套理性的、有系统的追求利润，但同时又保持自制节俭的生活态度与价值观。韦伯如此写道："这种精神必定是来自某种地方，不会是来自单独的个人，而是来自整个团体的生活方式。"

韦伯承认，形成这样一种精神，以及最终导致发达的西方资本主义，有方方面面的原因，不存在单一因素的决定性作用。但就这一本书而言，韦伯想要解释的只是其中的一个很少被重视的方面：人们的思想观念对现代资本主义发展的影响是否存在，如果存在，这样的影响又会有多大？

此处所说的观念，即是马丁·路德（Martin Luther）的宗教改革之后，所兴起的新教及其新教信徒的行为观念。

韦伯提出，经济理性主义的形成必在一定程度上受到宗教因素的影响。宗教改革之后，人们深深陷入关于自己来世得救问题的恐慌中。天主教所倡导的"赎罪"论所带来的人的道德善恶轮回被路德教的"天职观"（calling）所取代，人们的得救状态不再能够自主地通过赎罪而获得，而是要努力做好在人世间的本职工作才能得到上帝的青睐，成为上帝的选民，最终得到救赎。

在这里，"天职观"是新教伦理的核心基础。所谓"天职"，就是在俗世中，上帝分派给每个人以不同的职位，这些职位在上帝看来并没有贵贱之分，人们有责任和义务，在各自的岗位上认真、勤勉的工作，这不仅是道德所在，也是为上帝增添荣耀的最高形式。用韦伯的原话来说，就是"上帝所能接受的唯一的生存方式，不是要人们以苦修的禁欲主义超越世俗道德，而是要人们完成其在尘世所处的位置所赋予他的义务。这就是他的天职"。

在此观念之下，人们的世俗活动不再是"财迷心窍"的行为，而是通过勤勉工作积累财富，求取成功，从而在上帝面前证明自己的价值，证明自己就是"上帝的选民"，如此便可以得到启示，获得拯救。这种新教工作伦理对财富追求予以肯定，无疑有助于帮助西方众多企业家与资本家的诞生与壮大。

与此同时，在新教的教义里，提倡禁欲和节俭，反对骄奢和浪费。任何懒惰、享乐的行为都是对上帝的违背，也是对自己得救状态的否定。在这种伦理指导下，确信得救的选民们的生活方式更加理性与道德、节俭而自制。

新教伦理一方面强调劳动光荣，另一方面又强调艰苦朴素。拼命赚钱又不花钱，以这种天职观念引导的理性经济活动完美契合了资本主义发展的需要，并最终催生了资本主义的兴起。

这里，有必要再次强调的是，韦伯认为新教伦理只是资本主义发展的因素之一，他并不排除尚有其他因素有助于资本主义精神的发展。另外，他也同时指出，资本主义精神的发展也只是导致资本主义经济兴起的因素之一，他不排除还有其他诸如政治、经济、社会或者人文思想的因素，协助推动了资本主义经济的兴起。韦伯认为，新教伦理只是资本主义精神发展的必要条件之一，而非其充分条件；同样，资本主义精神也只是资本主义经济兴起的必要条件之一，而非充分条件。事实上，韦伯也从未把新教伦理当作资本主义发展或者资本主义经济兴起的唯一决定因素。

为什么中国没有出现资本主义

中国传统社会实际上也具有发展资本主义制度的有利条件，譬如强大而有力的同业工会组织，快速增长的人口，金融贷款机制的存在，以及强劲的攫取欲望及竞争传统。既然有这么多有利于资本主义兴起的先存条件，中国为何依旧无法诞生出资本主义呢？

在韦伯的《儒教与道教》（*The Religion of China: Confucianism and Taoism*）一书中，他进一步讨论了在儒家和道家价值信仰体系支配下的中国为什么没有产生资本主义。

首先，是社会结构上的障碍。中国的社区组织是由一个个严密的、有血缘关系的氏族家族所组成，其中人们之间的行为互动皆严守传统的律法规矩，长幼有序、上下有别，家族长老具有无上权威，发号施令，人人不可违背。每个氏族家庭是完全自我独立为营的，鲜少与社区中其他的氏族家族发生关系。而且大多数的家庭皆为农户家庭，只在很小的土地上耕耘为生，因此鲜有新的发展机会。绝大多数人都是活在天高皇帝远、自我封闭的小社会中。

其次，中国传统社会中的政府是世袭的。政府的运作是靠传统、特权及施惠来维持，政府行政机构的运转，也不是以理性为基础的科层制架构，而更多体现出人治的色彩。商业行为也没有足够的法律加以制约和保障，民间纠纷和冲突的案件也没有中央法院及其一系列的司法机构来裁决处理。这些不合理的机构及行政组织阻碍了理性的资本主义的发展。

最后，是重视经学教育的儒家思想所造成的障碍。一个人要想晋身仕途，就必须要熟读四书五经这些古典书籍，并且还要擅长诗词书法和绘画。我们看到，历朝各代的科举考试，都是通过考察经义、诗赋这些来选拔人才。比如说，考官从任意一本经书中选取一页，然后摘录其中一行作为考题，考生们在考试中，就要根据这一行文字，再填写出与之相联系的上下文。在韦伯看来，儒家传统所鼓励提倡的这种教育模式，是一种书呆子式的文学教育，从中选拔出来的儒家学者和官员，对于理性的经济体系、政策制定、科技发展等，自然都没有兴趣，并且也没有能力去管理。

在韦伯看来，儒教伦理不同于新教伦理，前者强调的是适应社会而不是改造社会，认为人性本善，而非新教的人性本恶。更重要的是，新教的价值理念存在上帝，存在一个现实世界之外、与现实世界相对立的超越世界，两个世界充满张力，因此新教徒要积累物质财富、奉行禁欲节俭、做好本职工作才能获得救赎进入超越世界。而儒教不同，不存在这样一个超越世界和外在的最高造物主，儒教注重世俗的伦理秩序，主张顺应天道、接受现状，强调个人的自我圆满。对于追求功利、忙于累积财富的价值观念，是为儒家伦理所不齿的。另外，儒教奉行古法，不喜变革，重义轻利，这些都不利于追逐利益、强调经济的资本主义产生。

对于这一点，经济学家林毅夫在解读"李约瑟难题"的时候，也曾明确指出，近代中国为什么没有爆发工业革命，是因为中国施行了以诠释四书五经为要义的科举制度。由于这样的制度只强调背诵，不强调以大规模实验为基础的科技创新，因此在工业革命到来的时候，中国错过了发展的契机。[1]

除了儒教以外，道教也是对中国社会产生影响的教派之一。在韦伯看来，道教强调"出世"，那些所谓长生不老、巫术的神秘主义也无法引导人们走向理性化道路。儒教和道教殊途同归，最终和西方的理性化、现代化相背而驰。

韦伯错了吗？

我们看到，新教伦理与资本主义精神在对待财富和职业上的态度具有高度一致性。二者都承认财富本身的合理性，新教伦理中财富并无好坏之分，只有取财之道和财之所用是用来区分善与恶的标准；同时，新教伦理要求努力工作、勤俭节约的部分也恰好符合资本主义财富积累的需求。所以在当时的社会条件下，这两种高度重合，

---

[1] Lin, Justin Yifu. 1995. "The Needham Puzzle: Why the industrial revolution did not originate in China." *Economic Development and Cultural Change* 43(2), 269–292.

有效互补的理念在推动资本主义的发展上发挥了重要作用。

从韦伯的研究中，我们可以发现，韦伯关注到社会现象背后的精神动因，从宗教的角度挖掘资本主义产生背后的观念力量，这种观念力量有其特定的时代背景，可以成为强大的精神动力，推动时代的进步。

然而"新教伦理"真的存在吗？观念的力量对于经济发展的作用是否真像韦伯所说的那样明显？

对于观念的力量是否真的可以大到推动资本主义的发展，实际上今天不少的经济学家都在进行验证。譬如，有学者指出，不是看不见摸不着的"新教伦理"这样的精神观念在发挥作用，而是新教对教育投资，或者说人力资本积累的高度重视，促成了"资本主义精神"的快速发展。发展经济学家贝克尔和沃斯曼在一篇《韦伯错了吗》的论文里就发现，无论是在 19 世纪的普鲁士还是如今的德国，新教徒越多的地区，就越需要提升教众们阅读《圣经》的能力。其结果，就是当地学校的数量显著增加，从而直接导致新教徒较多的地区的人均教育水平普遍更高。教育水平提高之后，自然就会带动起地方经济的蓬勃发展。[1]

另一个有趣的现象是，曾经被韦伯断定不具备产生资本主义条件的中国社会，人们对于金钱的追求甚至已经远远超过了资本主义。

---

[1] Becker, Sascha O. & Ludger Woessmann. 2009. "Was Weber wrong？A human capital theory of protestant economic history." *Quarterly Journal of Economics* 124(2): 531–596.

当单纯追逐利益和利润的理性失去了宗教的枷锁，人们的欲望将会像脱缰的野马一样，对财富的盲目追求和崇拜将带领人们走向不可预知的疯狂。我们是否可以在富裕的大厦倒塌之前找到一条规范自身的路径呢？我们是否仍然可以依靠儒家的仁义礼智信等一系列传统道德规范，对日益膨胀的经济行为进行约束呢？

对于这样的问题，我并没有办法给出明确的答案。事实上，在《新教伦理与资本主义精神》一书的后半部分里，韦伯也明确指出，随着财富的不断增加以及由于科学进步停滞所导致的宗教的逐渐萎靡，财富的世俗化越来越使人们将对来世的狂热寄托放眼于现世，功利主义重现。韦伯就说："大获全胜的资本主义，因其以机器为自己赖以生存的基础，已经不再需要新教禁欲主义的支持了。"

由新教伦理所影响的经济理性主义，在机器生产技术与经济制度出现后，固化为现代资本主义的经济秩序。在这个秩序下的每一个人，不再以来世得救的信念履行天职，而逐渐陷套在无法逃脱的"人性的铁笼"之中。

金钱与现代生活：

当我们在谈论消费主义时，我们在谈论什么？

佛系vs低欲望

"佛系员工""佛系恋爱""佛系育儿"……"佛系"这个词突然火了，从网络热词到各种表情包，似乎无论什么事情一旦贴上了"佛系"的标签，就天生自带一切随缘、不争不抢、云淡风轻的生活态度。为什么现在的年轻人选择佛系？真的是随遇而安的一种表现吗，还是在高速运转的消费时代，不得不低欲望的一种无奈选择呢？

仔细推敲佛系的原因，有人说，从整体大环境来看，经济的发展让这一代年轻人在生活上相对富裕，比起上一辈，改变阶层、奋斗的动力不足，有些难免有做一天和尚撞一天钟的心态，所谓"佛系"，可能只是懒惰的保护色。但是，更多的人认为，生活的压力，就业、住房、婚姻、育儿、医疗等几座大山早已把年轻人压得透不过气来，各方面的竞争压力也越来越大。尽管维持普通的生活并不难，可是想要稍微优渥的生活，就要付出巨大的代价。年轻人何尝不想打破阶层固化，努力向上。但是发现这样非常难，甚至近乎不可能，于是只能自称佛系，也实在是一种求之不得，干脆降低人生期待值的无奈。

　　然而，我们从一些数据来看，"佛系"并不能反映现在年轻人对于精神和物质欲望的真实态度。我们看到，越来越多的奢侈品牌选择了 90 后艺人作为代言人，比如 Buberry 选择了周冬雨，SKII 选择了窦靖童，LV 选择了吴亦凡……这些背后自然是现在年轻人的强大购买力在作支撑。根据《2017 中国奢侈品网络消费白皮书》的调查显示，中国奢侈品主流消费群体的平均年龄已经从 35 岁下降到 25 岁。世界奢侈品平均消费约占个人平均财富的 4%。但在中国，特别是一些年轻消费者，用 40% 甚至更多的比例去购买奢侈品的情况并不少见。

　　类似的情况还发生在汽车、房屋购买上，年轻群体消费大额资产的比例也在逐年上升，尤其是房子，几乎是大城市年轻人结婚的标配，真正选择"裸婚"的非常少。而日本网站曾做过关于幸福和房子有无关系的调查，只有不到一成的网友认为幸福和房子有关系，东京 85% 的年轻人在结婚时选择租房子。而且日本青年在经济允许的情况之下，仍然不愿意买房，说明购房的主观意愿比较低。

　　可见，比起日本青年的真实低欲望，这一届中国年轻人的"佛系"并不是表里如一，在看起来不苛求、不计较的外表之下，真实的欲望却很高。尤其是对物质的要求，在每年刷新的双十一成交额背后，有想象不到的高购买力。

所以，当我们在谈论"佛系"的时候，需要撕开表象看内在。到底为什么年轻人会一边追求着优渥的物质生活，一边又表现得克制、声称自己过着佛系的人生呢？当我们在享受金钱带来的各种好处时，我们是不是又被随之而来的焦虑和患得患失感折磨得不知所措？在物质极为发达的社会中，我们又如何鉴别"我想要"和"我需要"之间的区别，在欲望、野心和自我实现的能力之间做出平衡呢？

学院的局外人

"金钱只是通向最终价值的桥梁，而人是无法栖居在桥梁之上的。"我觉得这一句话可以非常好地概括人和金钱之间的复杂关系。这句话就是德国著名的社会学家和哲学家齐美尔的名言。

齐美尔是和韦伯同处于一个时代的德国社会学家，是德国社会学的奠基者之一，也是德国社会学协会的创始人之一。与韦伯不同，齐美尔的学术道路要更加坎坷。齐美尔出生于一个犹太富商家庭，母亲对他比较冷漠，而父亲在他 16 岁的时候就去世了。于是，父亲的好友担任了他的监护人，并且给他留下了一笔可观的财产，这为他日后可以心无旁骛地钻研学术奠定了物质基础。

但因为齐美尔从幼年开始就饱尝人间冷暖，从来没有享受过无忧无虑的家庭生活，所以，其实不差钱的齐美尔内心一直都有着很难和外人诉说的苦痛，他把对于个体生命、社会现实的思考都融入在了一生的学术研究中。

与此同时，齐美尔的犹太血统也使他受到了极为不公平的待遇。一方面，反犹主义在"二战"前的德国盛行一时；另一方面齐美尔在学术领域的涉猎之广和他对当时限制学界发展的规则的反抗也使他成了"学院的局外人"。他常年活跃于德国柏林的文化圈中，在艺术界和文学界也有许多朋友，连续十几年以编外私人讲师的身份授课，虽然他23岁就已获得博士学位，但直到56多岁才被学术界接纳为正教授。

另外，不可忽略的是，齐美尔所处的时代特性也在他的思想中打下了深刻烙印。齐美尔进入成年时，正是在俾斯麦掌权的德意志帝国早期，柏林在1870年普法战争胜利后飞速发展起来，一跃成为世界性的城市。伴随着经济的发展，齐美尔展开了对现代性这一命题的探索。

金钱的哲学

齐美尔的代表作，就是《货币哲学》(*The Philosophy of Money*)这本书。因为齐美尔大部分的文章都是以短文的形式出现，所以《货币哲学》这本书更加显出它的重要性。在这本书中，齐美尔对货币经济的产生与发展进行了全面的梳理，并且一针见血地指出："货币是一种绝对的手段，对大多数人来说，货币因此在心理上成为一种绝对目的。"[1] 没错，金钱使得现代社会变得更加的理性，因为一切事物都可以用数量化来衡量。金钱超越了所有具体事物，可以调解一切生活矛盾。在以货币为媒介的交换中，商品实现了客观化，不仅日常的商品交换变得更加便利，就连人和人之间的感情也变成了可以计算的数字。货币超越了所有其他的具体事物，显得可以调解一切生活矛盾。

在这样的情况之下，人们相信金钱万能，如同信赖上帝全能："通过金钱可以获得的对象范围大大增长，这使金钱获得了中心的地位，它的光芒照射到现代生活中许多具体特征中。金钱使个体完全满足自己愿望的机会近在咫尺，更加充满诱惑。金钱在人和他的愿望之间插入一个中介阶段，一种缓和机制。凭借金钱这种手段可以获得数不胜数的其他东西，就使人们产生了这样的幻想，好像我们比以往更容易获取所有这些东西。"简言之，"金钱是我们时代的上帝。"[2]

有趣的是，有心理学家做了一组实验，来验证金钱的万能性。他们把被试者分成两组，一组让他们用手先接触钱，另一组则不接触，然后再让两组被试者同时将手伸进冰桶里，结果发现接触钱的这一组被试者，他们平均的耐冻性要比没有接触过钱的那一组要增加一倍。换句话说，金钱就如同止疼药一样，至少在心理层面，极

---

[1] ［德］西美尔：《货币哲学》，陈戎女等译，华夏出版社，2002 年，第 162 页。（西美尔即齐美尔，下同。——编注）
[2] ［德］西美尔：《现代文化中的金钱》，载于《金钱、性别、现代生活风格》，刘小枫编，学林出版社，2000 年，第 11—12 页。

大缓解了人们对于疼痛的感觉。当然，反过来说，当人们花钱的时候，感到"心痛""肉痛"，也是一样的原理。

受到马克思劳动异化与商品拜物教理论的影响，齐美尔同时也对金钱的"异化"功能进行了阐述。齐美尔指出，金钱是一种纯粹的交换方式，人们在社会里将金钱本身当成目的，人际互动变得更加工具化，更易于计算，获得金钱货币成为人际交往的直接目标。人与人互动之中的个性和关怀被抹除，取而代之的是冷酷无情和就事论事的态度，以及理性、精于计算、毫厘不差的实际生活。

但与马克思不同的是，齐美尔并没有仅仅只是把货币的存在视为一种交换媒介、价值手段，悲观地认为货币拜物教完全剥夺了人们欲望的自主性。恰恰相反，齐美尔对货币背后的现代精神进行了深入剖析，在货币经济的分化中，齐美尔依旧看到了人的个性发展的希望。

齐美尔认为，货币经济象征着现代精神的合理性，与理性主义的本质相通。货币经济的发展过程体现了主客体分化之间的两层关系："货币的起源建立在经济追求的主体与对象之间的分化过程上；货币就其纯粹的概念又包含了无区分原则。"人的心灵与货币经济的发展相适应，也通过分化和去分化的过程分为两部分：一部分用于适应理性化的外部世界，赋予客观化的功能；另一部分则保留纯粹的个人属性，是无法物化的内在部分，艺术、爱情、宗教这些人类心灵生活的原始领域便隶属于这一部分管辖。因此，齐美尔强调，金钱虽然可以帮助我们实现很多"想要的"，但金钱并不是我们每个人灵魂的最终归宿。哪怕外部世界在现代化进程中分崩离析，人们依旧可以通过对心灵分化，在适应社会变化的同时，保有主体灵魂的高雅和独立。

相比马克思认为只有资本主义才与金钱的罪恶相干，社会主义就是对这种罪恶的克服，齐美尔似乎更加准确地预言了今日的社会状态：现代性似乎并未在极端中走向资本主义的必然灭亡，反而是以更加全面的形态渗透入当代社会的方方面面，货币最终脱离了物质形态，电子商务出现，股份制的发展，银行业的膨胀。现代性正"日益地"自我扩张，并且在方方面面影响着人们的行为。

在金钱的异化功能之下，齐美尔进一步明确指出："货币同样导致利益、关系、理解的平均化、无差异化，这种平等是'一种夷平的过程'——所有高贵的东西向低俗因素看齐。"

这番话，可以说在当今的世界也非常适用，是齐美尔理论视角应用最直接的一个方面，它敦促我们对"金钱"进行慎重反思。似乎齐美尔一百多年前所预见的种种都正变得更加严重，也更为理所当然了。

没有人情味的金钱时代

首先，我们来具体看一下金钱如何改变了人和人之间的关系。

第一种改变，是个人主义开始盛行。在过去的生活形式中，人与人之间的相互依赖关系是明确、固定、彼此惠存的。但在如今货币经济生活中，人们逐渐开始不再依赖确定的人，而是只依赖自己和自己的财产。过去我们说"谈钱伤感情"，而如今的流行语却变成了"谈感情伤钱"。

第二种改变，则是人们之间的关系变得更加没有人情味。过去我们因为人们的独特的个性而交往，现在我们更加有可能的是和他们所处的职业而交往。比如说快递员、理发师、医生……我们不再去思考这些职位背后每个人的个性，我们也不在乎谁占据了这些职位。在金钱经济的现代分工中，个性化开始慢慢消失在职位背后，似乎连每个人之间都因此变得可以互相交换、利益输送。人丢失了人性，变成了专业化、功能化、无差异性。

其次，我们再来看一下，金钱如何导致人们理解世界的观念从一种"高贵的东西向低俗因素"发生转变。

在《货币哲学》里，齐美尔指出："货币给现代生活装上了一个无法停转的轮子，它使生活这架机器成为一部永动机，由此就产生了现代生活常见的骚动不安和狂热不休。"在"骚动不安"和"狂热不休"下，货币经济以现代都市为家园，让形式高于生命，现代生活中的许多事物，知识、美貌甚至是爱情都可以通过货币来衡量甚至交换。人们对于世界的看法，也因此变得如此陌生，以至于只有理性而没有感性，只有计算而没有关怀。

卢梭说过："人人生而自由，又无往不在枷锁之中。自以为是其他一切的主人的人，反而比其他一切更是奴隶。"放在今天讨论的语境里，就好像是有了大量金钱支配权的人，自认为可以操控一切，但其实是被外在的名、利所操控，到头来却被这一切所吞噬。

比如，不久之前爆出的美国历史上最大的名校录取作假案。富有的、上流社会的家长们，通过贿赂考官、代考、伪造体育特长生简历等卑劣的手段，骗取美国名校本科的录取。这其中的每一项作假行为都是明码标价的。名校是名流后代们今后混迹社交圈的通行证，他们被"金钱是万能的"幻想所控制，以为每个环节都可以用钱踏平，从而可以形成一个利益勾结的闭环。但事实上，金钱恰恰是毁了他们美好幻想的工具。而且真正的教育、智慧都不是可以用钱买来的。

成功学与美国梦

接下来，我们再来看一看，在金钱观主导的世界中，如果我们把人们对于金钱的极度渴望和追寻推向极端，会给我们的社会带来什么样的后果与影响。

在我们的想象中，当社会走向繁荣富裕后，人们的道德水准应伴随着物质水平的提升也相应得到提升，整个社会也会自然走向良序善治。但事实上，随着经济水平的提高，社会反而出现了更多的失范和负面事件。这其中的原因是什么？金钱在这其中又发挥了怎样的作用？

对于金钱的重视，创造了一个物化的世界。社会愈发功利化，以追求金钱的成功作为最高标准。而当社会成功学泛滥，当对金钱和权力开始产生种种不切实际的渴望和幻想之时，就是社会的精神走向堕落、社会出现失范的开始。

这里有必要引申介绍一下美国社会学家罗伯特·默顿（Robert Merton）有关社会失序的观点。默顿是社会学领域中结构功能主义流派的代表性人物之一，他所生活的 20 世纪中叶的美国，正是经济高速增长的一段黄金时期。正因如此，默顿有关失范的论点，也更加强调其背后的社会与文化功能。

在理论维度上，默顿认为任何社会结构都由两部分构成：一是目标，二是达至目标的手段。首先要确立社会成员认为值得追求的某种目标，其次再促使社会成员使用合法的手段来达到所追求的目标。如果社会给定的目标和可使用的合法手段之间发生了相互脱节，就会造成一种社会紧张关系。而这种紧张关系，就会引发社会的失范状态，紧接着就会衍生出形形色色的越轨和犯罪行为。

让我们回到 20 世纪中叶的美国来具体看看当时的美国社会图景，是如何激发出默顿的有关失范的理论架构。当时的美国是追求一种金钱至上的成功，每一个人都认为自己有可能获得成功，都有一个美国梦。

什么是美国梦呢？美国梦就是"我以前一无所有，但是我通过自己的努力，可以改变自己的阶层划分，开始过上大房子、好车子的生活"。然而美国梦并不是这么容易实现的，至少如果选择合法的途径去追求成功，实现美国梦就需要一段较长的个人奋斗期。但是整个社会的气氛，又是金钱至上的成功学导向，社会推崇的是那种一夜暴富的成功人士，这就无形中给每一个人很大的压力，梦想着和这些人一样，在短时间内就可以拥有金钱和地位，摇身一变，自己也晋身成为所谓的成功人士。

这在默顿看来，是非常危险的信号，是社会失序的前兆，因为"当社会把成功的标志看作是财富的积累的时候，反社会行为就是一种正常的反应"。换句话说，在一个金钱、权力、利益受到过度重视的社会中，就会时刻存在着一种危险，那就是以不合法的手段来达到社会认可的目标。特别是那些来自底层的社会成员，当整个社会不断强调以金钱作为成功的目标时，他们对于金钱会更加渴望，就好像心理学家实验发现的那样，穷人家的孩子会把硬币画得比富人家孩子的更大。然而当底层民众发现自己无法获得平等的社会资源，缺乏向上流动的通道时候，这种机会上的不平等，就极易导致社会的失范。

正如默顿所说："（当）文化上强调所有人都重视金钱成功，而社会结构却又过分地限制了许多人实际地运用正当手段，这样便产生了一种压力，迫使人们寻求不符合制度规范的革新行为。"[1] 其实，不仅仅是在默顿所处的20世纪中期的美国，我们看到，在今天的中国社会，社会功利化的趋势也日益严重，对金钱和权力的追逐，对"成功"不加掩饰的炫耀，都已然是演化成了社会的一股劣气。而这背后，

---

[1] ［美］罗伯特·默顿：《社会理论和社会结构》，唐少杰、齐心译，译林出版社，2006年，第203页。

其实正是那把看不见的金钱匕首在屠杀社会的良心。

人是无法栖居在桥上的

我们从"佛系"展开，集中讨论了齐美尔对于金钱和现代生活的思考，看到充满了哲学家的思辨和社会学家的批判精神。"金钱只是通向最终价值的桥梁，而人是无法栖居在桥上的。"对于这句齐美尔的名言，相信大家也都会有自己的价值思考和判断。

齐美尔认为现代社会被商品交换和流通所主宰，被金钱关系所主导。金钱对社会的无形主宰，成为现代性文化的基础，使得人们具有守时、精确等特点。货币改变了人与人之间的相互作用，使得人们在交往中可以不带个人情感。经济学中有一个"理性人假设"：人类的行为都是理性和利己的，都在追求个人利益的最大化。通过追逐个人利益来增进社会利益，实现社会的平衡。整个经济学的大厦就是建立在这样的假设基础之上的。不可否认，经济理性依然是我们社会赖以生存和发展的基础，是人类进步的必然要求。

那么非理性呢？比如爱、情感，是人类社会重要的构成，也是我们人类固有的一部分。随着一个现代化、高度理性社会的扩张，非理性的事物黯然失色，逐渐消失。非理性是人类的本能，甚至并不一定拥有真正的所谓的"价值"，但是它可能影响着我们的很多决策，关系着人类的未来发展。

随着经济理性的肆意增长，我们开始失去非理性，这其实会是人类世界的一个悲剧。经济发展到今天，我们不可能再回到没有货币、没有科学技术、没有科层制度的传统社会了。我们常常要面对的问题是，理性和非理性之间的较量，金钱和人性之间的平衡，欲望和能力之间的匹配。

要解决这些问题，显然仅仅用"佛系"的态度是不够的。我们每个人都要直视和处理自我真实的欲望，不拒绝金钱和现代社会给我们带来的种种方便和利好，也努力不在追求金钱的过程中，成为货币之桥上的迷失者。

第三章

社会秩序的基础是道德

有机团结:

为什么人们不再愿意伸出助人之手?

那些跌倒的老人

最近几年,社会上一个引起很大争议的现象不断进入到我们的讨论视野,就是老人跌倒在马路上到底该不该扶?

也许你对于十多年前的"彭宇案"并不了解,但你一定经常听到类似的故事或者新闻:一个年轻人骑电动车经过路口时,遇到一位骑车摔倒的老年人,他好心扶起,对方却反报警说是被他撞倒,老人的家人甚至还恶语相向。由于事发路段正在修路,警方一时无法调取监控视频,也无法证明小伙子的清白。于是这件事给小伙子的生活造成了很大的负面影响。因为被冤枉成肇事者,他和家人都不得不承受了很大的心理负担,甚至因为这件事,小伙子还背负骂名,被单位辞退。

这是一则听了让人唏嘘不已的社会新闻案例。我们不禁会将自己的情感带入，假如以后在街上遇到摔倒的老人时，是果断地伸出援手，还是犹豫一番，或者因为怕惹麻烦上身，索性假装没看到，一走了之呢？

扶了，怕被碰瓷讹上身；不扶，总觉得良心上过意不去。"扶不扶"，成了全民思索的一个关乎良心的话题。

有人说，不扶是社会文明的倒退，是社会的诚信缺失、国人的道德滑坡；有人说，是坏人变老了，老人变坏了，因此不值得被扶；又有人说，如果大家都不扶，真正需要帮助的老人就永远也得不到帮助了，当有一天我们老去，需要帮助的时候，却没有人愿意伸出援手，那将是怎样的凄凉与绝望；还有人忧虑，年轻人扶了老人以后却被讹诈，这对年轻一代的道德观、价值观会产生什么样的冲击和影响呢，他们会因此改变面对社会、面对世界的方式吗？

面对这一系列因果循环的问题，我们不得不沉思，我们的社会秩序到底怎么了？为什么人们不再愿意伸出助人之手？什么才应该是有序社会的基础？或者说，是什么样的力量才可以使众多个人结合成一个有序社会？

社会秩序的基础是道德

在不同学者的定义中，对于社会秩序的基础有着不同的分析。有人说它的基础是制度规范，有人说它的基础是道德，还有人说秩序的基础是想象的共同体。每一种说法都有它的道理，来自学者不同的立场和学科范式的观察，并没有标准的答案。

这里我们先和大家谈谈法国社会学家涂尔干对于这一问题的经典回答，社会秩序的基础是道德。

在社会学领域里，涂尔干与马克思、韦伯并列为社会学的三大奠基人，是学习社会学理论必须谈及的经典社会学大家。在 19 世纪末至 20 世纪初，当时世界上还没有"社会学"这个专业，涂尔干在 1887 至 1902 年执教于法国波尔多大学的时候，创办了法国第一个社会学系，他也成了法国第一位社会学教授，可以说他以一己之力推动了社会学作为一门学科的发展。

在涂尔干的研究中，不论研究对象是宗教生活、职业分工还是自杀现象，都脱离不开对"道德"一词的讨论，在他那里，道德科学就是社会学的别名，而社会学的一项重要任务，就是从制度、规范、宗教信仰等社会现象之中发现并揭示出核心的道德秩序。

涂尔干认为，社会不能只通过理性的协议而存在，因为要达成协议，前提必须是每个参与者都要互相相信对方能遵守协议。

但是我们却常常会遇到对方不遵守协议、不遵守约定的情况。很多时候，我们真的是很想去搀扶一下跌倒在路边的老人，可是我们却很担心对方是不遵守"跌倒—助人—感激"这一契约的碰瓷大妈。

这是一个非常典型的"囚徒困境"（prisoner's dilemma）。假设 A、B 两方一起遵守契约，则双方都会获得一定的收益；倘若 A、B 两方中无论是 A 还是 B，有一方选择欺骗，另一方选择遵守契约，则选择欺骗的那一方就会获得全部的收益，而选择遵守契约的那一方则会全输；如果 A、B 两方都选择欺骗，两方均无所得，也无所失。

在这样一道选择题面前，不知道大家会如何做出选择呢？很明显，选择欺骗获得收益的概率要更加大，在这样的诱惑激励之下，就会有更多的人去选择欺骗，而非遵守契约。

如果在一个社会中，我们做任何事情都首先想到的是通过欺骗来获得收益，那这个社会就必然会陷入混乱无序的状态。

我们当然不希望看到这样的社会。对此，涂尔干就指出，为了确保契约生效，就必须先存在一种"前契约团结"（precontractual solidarity），即社会是建立在一种团结机制基础之上的，而不是理性的自我利益之上。

而这一点，与我们大家所熟知的法国思想家卢梭（Jean-Jacques Rousseau）的社会契约论就不尽相同。在卢梭的社会契约观中，契约是共同体各个成员之间自愿的约定，先有契约，再形成社会和国家。社会中的成员让渡了一部分自然的状态，在集体契约中以联合的形式生活。在这种构想下，人民是主权者和立法者："人类由于社会契约而丧失的乃是它的天然的自由……而他所获得的乃是社会的自由以及他所拥有的一切东西的所有权。"[1]

在涂尔干的分析框架中，是先有了团结机制，然后再谈建立契约。在不同的社会形态中，团结机制又有不同的表现形式。涂尔干区分

---

[1]　［法］卢梭：《社会契约论》，何兆武译，商务印书馆，1980 年，第 30 页。

了两种团结：机械团结与有机团结。

所谓的"机械团结"（mechanical solidarity），是指由彼此相似或相同性质的各个要素所构成的社会，比如我们生活的传统农业社会就是一个例子。在这种社会中，集体性很强，个体对社会整体有强烈的认同感和归属感。机械团结中个体的社会参与是相似的，责任也是相似的。用涂尔干的原话，机械团结的社会中，"它必须要求每个成员都要作为社会分子而具有同样的信仰和行动……如果个人距离集体类型还不算太远，就可以很顺当地融入社会。"[1]

与之相对的，就是"有机团结"（organic solidarity）。在有机团结中，个体的独立人格有了很大的发展，社会成员的集体仪式即使仍然存在也已经非常空泛和模糊。特别是伴随着社会分工的深化，就好像我们今天这个时代，社会中的每个个体都呈现出更加专业化的分工，专业分工的人们执行某些特定的或者专门化的职能。

这种社会分工使得每个人都在一定程度上，必须依赖其他人而生存，也就是说，社会分工使得人与人之间形成有序的互动，互相依赖。人们由于这种功能上的相互区别和相互依赖而必须结合在一起，类似动物有机体内部各个器官之间的联结。因为互相依赖，所以人和人之间就会产生情感，基于情感就产生了一种集体意识，或者说集体良知。这就是基本的集体道德，而它必然会对群体的行为产生

---

[1] ［法］埃米尔·涂尔干：《社会分工论》，渠东译，生活·读书·新知三联书店，2000年，第112页。

约束，因为群体中的每一位成员都会觉得自己有义务去按照共同体的要求行事，共同分享是非观；生活在群体之中的个人也会对群体产生依恋并考虑群体利益，这就是道德作用力的源泉。

在这一论断中，"道德"更多表现为社会规范、主流价值观，为特定地区的特定人群所认可的、能够促进整体福利最大化的文化观念。与其说社会秩序的基础是道德，不如说这种"道德"依存于社会而存在，脱离社会的土壤就失去了价值和意义。

这人倒了咱不扶，这人心不就倒了吗

在涂尔干看来，一个成熟社会的每个人都有共同的道德意识。道德意识是一种社会心理形式，每个人的身上都内化了这种社会价值，通过日常的社会交往与互动，我们能发现哪些意识是大家共有的，这种文化传承下来加固了团体内部的连接性，加强了社会整合。

二三十年前的我们，并不会去讨论扶不扶这个话题，在今天之所以会有讨论、有争议，是因为我们整个社会的价值观随着经济状况的改变而发生了巨大的改变。如果把社会想象成一辆高速前行的火车，我们不难发现长久以来我们太重视经济的发展而忽视价值观的重构，不断进行的制度、法律建设，并没有真正考虑制度与法律的设计应当体现怎样的道德精神；我们懂得如何对社会组织进行运作分析，懂得如何对社会结构与社会关系进行量化衡量，却并没有意识到这些制度与结构其实都只是社会内在道德精神的外在体现；我们能将社会像动物肢体一样进行解剖，但却忽视了社会的灵魂。

对转型期间的中国而言，社会矛盾衍生出了一系列社会问题，比如贫富差距加大、人际关系淡薄、利己主义、唯利是图等。那么，这个时候拥有怎样的道德意识，以及如何去培养、实现这种道德秩序就显得尤为重要。这关系到我们是否可以拥有和谐、信任、沟通、宽容的社会环境。

但事实上，恶行的产生并不只是个体的道德应当背负的罪名，我的同事郭于华教授就曾经在一篇转型社会学研究论文中说过："见危不援、见死不救的行为常常只是人们在挣扎和权衡之后做出的自认为理性的选择。道理并不复杂，在一个惩罚善良、制裁正义的制度逻辑下，如何期待每个普通社会成员有高尚的精神？"[1]

因此在我看来，中国社会问题的产生，根源在于制度与法律的设计有违"社会的内在道德精神"，我们甚至可以看到这样的怪象：为社会和他人奉献之人得不到褒扬，损人利己之人却能够逃脱惩罚。

让我们再回到我们开头所提到的那一起著名的"彭宇案"。2006年，一位名叫彭宇的小伙子，在下公交车的时候，发现一位老太跌倒在站台附近。随后，彭宇将老太从地上扶起，并等到她儿子过来后一起将老太送往医院，但随后就被老太的家人起诉到法院，声称是彭宇将老太撞倒在地。成为被告的彭宇则表示，自己完全是出于

---

[1] 郭于华：《解析共产主义文明及其转型——转型社会学论纲》，《二十一世纪》，2015年第6期，第4-22页。

好心才将老太扶起并一直陪同其就诊。在最后的判决中，当地法院认为老太是与彭宇相撞受伤，所以彭宇应该承担责任，而给出的判决理由则是，如果彭宇是见义勇为做好事，"更符合实际的做法是抓住撞倒原告的人，而不是好心相扶"。

可以说，"彭宇案"的判决对整个社会的风气产生了极坏的示范效应，特别是法院判决书中那一句"不是你撞的，为什么要扶"的理由，浇灭了多少助人之心。从此以后，大家都害怕变成下一个"彭宇"，只能抱着多一事不如少一事的心态。

不知道大家是否还记得 2014 年春晚的小品《扶不扶》，结尾一句："这人倒了咱不扶，这人心不就倒了吗？人心要是倒了，咱想扶都扶不起来了。"涂尔干说，现代社会并不是一个集体道德消失的社会，我们心中依旧充满热情和正义，依旧对于拥有和谐、信任、沟通、宽容的社会环境充满期待，否则我们就不会花力气去讨论这样一个"扶不扶"的问题。之所以讨论这个问题，是因为我们希望能够保守一些道德底线，尊重传统美德，同时探索出一些在现代社会既能够发挥自己的正义和道德，又能够让自身利益也不被侵犯的途径。

在"扶不扶"这样的事情出来之后，很多人也给出了许多新的思路。比如，下次见到需要帮助的老人的时候，不一定要亲自去扶，可以选择就近求助交警，或者马上报警，打 120 医疗急救电话，寻求专业人士的帮助；这也是在强调分工的现代社会所具备的优势。

从制度建设上约束人性

避免坏制度的示范效应，更加需要制度建设。坏的制度设计不胜枚举，如有学者提倡设立具有强制性的二胎生育基金制度，"公民工资按比例缴纳生育基金"，以及对丁克家庭征收"社会抚养税"。这种强制性计划生育的制度思维，就是一种不合理的制度设计。因此若想建立一个美好的社会，首先必须改善的，就是其所依存的制度。制度之善的背后是公平和正义，因此可以抑制人性之恶，保护、激励并发展人性之善，从而确保秩序的正常稳定。

那什么是制度呢？制度的优势到底在哪里？

所谓"制度"(institution)，根据诺贝尔经济学奖得主道格拉斯·诺斯（Douglass North）的定义："是一系列被制定出来的规则、守法程序和行为的道德伦理规范，它旨在约束追求主体福利或效用最大化利益的个人行为。"[1] 人类社会中充满了各种制度，制度对于社会秩序的保障，至少有三个面向。

第一，制度具有约束、监督和控制的机制，倡导人性中的积极面，并疏导人性中的消极幽暗面。制度的存在，在于通过对社会主体的行为施以规范，在必要的时候做出惩罚，以维护秩序，实现社会的善治。同时，一个好的制度也会公正地调节利益相关者的权益纠纷，

---

[1] ［美］道格拉斯·诺斯：《经济史中的结构与变迁》，陈郁、罗华平译，上海人民出版社，1994年，第225—226页。

化解社会矛盾。制度之善的背后是公平和正义，因此可以抑制人性之恶，保护、激励并发展人性之善。只有建立一套把自私自利的行为转变为有利于社会的制度，通过制度对社会主体的行为进行规范疏导，从而内化人们的行为动因，最终实现增进全社会利益的目的。

第二，制度内化了人们的观念水准。在不断社会化的过程中，人们的行为也在不断被约束和规范，在这些被约束和规范的社会基本范畴上达成一种共识，并随时接受他人的道德和价值的评判，譬如危急时刻先保护妇女儿童的观念共识。长期来看，人们的观念和价值体系在社会公共观念制度的建构和改进之下，也会不断地进步，这一过程，就是观念内化的过程。当引入一种合理的机制后，就可以做到有效引导人们的思维活动，塑造集体的道德判断，从而有利于整个社会整合、秩序合理运行。

第三，制度激励了人们的行为选择。人们都有理性的一面，喜欢趋利避害，按照自己的"相对收益"及其"偏好顺序"，进行有针对性的利好选择。美国著名的经济学家曼瑟尔·奥尔森 (Mancur Olson) 在其代表著作《集体行动的逻辑》(*The Logic of Collective Action*) 一书中提出了一个经典论点：在公共利益的条件下，个人投入集体行动的边际代价往往大于边际效益。[1] 理性的、寻求自我利益的个人因而会趋于一种"搭便车"的投机行为。这本书也是公

---

[1]　[美]曼瑟尔·奥尔森：《集体行动的逻辑》，陈郁等译，生活·读书·新知三联书店，1995 年。

共选择理论的奠基之作，但在社会学领域，特别是政治社会学领域，这本书也是必读书目，对了解集体行为帮助很大。相对应的，制度建设的目的，就在于减少人们互动关系中的种种不确定性和不自发性，通过提高某些行为的代价并奖赏另一些行为，从而改变人们的"相对收益"及其"偏好顺序"，限制人们的选择范围，使之走向有序化。规则越清楚、越明确，所指向的行为主体越具体，则越容易实现制度的激励效能。

文明社会，不仅是经济数字的指数级发展，也不仅是科技的进步多么令人惊叹，还有身为万物之灵的人类，不断学习如何平衡伦理和经济发展之间矛盾的关系，完善道德和社会的价值体系，继承传统美德的同时也知道怎样去理性地适应现代社会的变化。这是功课，也可以看成是一种使命。

社会整合：
为什么我们更加留恋家庭？

"恋家"与"自杀"

相信很多人都听过这样一句话："爸爸妈妈都是为了你好。"但是每次听到这句话，我都会感觉心情复杂。因为这和"有一种冷叫作你妈觉得你冷"差不多，很多时候父母对子女的好，只是一厢情愿。曾经年轻人总是对家庭无所依恋，只想着去更大的地方，感受追求自由和梦想的快乐。但是今天，很多曾经出走家乡的年轻人，又开始重新向父母寻求理解和帮助，不管是物质上还是精神上，我们都看到了代际关系的亲密变化，他们开始尝试理解父母、重建健康的亲子关系，呈现出了一幅幅从离散到聚合的回归画面。

接下来，我们把视线转移到另外一个正在发生的社会现象：根据世界卫生组织发布的统计，在174个受访国家中，中国70岁以上的老年人，自杀率排名第 24 位，每年有超过 4 万名 70 岁以上的老人选择自己结束生命。而在这 4 万人里面，有很大一部分都是农村老人。

为什么会出现这样的情况呢？据调查，他们之所以选择自杀，除了贫穷和疾病之外，更多的是因为没有家庭陪伴、情感孤独，对生活已经不再抱有希望。并且，因为农村的年轻人大量流向城市工作，相比起城镇里的老人，农村老人的身边更是很少有子女的陪伴。

刚才我们谈到的两种社会现象，"年轻人越来越恋家"和"老年人选择自杀"，背后其实反映了同一种社会变迁的趋势。

我们如何理解那些选择自杀的老人，又如何理解重返家庭的这一代年轻人？要想解答这些问题，我们就需要了解涂尔干关于社会整合的理论。

什么是社会整合？

在涂尔干的社会学世界中，最重要的研究主题，就是社会整合和社会秩序。他的三部主要著作《社会分工论》(The Division of Labour in Society)《自杀论》(Suicide)《宗教生活的基本形式》(The Elementary Forms of the Religious Life)，都是在讨论整合与秩序，并且分别回答了如何达到社会团结和整合、社会整合和个人有什么关系、团体意识对社会和个人起什么作用这三大问题。

什么是社会整合？简单说，就是一个社会中的各个环节、不同部分相互团结、有机配合、互相支持的程度，一个社会的社会整合程度越高，它的秩序也就越好，社会中爆发矛盾和冲突的可能性就越低，人们生活就越幸福，如果一个社会的整合程度低，那它的混乱程度也就越高，生活在其中的人也就更多不幸。

涂尔干把社会看成一个整体，认为社会的每个功能都是相互联系的。如果想要达到社会的团结和整合，就不能忽视其中的任何一个因素。而家庭作为最小的社会单元，就成了促进社会整合非常重要的因素。

家庭的重要性

家庭是我们从小养成生活习惯、接受教育、奠定人格和个体社会化的第一站，是我们出生后第一个归属的社会群体。并且我们又会通过婚姻，组成新的家庭，同时又和原生家庭、和父母辈保持千丝万缕的联系。

在涂尔干看来，家庭是最早的道德共同体，家庭情感是像宗教一样，带有神圣性的道德连接。涂尔干说："直到今天，家之所以和从前一样，总是具有某种宗教性质，也正是由于这个缘故。即使不再有家祠，不再有家神，人们对家庭也会始终充满了宗教之情；家庭是不容触动的一方圣土，因为家庭是学习尊敬的学校，而尊敬又是最重要的宗教情感。"[1]

---

[1]　［法］埃米尔·涂尔干：《乱伦禁忌及其起源》，汲喆等译，上海人民出版社，2006年，第62页。

也就是说，我们在家庭中学会尊敬、承担各种道德义务和维持生活纪律，然后才可以在走出家庭之后，在更大的社会团体中践行尊敬、纪律和社会义务。

那么，家庭和社会整合之间又有怎样密切而且重要的关系呢？

孤独的老人

让我们回到最开始提到的老人自杀现象，从这个反面的案例里，我们可以看出不理想的家庭关系对社会整合起到的负面作用。

涂尔干曾经通过研究欧洲不同国家的自杀现象，得出了一个非常经典的社会学理论：如果没有一个家庭纽带作为风险的保障，没有被整合进一个群体，人们就会存在不安全感，精神上强烈的聚合需求就会得不到满足。

涂尔干曾经对自杀做过研究，在涂尔干分析过的那些欧洲国家中，丧偶的人、单身或者离了婚的人，自杀率通常比拥有完整婚姻的人高，而没有孩子的人，自杀率又高于有孩子的。我们通常会认为，自杀是一个个人选择，如果微博上爆出了什么人自杀的新闻，舆论总是会一边倒地认为这个人不够坚强，对爱他的人不负责之类。但是，涂尔干却不是这样认为的，他认为，自杀并不是一个简单的个人心理问题或者个性问题，而是和社会的整合度紧密联系在一起的。如果家庭的纽带较弱，或者家庭的亲密关系不被重视而导致家庭破裂，人们就会感到被孤立，就会觉得孤独，最终会选择自杀。

也就是说，当一个人妻离子散、家庭破碎的时候，他就会觉得自己是一个失败者，更大的可能会选择自杀作为一种人生的解脱。这不仅仅是他自己的选择，而是家庭、社会替他做出的选择。

当一个社会中大多数的家庭都出现了道德溃败，亲密关系瓦解、家庭分崩离析，那么整个社会就会走向低落，或者说，成为一个低度整合型的社会，身处其间的人就会觉得生活没有意义，也就必然会产生一些极端的行为，最终导致社会的混乱。

由此我们可以看出，家庭的和睦对于社会整合的重要性。

这里推荐一本书，《五十四种孤单：中国孤宿人群口述实录》，里面是 54 位老人通过口述史的方式讲述了自己的一生。这些老人，有些是性格的原因，有些是遭遇了时代变革而导致命运的转折，失去了家庭的依托，失去了儿女的关照，虽然现在都住在福利院里，生活还算舒适安逸，但在精神上仍然感到孤苦无依，对于家庭生活、天伦之乐都充满着向往。[1]

如今的中国已经进入老龄化社会。根据人口统计显示，到 2017 年底，中国 60 岁及以上的老年人已经有 2.41 亿人，平均每 6 个人里面就有 1 个是老年人。中国人口老龄化发展趋势的研究报告预计，到 2050 年，中国的老龄人口总量将超过 4 亿。

那么，在这 4 亿老年人里面，又会有多少独居老人呢？这个比例恐怕不容小视。

---

[1] 普玄：《五十四种孤单：中国孤宿人群口述实录》，江苏凤凰文艺出版社，2017 年。

在当今的老龄化社会里，老人们被关注，却依旧无法被妥善安顿；被同情，内心的孤独感却依然难以排解；他们为家庭奔波劳碌一生，有些却在晚年得不到家庭的亲情陪伴，有些甚至没办法有尊严地离开这个世界。归根结底，精神上的困顿、无助、看不到希望的生活，是酿成老年人自杀悲剧的根源。

对于个体来说，精神的陪伴、家庭的滋润是我们在这个世界上赖以生存的养分，它能带给我们的比金钱要多得多的支持。

这几年来，日本因为"孤独死"的人数在不断上升。很多老年人独居在公寓里，最后孤独地离开世界。去世的时候，有些老人还留有不少存款、财产，却无法找到任何子女、亲戚可以去继承，因为他们和家人已经失去联络多年。

在日本电影《小偷家族》里，就有这样一个临时家庭：他们住在一起，但是互相之间没有血缘关系；他们都非常穷，只能通过偷东西之类的犯罪来过活。

这个临时家庭中的每一位成员都是社会整合、道德秩序缺席之下的受害者——他们有的被亲生父母抛弃，有的被丈夫抛弃，最后又被主流社会抛弃，只能以自己的方式挣扎在生存的边缘。临时家庭里的"奶奶"在生命的最后一段时光里，和"家人们"一起去了海边，当她看到"家人们"一起快乐嬉戏的时候，内心是复杂又感动的。在她去世后，这些没有任何血缘关系的"家人"将她安葬。电影里含蓄地探讨了什么是亲情，什么是爱，什么是家庭，在复杂多变、老龄化严重的社会里，这个命题显得尤为重要，和我们每一个人都息息相关。

孤独和爱一样，是人性中一种自然的流露。对于和《小偷家族》里的角色一样、身处社会边缘的人，只能由社会和社会中的你我来守护，让有家的独居老人回归家庭，让没有家的流浪汉也可以感受到家的温暖。在日文里，"人"也被叫作"人间"，这精准地表达出了社会学的一条真谛，那就是，人的意义在于"人和人之间"，而不是孤立的存在。

作家郝景芳在她的作品《人之彼岸》里也提道："人能够从和人交往的经历中学到很多情感和行为知识，能直觉感知他人的心境，不是因为人类头脑处理能力更快，而是因为人类能够以自己映照他人，将心比心。"[1] 这是人和机器、和人工智能的区别，也是我们生而为人的尊严和体面。

如果每个人都被家庭抛弃、被社会抛弃，失去了人和人之间的联系，社会就不再是一个完整的体系，也就无法建立秩序。涂尔干就说，社会的存在，是"个人的精神在相互结合、相互渗透和相互融合的过程中产生的一种存在"，而家庭，就是人们最渴望也最容易找到归属，找到精神融合之感的地方。

---

[1]　郝景芳：《人之彼岸》，中信出版社，2017年，第270页。

回归家庭的年轻人

接下来，我们开始谈一个正面案例，看看和睦的家庭对社会整合的好处。

这几年，我们看到了家庭中另一个的明显变化，那就是，年轻人开始愿意回归家庭。这里的回归，不仅仅包含空间意义上的回归，更加包括精神层面的回归。

其中一个表现就是每一个人在微信里都有的家庭群。每天，我们都在群里和父母进行交流。也许有一些朋友远离父母，在外地或者外国学习工作，但是因为微信里的家庭群，无论离开父母多远，都可以通过一段语音、一个表情符号，而在情感上有紧密的联系。再害羞的人，也可以通过各种表情包，向父母表达他们的爱和思念。

同时，因为年轻人比父母辈更擅长表达自己的情感，更有意识地去直面亲密关系中的问题，当选择回归家庭的时候，他们也将自己对于亲密关系的期待和愿景，民主、平等、尊重、关爱、和睦一起带进了家庭。无形之中，给社会带来了平等、尊重、关爱与和睦。

这种精神层面上的回归家庭，还有一个专门的学术名词，就是加州大学洛杉矶分校的人类学教授阎云翔提出来的"新家庭主义"。

为什么会出现"新家庭主义"呢？

阎云翔指出："西方那种经典的个体主义可能不适合中国文化的大环境，我们可能永远不会达到那种状态。"[1] 和西方的个人主义相对，

---

[1] 《东方早报》：《阎云翔谈当代中国的道德转型》，2015 年 7 月 24 日。

"在中国差序格局的'文化底蕴'中，以关系网定位自己的、实用性的文化和现实倾向，使得纯粹原型意义上的个人主义可能很难出现"。这句话说的是，中国社会在 20 世纪 90 年代到 2000 年有一段时期，年轻人非常尊崇西方的个体主义精神，强调要独立自我、我行我素、彰显个性色彩。但这样的个体主义，归根结底和中国传统文化中强调家庭、强调关系的传统相背离，因此难以持久，最终那些刻意彰显自己独立个性的年轻人，还是会选择以家庭为落脚点。

其实，阎云翔提出的"新家庭主义"的诞生，不仅是一种个人的选择，它的背后也有着经济的驱动因素。比如，北京、上海、广州等大城市的房价不断升高，年轻的一代如果想要买房，就更加需要父母辈的支持，于是四个老人和一对小夫妻共养一套房的现象普遍起来。还有像大家开玩笑说的"老漂一族"，那些已经退休的父母在大城市里帮助子女带娃，给工作的子女们减轻抚育下一代的压力。

我们通常都会觉得，小孩子才恋家，大人都是越长大越独立的。确实，在年轻的时候，不管父母在背后用多么关切的目光看着我们，追逐梦想、渴望自由的我们只想着离家千万里。

但是，在劳动异化愈加严重的今天，年轻人在大城市难以感觉到工作的价值，和同事之间的关系也不像好朋友一样紧密。当眼前的灯火辉煌没有人可以分享，孤独感慢慢涌出的时候，他们就开始想回到故乡、回到家里、回到父母身边。

我们经常会认为恋家是一个人太感性，或者不成熟，但是，从社会整合的角度看，恋家，或者在适宜的时间回归家庭，其实是最理性的决定。

回家，看似是一种非常个人的选择，然而，放在整个大环境中来看，其实和我们的社会特点、传统文化、代际亲密关系的变化都有着很紧密的联系。今天的年轻人选择回归家庭的趋势，让一个个本来离散的家庭重新聚合，无论这种离散是地理空间层面上的，还是精神层面上的，社会也会因此越来越和谐、稳定。这就是家庭对社会整合的正面影响。

越长大越恋家

当然，我们的家庭关系中，依然存在很多矛盾。如果说传统的代际关系是密而不亲，那么现代的代际关系就是又密又亲。

但又密又亲会导致什么问题呢？

比如，年轻人会觉得父母的界限意识薄弱，常常插手自己生活中各个细枝末节的决定；同样，父母也会觉得有些年轻人的独立是"假独立"，在经济上渴望获得支援，在精神上，有独立的意识，但又缺乏独立的能力。所以，在挑选结婚对象、教育下一代等方面，两代人的矛盾依然没有解决。

或许，在家庭中，一个我们可期许的代际关系应该是亲而不密，感情互惠，精神独立。

虽然矛盾不是一时半会儿、三言两语就能解决的，但我们还是可以尽量让家庭圆满。当我们步入中年，我们的父母步入老年的时候，希望回归家庭的这一代年轻人，可以给予父母更多的陪伴，而不是将时间花费在无尽的应酬，或者是一些无聊的人际摩擦上。

要知道，越长大越恋家，说的可不仅仅是年轻的一代。父母们年纪越长，也越来越恋家，希望和子孙辈们在一起。

毕竟，家，是我们所有人共同的港湾，可以回归的心安之所。

自杀论：

我们该如何和世界相处？

2003 年 4 月 1 日的愚人节，一代巨星张国荣在香港坠楼身亡。直至今天，他的粉丝们还对他的自杀离世充满了神秘论的猜测，粉丝们不愿意接受，如此有魅力、当时演艺事业如日中天、追求完美的人，为什么会用这么极端的方式来告别世界。

张国荣的纵身一跃，给当时的香港社会带来了巨大的冲击。从 4 月 1 日当天深夜到第二天凌晨的短短 9 小时内，仅仅是被报道出来的，全香港就有 6 名青少年跳楼自杀，整个 4 月，香港共发生了 131 起自杀身亡的事件，比 3 月份增加了 32%。有些人在自杀之前还留下了遗书，说自己的选择和张国荣的轻生有关。

在世界范围内，过去的半个世纪，全球的自杀率增长了 60% 左右，并且呈现出越来越年轻化的趋势。根据世界卫生组织的自杀数据统计，全球每年死于自杀的人有 80 万以上，还有更多的人有自杀的打算。可以说，每一年，因为自杀而经历丧亲之痛或者受到影响的人，可以用百万来计算。

法国作家加缪（Albert Camus）在《西西弗的神话》（*The Myth of Sisyphus*）一书里，开篇就写道："真正严肃的哲学问题只有一个：自杀。判断生活是否值得经历，这是回答哲学的根本问题。"

实际上，自杀也是一个真正严肃的社会学问题。我们应该怎么解读自杀这种行为？在它背后，到底有哪些被我们忽略的深层次原因？而在中国，自杀又体现出怎样的特性？

自杀的社会性

1893 年，涂尔干完成了他的经典著作《社会分工论》，在全书的最后一部分，涂尔干对社会分工引起的某些社会病态，如导致人们出现反常行为的失范型分工、通过外部强制手段下达命令的强制型分工、非人性化的不协调分工进行了分析。而《自杀论》可以说是《社会分工论》的一个续篇，把其中反常行为的社会病态单独拎了出来，做了一个社会学分析。

如果《社会分工论》是从"正面"论述了个体和社会的关系及其历史演变，《自杀论》则是从"反面"揭示了这种关系的"反常"一面。

自杀事件看似是个体性的，属于心理学或者自然科学的范畴，但是如果把某一特定时期发生在某一社会中的自杀现象或者自杀潮流作为一个整体来研究，就会发现自杀并非孤立的，并不是简单的个体行为集合，就可以看到隐含在其中的社会性。

涂尔干先是通过实证研究，否定了精神疾病、酗酒、遗传、种族和气候等因素对自杀的影响，而后肯定了他提出的命题，即，自杀是由社会因素所引起的，而这其中的一个重要指标就是社会整合度。过高或者过低的社会整合、过于混乱或者过于严苛的社会规则，都会导致自杀率的上升。

涂尔干说："自杀在今天的情况下正是我们所遭受的集体疾病（collective affection）的表现形式之一；因此它将帮助我们理解这种疾病。"这是涂尔干对于他那个时代的自杀问题的诊断，他相信，他的自杀研究将会得出："关于欧洲当前存在的普遍不安（maladjustment）的原因的某些征象，以及可以缓和这种情况的补救办法。"[1]

四种自杀类型

利用"社会整合"这一标准，涂尔干对自杀进行了社会学分类，总结出了四种类型的自杀，分别是：由于社会整合程度过低而脱离社会义务和束缚的利己型自杀、由于社会整合过高而失去自我价值

---

[1] ［法］埃米尔·迪尔凯姆：《自杀论》，冯韵文译，商务印书馆，2001年，第3—4页。（埃米尔·迪尔凯姆即涂尔干，下同。——编注）

意识的利他型自杀、由于社会控制不足和规范混乱所导致的失范型自杀，以及由于社会控制过度而使个人失去希望的宿命型自杀。

我们重点来看一下前三种自杀形态，看看它们和社会整合之间的关系。

首先，是"利己型自杀"。

所谓"利己型自杀"是指当人和社会、人和社群之间的联系纽带愈发松弛时，人们就会很"利己"地为自己考虑，既然在生活中受到太多不安的委屈，不如未来让自己舒坦一点而选择自杀，这就是利己型自杀。

但是，这里的"利己"我们得带引号，因为自杀并不只是一种个人选择，还是社会、家庭替人们做出的选择。

涂尔干发现，"利己型自杀"主要发生在不能很好地进行社会整合的群体中，这些群体的社会集体意识较低，所以，这种自杀类型反应的"是个人和社会的疏离"。

在社会条件相同的情况下，涂尔干研究了不同的家庭类型对自杀的影响，包括未婚家庭、已婚无子女家庭、已婚有子女家庭等不同的家庭类型。他发现，社会整合程度和自杀率成反比。

也就是说，社会整合程度越高的家庭，自杀率也越低，比如已婚、有子女的家庭，这种家庭出现自杀几率要比未婚家庭低得多。

涂尔干指出，在过去，宗教（特别是共同意识很强的天主教和犹太教）和家庭等因素，能对自杀起到一定预防作用，但到了现代社会，很多人不再有教会生活，家庭成员也不再经常团聚，这时候，宗教和家庭也不再管用。

第二种自杀类型是"利他型自杀"，这和"利己型自杀"正好相反。

涂尔干提出，当一个人脱离社会时，他很容易自杀，也就是利己型自杀，而当一个人过分地和社会融为一体时，他也很容易自杀，这就是利他型自杀。

"利他性自杀"往往发生在社会整合过于强烈的时候，在这一类型中，自杀者认为自己有自杀的"义务"，这和他个人无关，而和他所处的群体有关，比如军队，军人群体的自杀率比其他群体更高，正是因为军人群体的整合率很高，常常需要通过牺牲自我，而达到满足对于群体的义务。

属于"利他型自杀"的人需要对群体致敬，把不贪恋生命看成一种"美德"，而因为群体的特殊性，就算他活下去，公众也不会再尊重他。

第三种自杀类型，是"失范型自杀"。顾名思义，是由社会混乱失序导致的自杀行为。

比如，经济危机时期，我们都可以观察到自杀人数在上升，这是因为危机打乱了社会的正常秩序，人们日常可以依赖的法律权威和生活中的道德界限也开始松动，不断的混乱就很容易导致最后的自杀行为。

譬如，在经济危机最严重的 2007 年到 2009 年，在 10 个受调查的欧洲国家中，9 个都存在自杀率显著上升的情况，且经济恶化程度也和自杀率成正比，以希腊为例，其自杀人数在 2007—2009 这 3 年

间上升了 19%，并且失业率每上升 1%，65 岁以下自杀人数相应上
涨了 0.8%。

另外，自杀作为一种社会现象，也必然影响着其他社会现象和
行为，比如道德的失范、犯罪行为的形成，乃至自杀的传染效应，
等等。

从社会整合的角度出发，我们可以看到，自杀来源于我们的社
会生活变得越来越缺乏感情的维系，所以，我们需要建立起职业团
体或行会以恢复社会对于自杀的免疫能力。这样的团体可以帮助大
家在集体情感生活和社会互动中，找回已经失落的社会感情，让那
些游离于社群生活的人重新获得集体的力量，最终获得生活的勇气
并肩负社会的责任。

中国式自杀

涂尔干的研究都是针对欧洲国家的，那么中国的自杀现象是怎
样呢？

其实，中国的自杀现象有着非常特殊的一面，在中国的自杀人
群中，最多的标签是女性、农村人口，以及年轻人。

如今，农村女性的自杀现象非常值得我们关注。

在农村地区，妇女们对家族和家庭有着很强的依附性，她们被
整合进血缘群体和家庭关系之中，在这两种依附的情境之下，受到
家族中亲族关系、婆媳关系等多方面影响。

我们都知道，在农村，熟人之间的社会互动很频繁，血缘群体的整合性非常强，并且可以说是无法逃脱的，只要发生一点小事，可能就会被无限传播、放大，在村里村外、家长里短、闲言碎语中，将会成为绕不过去的"污点"或者"把柄"。身在农村的人难以在群体中找寻到一个逃避的安身之所，最终选择了自杀。

另一方面，家庭的建立原本可以减少自杀倾向，但是又因为大多数农村青壮年男性外出打工，农村女性无法和丈夫、子女一起生活，家庭关系就变得非常单薄，情感压抑得不到宣泄，这就又成了自杀的原因。

像这样的中国乡土自杀问题，社会人类学家吴飞有着非常精辟的论述。他长期关注中国农村的自杀问题，在他的著作《浮生取义》中，他对西方的自杀和中国式自杀做了很好的区分。[1]

吴飞认为，西方的自杀研究是建立在基督教文明的人性观和生命观之上，而中国对生命和人性的理解和西方基督教文明有很大的不同。中国历史上一直没有出现占统治地位的宗教，社会秩序一直靠人的治理来维系，这其中，人和家庭的关系是非常重要的环节。

中国人思考问题的角度往往以家庭生活为基本点出发，强调要好好过日子。在这个角度下，当家庭生活出现争吵等不和谐的事件，个人无法处理好家庭关系，日子过不下去的时候，自杀就出现了，

---

[1] 以下引自吴飞：《浮生取义：对华北某县自杀现象的文化解读》，中国人民大学出版社，2009 年。

想通过这种极端行为来为自己"讨个说法"。

为什么非要讨一个"说法"呢？或者说，为什么"讨个说法"在中国乡村如此重要，以至于要通过自杀解决？

对于这样的现象，吴飞也提出了自己的疑惑，即："人们在日常生活中最为在意的公正是什么？"

为了阐释这个问题，吴飞运用了"过日子"和"做人"两个范畴来说明，人们在日常生活中最为在意的公正，就是要过好日子，做好人。

这两个范畴都拥有一个共同假设，那就是人，并非"自然状态"下的个体，要理解人，就必须"在家庭中理解生活和人性"。在吴飞看来，家庭对每个人的生命有着根本的存在论意义，或者说，生命是作为家庭的一部分存在的，理解自杀，就必须理解家庭，家庭范畴的影响力处处渗透在自杀问题当中。

吴飞首先运用"过日子"来解释中国乡土的生活观念。在中国农村，"过日子"是每个人再也熟悉不过的词语，因为它代表的就是整个生命历程——出生、成长、成家、立业、生子、教子、年老、寿终等生活的常态。"过日子"所涉及的这些日常活动，并不是西方观念中的"社会活动"，而是中国本土特色的"家庭活动"，这也就是中国的自杀现象和涂尔干的理论分析的不完全相同的重要原因。

吴飞认为："过日子，就是管理家庭，并且在管理家庭的过程中安顿自己的生活。"而在家庭中，"过日子"又是充满多种多样的风险的，比如，个体会处于各种微妙的人际关系中，处于个体努力和外在命运的博弈中。

一旦个体在这场博弈当中遭遇失败，比如经济状况变差、家庭不和谐、态度和干劲低落，该个体就会蕴含着较大的自杀可能性。所以，"过日子"的成功或者失败，等同于一个人家庭生活的成功或失败。现实中，往往很多中国人都在"凑合着过"，把对生活的要求降到了最低。

就好像余华在小说《活着》里写的："活着什么也不为，就是为了活着本身而活着。"但是，倘若连"凑合着过"的日子都过不下去了，"过日子"的失败就会带来种种非预期性结果，其中最不幸的一个结果，就是自杀。

吴飞用来解释中国乡土自杀的另外一个范畴是"做人"。吴飞对"做人"的解释就是，一个个体要成为一个完整意义上的"人"，就需要有完好、健全的人格；而在中国乡土一个完好、健全的人格所需的条件是个体拥有自己的独立家庭、能够正常地"过日子"。吴飞认为，个体自杀往往也和人格价值的受挫联系在一起，选择自杀的人在面对危害其人格的负面事件的时候，往往会以死相拼。

为了说明人格的重要性，吴飞运用三个词语来总结自杀者的心理状态，那就是"赌气""丢人""想不开"。

"赌气"和"丢人"的实质就是个体由于外界力量而造成的人格丧失，通俗地说，就是自尊心受到极大伤害，心里这关过不去。而"想不开"则是个体对"何为最好生活状态、现在的人格是否能够造成最好生活状态"的反思，换句话说，就是自我的欲望和现实之间找不到平衡点，内心纠缠得很痛苦。在这里，我们能看到人格高低和自杀与否之间的因果关联。

"过日子"和"做人"两个范畴很好地解释了中国乡土中自杀的原因。今天，中国人依然把家庭生活当作"过日子"和"做人"的核心内容，如果因为日子过不好而受到指责，就必须要讨一个说法，讨回日常生活中的公正。这样一种基本的文化观念，在中国进入现代以来的家庭变迁中并没有得到根本改变。

在中国式的生命和道义伦理当中，每一个个体都被要求在家庭博弈中权衡利弊，每个个体的生命都被要求以家庭"过上好日子"为目标，也就是说，每个个体都被要求在日常生活当中积累道德资本。而高道德资本、高未来期望和低现实条件的矛盾，就是自杀的源头。

涂尔干自杀论的局限

涂尔干有关自杀的分类诞生于 100 多年前，时过境迁，社会也发展出许多新问题，自杀也不再仅是由社会分工带来的病态问题，不仅是集体社会的整合程度这一维度就能完全概括的。精神和心理的因素也重新回归分析的视野，社会形态的变化、互联网带来的生活方式的变化、城镇化的快速发展等，也都会成为自杀的影响因素。

比如，城市里的年轻人自杀已经愈发成了一个社会问题。一些选择自杀的城市年轻人已经不像典型的中国式自杀那样试图表达什么，更多的是一种寻求解脱的心理在起作用，属于一种"激情自杀"。

如果参照涂尔干的范式，他们的自杀是利己主义的，但是，在他们走向自杀之路的途中，并没有脱离原有的集体，也没有经历强烈的社会变动，至少比先前几代人所面对的社会变动要平缓得多，他们自杀的诱因和预防，还是需要加入心理层面，甚至是抑郁症这样的病理性层面，进行考量和疏导。

另外，涂尔干对利己主义的原因假设也不完整。涂尔干说，当人和社会、人和社群之间的联系纽带愈发松弛的时候，人们就会很"利己"地为自己考虑，最终选择自杀，但我们可以看看社会边缘群体的自杀现象。

以深圳富士康工人连续跳楼事件为例，富士康的工人大都生活在较为封闭、一体化程度较高的工人集体里，但是正是在封闭集体化的环境里，一个人的自杀会迅速辐射到整个集体中的每个个体，仿效作用变得格外强烈，传染和联动效应很强。

一方面是第一位自杀者刺激了集体中原有的自杀意念，并且，这种刺激在不断地重复中持续累加；另一方面则是之前的自杀者向后来者呈现了一种解脱现有生存困境的可能性。

在仿效发挥作用时，自杀的意念大都来自利己主义的想法，但是仿效带来的自杀潮却是在相对紧密的集体中发生的，这就和涂尔干对利己主义自杀的假设相反。"团结"的集体对个体到底是会产生自杀的免疫系数还是强化系数，在今天的社会，可以有着更多的解读。

不过，涂尔干的自杀理论中，有一段分析在今天依旧有着非常强烈的现实意义和关怀。

　　我们知道有些国家，自杀和犯罪事件是极少被报道出来的，但涂尔干明确指出，禁止报刊报道自杀和犯罪并不能改变社会自杀率的问题，因为群体的道德状态没有改变。很多时候，新闻媒体被要求写一些正面消息，新闻报道总是一派海晏河清、人民生活欣欣向荣，一旦出现一些恶性事件，以及负面消息就会被淡化，甚至拒绝报道。

　　但是，这真的能够掩盖事实吗？真的能让我们相信其中每一个人都生活得很幸福吗？消息可以被压制，但是群体的道德状况，社会整体的道德困境，还依旧存在，并一直在发酵。

　　涂尔干的自杀研究提醒我们，个体和社会之间是一种有机关系，个体在和社会的互动和整合之中，出现诸多反常现象，离开社会母体的个体、过度膨胀的个体、被母体吞噬的个体，或者为母体而牺牲的个体显然都难以生存。我们对这些问题进行观察的同时，也需要真诚地面对自我，探索人生的意义，珍爱生命。

失范论：
为什么道德秩序正在失效？

什么是社会失范

我们在之前的章节中，已经讨论过道德秩序和有机团结对社会整合的重要意义。然而，如果有一天，道德不再有约束作用，保障社会秩序的制度也没了效果，我们的社会就会进入一种混乱的没有规则、没有秩序的状态。

在社会学中，对于社会的混乱、失序，有一个专门的社会学术语，叫作"社会失范"（anomie）。

所谓失范，就是和正常有序相反的一种状态，它是反常的。按照社会学者们的总结，指的是"社会控制减弱、规范作用被破坏和社会互动解组的一种混乱状态"。简单来讲，就是社会价值观的导向出现了偏差，社会制度的规范不再能对人们进行有效的控制和约束，导致了社会功能出现紊乱，社会中个人的行为也偏离了轨道，出现了异常。

我们可以从发生在身边的两起事件来理解这个概念。

第一个事件发生在 2016 年 9 月，甘肃省康乐县的一个小村庄里，28 岁的农妇杨改兰，因为家里实在没钱，生活继续不下去了，所以让自己的四个六岁都不到的孩子喝了农药，自己也服毒自杀，最后，五个人都抢救无效身亡。

一个八口之家，杨改兰负责全部的家务和大部分的经济来源，承担了相当于三个劳力的工作量，可以说是"分身乏术"。除此之外，福利制度改革后这个家庭失去了低保金，而不识字的杨改兰却没有提出异议的能力。这种外部制度的变化将杨改兰抛弃，连同抛弃的是她对生活的希望，让杨改兰只能选择在杀死自己的孩子之后，再自杀，作为她改变现状的唯一方式。

第二个事件发生在 2018 年 6 月底，上海的世外小学学校门口，发生了一起砍人事件。罪犯在学生放学的时候，拿着砍刀冲进放学队伍，造成了 2 名学生身亡、1 名学生和 1 位家长受伤。罪犯是一位受过大学教育的毕业生，但是因为在上海找不到工作，就产生了报复社会的心理，把砍刀对向了毫无还手之力的孩子。

这不是单纯的失败者报复社会的行为，而是我们整个社会阶层在固化、贫富差距在扩大的结果。

这两起让人痛心的事件，虽然在个体的层面上，都是个人行为越轨的一种表现；但更深层次的原因，却是我们社会的秩序出现了失范。

失范的类型和表现

涂尔干是最早开始研究失范问题的。

之前我们提到过，在涂尔干看来，社会秩序的基础是道德。那么，失范，就等于站在了所有道德的对立面，是对真正道德的否认，是现代社会中一种病态的现象。按照涂尔干的说法："我们所要揭示的失范状态，它造成了经济世界中极端悲惨的景象，让各种各样的冲突和混乱频繁产生。"[1]

那么，社会失范都有什么类型和表现呢？

失范可以分成两种类型，分别是个体的行为失范和社会的系统失范。并且，这两种类型的失范程度是呈递进关系的。

先说第一类，个体的行为失范。

个体的行为失范可以小到在公众场合里的大声喧哗、出言不逊、寻衅滋事这些影响他人的不道德行为，大到盗窃、欺骗、行凶这些违法犯罪行为，这些都是个体层面上行为失范的表现，违反了人们共同生活的道德准则和法律规范。

个体的行为失范，会对身边的人、会对所居住的社区产生影响，也是对社会局部的正常运作产生影响，它的破坏力还不足以大到可以破坏整个社会功能的正常运作。

---

[1]　［法］埃米尔·涂尔干：《社会分工论》，渠东译，生活·读书·新知三联书店，2000年，第14页。下文中涂尔干关于社会示范的论述，均出自《社会分工论》。

第二类，社会的系统失范。当整个社会的价值和规范体系产生紊乱，导致功能丧失，无法指导和约束社会成员的思想和行为的时候，整个社会秩序就会呈现出一种无序化的状态，从而导致越来越多的社会成员违背社会规范，产生越轨和反社会行为。

特别值得一提的是，由于人的欲望是无止境的，贪婪好斗、追名逐利、沉迷于奢侈和享受都是人的天性，这些天性原本都是需要通过社会所定义的道德来抑制的，一旦规则体系遭遇解体，社会就丧失了它原本能够有效疏通、引导人类欲望和需求的能力。

在这种情况下，社会就会出现"集体意识、普遍认同的道德信仰和行为准则全盘衰微的"失范状态。

所以说，社会系统失范，也就是社会规范和秩序的瓦解，是第一类个人行为失范产生的背景，而当个人失范行为不断增多，又会反过来恶化社会的规范和秩序，两者互为因果，互相影响。就像涂尔干所指出的："如果失范是一种罪恶的话，那是因为它使社会遭尽了磨难，我们无法生活在一个没有凝聚力、没有规则的社会之中。"

社会失范发生的时期

那么，什么时候会发生社会失范呢？

社会失范常常发生在两个时期。

一是社会急剧转型，经济陷入大萧条的时期。在这一时期内，因为社会的转型和变迁，原有的社会结构、经济运作模式发生了改变，与之相对应的人和人之间的交往形态、道德信仰和普遍价值观都会遭受冲击。其结果是，社会规范不再能有效地控制其成员的行为，社会从而陷入混乱。

可以观察到的一个例子，20世纪80年代末90年代初，东欧剧变、苏联解体，这些国家随之发生了激烈的社会震荡，产生了社会裂痕，这些社会裂痕在很长时间里都没有办法弥合，对人们的正常生活产生了巨大的冲击。

另一个时期则是社会高速发展和上升，正在走向经济繁荣的时期。这一时期里，旧的规范还没完全失效，新的规范又还没有完全发挥效力，整个社会对于什么事情可以做、什么事情不可以做，还没有一个完全统一的标准，人们常常处于摇摆不定、自相矛盾的状态之中。

伴随着经济高速发展，人的欲望也在不断地扩张，所以会出现很多逾越公民良知和社会善序的行为，导致整个社会陷入一种不稳定状态。

对于这样的状态，法国政治学家托克维尔（Tocqueville）就在他的书《旧制度与大革命》（*The Old Regime and the Revolution*）里面写道："在这类社会中，没有什么东西是固定不变的，每个人都苦心焦虑，生怕地位下降，并拼命向上爬；金钱已成为贵贱尊卑的主要标志，还具有一种独特的流动性；它不断地易手，改变着个人的处境，使家庭地位升高或降低，因此几乎无人不拼命地攒钱或赚钱。不惜一切代价发财致富的欲望、对商业的嗜好、对物质利益的享受和追求，便成为最普遍的感情。"[1]

　　社会的失范，对人的心理会产生巨大的负面影响。在涂尔干的《自杀论》一书中，他就专门研究了失范型自杀。涂尔干认为，社会失范的程度越高，自杀率就越高。无论是经济动乱还是经济上升时期，自杀事件都会急剧增加，因为在上述两个时期里，人们均会处于一种崭新的社会环境中，原有的准则和规范失去了约束作用，生活因此变得混乱不堪，自杀便容易发生。

社会失范滋生暴力

　　社会失范给我们的社会带来了诸多的后果，其中最严重的后果就是滋生暴力。

　　什么是暴力？人们又为什么要使用暴力？

　　在回答这一问题前，先让我们来回顾一部著名的电影——《霸王别姬》。

　　这部电影是导演陈凯歌在 1993 年拍摄的，刻画了在大时代的风云变幻之下，饰演霸王的生角段小楼和饰演虞姬的旦角程蝶衣，两位京剧演员的身世浮沉。电影的色调虽然鲜艳明快，但却处处展现着历史的暴力情境。

　　影片一开始，少年时期的程蝶衣（小豆子）为了进入梨园，被

---

[1]　［法］托克维尔：《旧制度与大革命》，冯棠译，商务印书馆，1992 年，第 29 页。

母亲生生剁下一只六指；进入戏班子后，则是师傅无节制的毒打和狂怒，又因为唱错《思凡》而被师哥用烟锅捅的满口是鲜血，之后又被遣散的太监张公公所凌辱，这些都构成了影片前半段的暴力特写。

在后半段，程蝶衣已经成为名角，但是京剧艺术却因为 20 世纪年代的政治运动遭遇浩劫。在一幕集体批斗的片段中，"霸王和虞姬"双双跪在广场上，脖子上挂着"打倒京剧恶霸"的大牌子，身前是将他们的戏服焚烧的熊熊烈火，身后是疯狂而又激昂的革命小将，在"横扫一切牛鬼蛇神"的口号下，"霸王"被迫低下头，揭发程蝶衣的所谓"罪行"，渗透出残酷暴力对于人性的摧残和撕裂。

从电影拉回到我们刚才提到的问题，到底什么是暴力？

在《霸王别姬》中，我们看到了两种层面的暴力。

一种是个体暴力，毒打程蝶衣的戏班师傅、凌辱他的张公公，这里的施暴者，都是一个人，不是一群人，呈现的是个体间的冲突和矛盾。

另一种则是集体暴力，常常伴随着社会形态和结构的急剧变迁，比如在政治运动的冲击之下，整个社会进入了无序失范状态，到处都可以见到群体性的暴力和冲突。其中蕴含的暴力色彩愈发浓厚，它不仅伤害到个人，同时也彻底打破了社会秩序的稳定，带来毁灭性的破坏和长久的创伤。

社会是庞大、复杂的，从奥斯维辛到恐怖主义，世界范围内的暴力事件和暴力行为多如牛毛，不同学者、不同流派对暴力的理解和定义也各不相同，美国宾夕法尼亚大学社会学教授兰德尔·柯林斯（Randall Collins）在他的《暴力：一种微观社会学理论》（*Violence: A Micro-Sociology*）一书里面就写道："暴力分为许多种，有些短促而偶然，如一记耳光；有些大型且计划周详，如一场战争。"[1]

一方面，从历史事件中我们发现，在社会失范的宏观层面上，经常出现群体性的暴力和冲突，而且冲突的规模越大、程度越深，就越容易受到关注，所以那些只在小范围发生或者没有导致血腥暴力的冲突却很容易受到忽视。

另一方面，在微观层面上，群体、社会、国家的冲突里又包含着个人间的冲撞，而且某种程度上是由集中爆发的私人间对抗和矛盾组成，构成了大型暴力冲突的基础。因此很多学者会从社会关系变动的层面去探讨暴力形成的原因，帮助我们更深入地了解暴力中的个人，窥探人性在其中的角色。

暴力产生的原因

社会失范滋生暴力，而暴力所带来的危害大多人都知道，但是，为什么暴力还是会一再发生，无法消除呢？

从社会学的角度出发，至少有三个方面的原因。

---

[1]　［美］兰德尔·柯林斯：《暴力：一种微观社会学理论》，刘冉译，北京大学出版社，2016 年，第 1 页。

首先，暴力是一种身份认同。

哥伦比亚大学社会学家查尔斯·蒂利（Charles Tilly）在他的《集体暴力的政治》（*The Politics of Collective Violence*）一书中指出，集体暴力是社会互动的一个片段。暴力的具体产生机制是：社会关系的互动产生出社会身份的边界，"我们—他们"是二元对立的，有着清晰的边界。[1]

这其中，身份认同起到了重要的动员和催化作用。诺贝尔经济学奖得主阿马蒂亚·森（Amartya Sen）在《身份与暴力》（*Identity and Violence*）里就明确指出："身份认同可以杀人——甚至是肆无忌惮地杀人。在世界范围内，因身份冲突而孕育的暴力似乎在越来越频繁地发生。"[2] 当人们把自己所属的群体和其他群体相比较的时候，就有可能因为相对的剥夺感所导致的不平等状况，而产生对立和相互怨恨的身份认同。相对剥夺感的含义，通俗解释，就是和别人比较时，觉得别人比自己过得好而产生出的妒忌与怨气。

如果对立的身份认同再和特定的意识形态、价值取向联系在一起，比如宗教的因素、价值观差异，就会引发歧视或者偏见，甚至灭族的屠杀。

其次，暴力是一种从众和模仿。

一方面，人们害怕暴力的发生，在暴力面前会紧张和恐惧，而

---

[1] ［美］查尔斯·蒂利：《集体暴力的政治》，谢岳译，上海人民出版社，2006 年，第 30 页。
[2] ［印度］阿马蒂亚·森：《身份与暴力：命运的幻象》，李风华译，中国人民大学出版社，2009 年，第 2 页。

不是愤怒，所以人们面对暴力的第一反应不是渴望，而是逃离。但是，人一旦处于群体之中，群体共同情感、目标和文化取向的存在，就在一定程度上消解了这种对暴力的紧张，让人们在集体的狂热中获得一种安全感。

在暴力的浪潮中，施暴者可以为自己辩解说："我并不是唯一一位施暴的人，我不是捅第一刀的人，也不是捅最后一刀的人。"——正如同人永远不知道压死骆驼的最后一根稻草是什么。

这背后的道理，用《乌合之众》（ *The Crowd : A Study of the Popular Mind* ）这本书的作者古斯塔夫·勒庞（Gustave Le Bon）的话说，就是民众是盲从的，他的原话是："长时间融入群体行动的个人，不久就会发现——或是因为在群体发挥催眠影响的作用下，或是由于一些我们无从知道的原因——自己进入一种特殊状态，它类似于被催眠的人在催眠师的操纵下进入的迷幻状态。"[1]

再次，暴力是一种剧场式的表演。

个体间的暴力，除了开始的言语攻击和最后的收尾，很快就会结束了，不会持续多久。然而，如果有观众在场的话，一切就变得迥然不同。

譬如，兰德尔·柯林斯在暴力互动理论基础上提出"暴力隧道"（tunnel of violence）的传递之路的说法，即暴力大多发生得十分短暂和有限，如果有足够的社会支持，暴力就有可能会在时间上得以

---

[1]　[法]古斯塔夫·勒庞：《乌合之众》，冯克利译，中央编译出版社，2000年，第21页。

延展，在这种情况下，观众实际上转变成了隧道的建设者。当有"观众"围观时，处在暴力舞台上的"演员"会变得骑虎难下，从而愈加激动、斗志满满，抓住表演展示的机会。同时，"聚光灯之下"的瞩目感会让"观众"不甘心只做"配角"，而是主动参与到暴力之中。

暴力隧道也可能会从一个情境延展到另一个情境，诚如兰德尔·柯林斯所言："没有暴力的个体，只有暴力的情境。"（Not violent individuals, but violent situations.）人们对暴力的发生充满了紧张和恐惧，这种恐惧和紧张塑造了暴力情境，处于暴力情境中的人们最主要的情绪也是恐惧，而不是愤怒，因此人们面对暴力的第一反应不是渴望，而是逃离。但群体共同情感、目标和文化取向的存在在一定程度上消解了这种对暴力的紧张。娱乐型、荣誉型暴力表演就是将暴力限制在一定秩序里，从而将其转变成有组织的暴力仪式，使暴力双方的注意焦点转向周围观众，从观众的围观和支持中吸取情感上的力量，从而化解紧张和恐惧情绪。这种暴力表演的观点与戈夫曼（Erving Goffman）的"拟剧论理论"（dramaturgical theory）不谋而合。整个社会就是一个巨大的舞台，每个社会角色根据社会规范的设定穿梭于前台与幕后进行着自己的表演。

难以抑制的暴力

也许有人会问，既然暴力对社会秩序的破坏力如此之大，我们是否可以通过惩戒所谓的"恶人"来避免暴力呢？

答案倒未必。因为很多时候，暴力就发生在我们的身边、眼前、我们熟知的人身上。

波兰裔美国历史学家杨·格罗斯（Jan T. Gross）在他的代表作《邻人：波兰小镇耶德瓦布内中犹太群体的灭亡》（*Neighbors: The Destruction of the Jewish Community in Jedwabne, Poland*）中，描绘了"二战"时期波兰小镇上的一段暴力历史。[1]

1941 年 7 月的一天，波兰小镇耶德瓦布内中的一半居民谋杀了另一半居民——小镇中 1600 名犹太人中仅有 7 人幸存，他们被各种残忍的暴力方式所杀害，溺毙、烧死、棍打……而杀害他们的，不是"二战"中罪恶的纳粹分子，而是真实和他们有过交集的熟人，他们的邻居，他们每天都会打招呼的人。

在屠杀发生以前，波兰人和犹太邻里之间关系友好，"邻里之间的互动和联系十分频繁"。然而这种"田园牧歌"式的景象，却被德国纳粹和苏联交替控制的动荡局势打破。在不同的军队武力控制之下，原本长期潜伏的民族情绪异化地发泄、群体冲突集中爆发，逐渐演变成了不可逆的种族屠杀和民族情感伤害。

当镇长号召所有波兰人在广场集合清剿犹太人时，无论这些波兰人过去对于他们的邻居采取什么样的态度和立场，他们在当下已经身处"波兰人"的共同体中，"波兰人"的身份认同在广场上得到

---

[1]　［美］杨·格罗斯：《邻人：波兰小镇耶德瓦布内中犹太群体的灭亡》，张祝馨译，中央编译出版社，2017 年。

巩固，没有一丝重新认识"邻居"身份的余地——在以"灭亡犹太人"为目标的群体行动中，没有人会试图拯救"我们的邻人"。

这里我们分析了社会失范产生的原因，又从个体的崩溃分析到群体的极端暴力事件。在失范的社会大背景之下，发生在波兰小镇上的场景我们何等熟悉。对于他们来说，只有认同并且积极参与到暴力之中，才能够得到认可，享受制度限制下可获得的最大利益，这是两种失范类型的相互影响。对于施暴者来说，暴力是施加于他人的权力；对于被施暴者，暴力是可能让自己免于暴力的途径。

从种种恶性事件来看，社会一旦进入失范的局面，暴力就会不断被催生，无法再挽回。暴力在我们的记忆深处，会留下永远抹不去的创伤，并且深远地影响到人和人之间的亲情、友情和信任。

所以，避免社会失范，避免暴力丛生，应该是社会发展和前行的基本共识。

陌生人概念：

选择信任别人，到底有多难？

代号"罗密欧"

说到情报机构，大家会想到美国的FBI、俄罗斯的克格勃。但在效率和暴力方面，可能都比不上冷战期间东德的国家安全局——"斯塔西"，他们可以说是人类历史上规模最庞大、组织最严密的特务情报机构。斯塔西的口号是："我们无处不在。"为了大范围地刺探情报，无所不用其极，而且特别擅于煽动家庭成员之间相互揭发。在当时的东德，平均每50位成年人当中，就有一位和斯塔西相关，不是直接的雇员，就是间接为它提供情报服务。

20世纪90年代初，当英国牛津大学历史学教授蒂莫西·加顿艾什（Timothy Garton Ash）来到东德档案管理局的时候，工作人员一看到他，就对他说："你好，罗密欧。"紧接着就在他面前摆出足足有两英寸厚的档案材料。这让加顿艾什教授大吃一惊，这么多档案材料，到底是什么？

　　原来，"罗密欧"是加顿艾什教授在斯塔西内部的代号，当他打开档案袋一看，不禁背脊发凉，里面几乎记录了他学生时代曾经在东德做调查时每一日所发生的所有事情，包括在哪家餐厅吃饭、在哪个报刊亭购买了哪本杂志，以及他所接触过的所有的人，甚至连他交往女朋友的点点滴滴，都一清二楚地进行了记录。

　　这么细致严密的档案记录，是如何做到的呢？根据这一段自己亲历的历史，加顿艾什教授对东德开放的斯塔西档案继续进行深度挖掘，最终写成《档案：一部个人史》（ The File : A Personal History ）这本书。[1] 在书里，加顿艾什教授描绘了许多东德人的幸福生活如何被档案所揭示的残酷事实所摧毁——他们的兄弟、亲人、友人、爱人，都有可能成为潜在的告密者。形成了一种告密风气的循环，几乎无人可以幸免。两德统一后，第一批前东德秘密警察档案曝光，就曾经在德国上下引起社会信任危机，一些原东德居民发现自己的左邻右舍当年就曾监视过自己，一时间邻里关系和社会秩序都受到很大的冲击。

　　作家梁文道专门为《档案》这本书写了一篇非常精彩的导读，叫作《出卖作为一种美德》。对于这一段历史，他写下的评价是："在

[1]　［英］蒂莫西·加顿艾什：《档案：一部个人史》，汪仲译，广西师范大学出版社，2015 年，第 viii 页。

风平浪静的海面上读出雷暴的预示，无事变成小事，小事衍成大事；每一个人背后都另有人指使，每一个行动背后都别有深意。这就是斯塔西这种机构看待世界的原则。"

为什么在东德，社会上会形成如此的告密风气？并且这种告密行为并不是说因为某人犯了法试图逃脱法律的制裁，被身边亲近的人所举报，而是在完全合法的正常生活情况下，就因"怀疑有罪"而被追踪和监视，甚至受到莫须有的指控和惩罚。

这种告密风气，并不能简单地归因为人和人之间一种道德的缺失，而是在社会普遍层面上的信任沦陷。当社会陷入暴力失范与管制混乱之中时，社会整体的信任度就会降低；反过来，人与人之间越发缺乏信任，群体之间的团结度就越发降低，整个社会系统也会面临着支离破碎的更大可能。

在和平时代，我们也会在日常生活和人际交往中频繁提到"信任"这个词，父母与子女之间的信任，夫妻之间的信任，上司和属下之间的信任，甚至于陌生人之间的信任。那么，什么是信任？我们为什么需要信任？信任危机和滥用会导致什么样的社会后果？我们又如何增加社会信任？接下来我们一一剖析。

齐美尔的陌生人

什么是信任？

信任并不是一种纯粹个人的心理行为或心理现象，而是一种基于社会互动的社会行为，有着典型的社会属性。我们常说，有人的地方就有江湖。换句话说，只有人和人之间相互交往、相互沟通，才会产生信任的问题。

这里，我想引出德国社会学家齐美尔的社会学理论。

在齐美尔的社会学研究中，他主张把社会互动形式作为社会学的一个重要研究领域。在齐美尔看来，社会互动构成了人们之间的复杂关系，产生了社会化，从而创造了社会。而人类社会化中最纯粹、最原始的一种互动形式，就是交换。

在《货币哲学》中，齐美尔阐述了信任机制如何在社会交换和货币交易中扮演支柱作用。无论是早期的实物交换，还是后期的货币交换，交换的一个最重要的条件是信任。为了达到互惠的目的，互动双方都会在互信的基础上保持自制，欺诈行为因此受到制止，经济秩序也因此能够维系。而如果"离开了人们之间的一般性信任，社会自身将变成一盘散沙"。[1]

社会互动除了交换行为以外，齐美尔又进一步探讨了距离在社会互动中的意义，并提出了"陌生人"这一游离于群体间的特殊类型。在他的文章《陌生人》中，齐美尔对这一个概念如此定义："（陌生人）包含着人与人之间的任何关系的接近和距离的统一，在这里达到一种可以最简要概括的状况，在关系之内的距离，意味着接近的人是

[1] ［德］西美尔：《货币哲学》，陈戎女等译，华夏出版社，2002年，第111页。

远方来的，但是陌生则意味着远方的人是在附近的。"[1]

什么叫作"远方的人是在附近"呢？齐美尔指出，陌生人不是外在于群体，而是"在一个有周围边界的群体之内流动"，是群体的一部分，却不为血缘或地缘的关系所固定。用通俗的话说，在你身边的人，不一定是你最亲近最值得信赖的人。很多时候，空间上的相近，并不代表着心灵上的彼此相近。

齐美尔认为，"陌生"并不必然代表着不信任。事实上，陌生人是现代社会中特殊却又普遍存在的一个群体，他们带来了一种绝对的、普遍的交换，和陌生人的关系可以根据一般的社会交往规则来定位。个体和"陌生人"打交道，不是根据对他这个特定的人的了解，而是根据他作为一个更一般的共同体的一员所具有的普遍性质。用齐美尔的话说："只要我们感到陌生人和我们之间存在民族的或者社会的、职业的或者普遍人性的相同，陌生人对我们来说就是近的。"

信任的类型

为了帮助理解，我们不妨将信任想象成一个三维的立体概念。从横向看，信任对象的范围有多大？从纵向看，信任的程度又有多深？往更深层次看，信任的场景、情景又是什么？

---

[1]　［德］齐美尔：《陌生人》，载于《社会是如何可能的》，林荣远译，广西师范大学出版社，2002年，第341—348页。下文中齐美尔有关陌生人的引述，均出自《陌生人》一文。

　　从第一个维度看，信任的对象中，最亲密的信任关系，是基于血缘关系的亲人纽带。按照韦伯的分类，是属于"特殊主义的信任"（particularistic trust）。这是一种以特殊的血亲共同体为基础，并以道德、意识形态等非制度化的东西为保障的信任。例如父母对孩子天然的爱，孩子对父母天然的依赖，都是最自发、最本初的信任。以此类推，关系越疏远，我们对陌生人的信任程度会逐渐降低，从而产生出一种信任度的差序格局。我们常常看到，家族企业在财富传承和文化传承上，会非常强调血亲关系。因为出于一种天然的信任，所以可以选择交托。我们看到香港的李嘉诚家族、韩国的三星家族等，在企业运作的背后，其实采用的都是这样最原始、最本真的信任模式。

　　从第二个维度看，信任的程度可以超越血缘，达到一种"普遍主义的信任"（universalistic trust）。这种信任是以信用契约或正式的规章、制度和法律准则为基础和保证而确立的，"信任"双方严格遵守信用契约是维系此种信任的关键。如有一方失信，则会受到惩罚，人们因为害怕受到惩罚而往往不会产生失信的行为。这种基于制度基础培育出的信任关系，可以更有效地规避人情面子下的寻租行为，因此也更加值得鼓励和推崇。从人性的角度来考察，其实也是更理性、更持久的。

　　从第三个维度看，我们会发现在不同情境中，人们面对同一人的信任程度也可能会有差异。同样对待是一个初次见面的人，我们会更加倾向于相信熟人的介绍，例如朋友在聚会上的引荐，或者是来自权威部门的中介，或是类似于校友聚会上的偶遇。这些现象就意味着信任是基于对考察对象（被信任者）的社会网及其所处群体环境的了解与认可，例如校友会、同乡会、行会这一类群体，因为其成员共同的经历和共享的集体荣誉感，所以会在无形之中加深这一群体内部之间的相互信任。

再比如，我们清华社会学系进行社区问卷调查时，需要在抽样的基础上挨家挨户敲门入户访问。如果是一般的单独上门，即便我们的访员出示清华大学的学生证，拒访率也会非常高。而如果借助社区或者居委会干部的帮助，在他们的带领之下再去访问，拒访率就会大大降低。这背后就是被访者在政府职能部门的介入之下，有政府职能部门的背书，从而大大增加他们对研究者的信任度。

在一个信任缺失的社会

当我们在今天反复讨论信任的时候，同样也是在焦虑生活中信任的缺席，当我们仔细回想每天的日子，"不信任"三个字几乎贯穿在很多生活的细节中：当我们在街上看到老人家跌倒，因为担心会被指责为故意撞倒对方，遭遇无理索赔而不敢上前搀扶，这是对社会公共道德的不信任；当我们去买菜，因为担心会买到人造的鸡蛋、掺水的猪肉而去选择比较昂贵的进口食品，这是对食品安全的不信任；当我们在工作和生活时，收到陌生人的电话、电邮，因为警惕是诈骗信息和病毒邮件，而不敢接听和打开，或者直接将号码拉入黑名单，这是我们对个人隐私信息被潜在侵犯的不信任，这样的例子可以说是俯拾即是，都显示出我们的社会依然是一个低度信任的社会。

我们当然明白，在一个社会中，人与人之间的信任程度对这个社会的繁荣与秩序有着深远影响。那么，如果社会中人与人之间缺乏信任，在社会互动常带有戒备心理，整个社会的福利水平将会下降。

在《社会学：关于社会化形式的研究》（*Soziologie*）一书中，齐美尔说："信赖是在社会之内的最重要的综合力量之一。没有人们相互间享有的普遍的信任，社会本身将瓦解。"[1]人与人之间的高信赖度，就如同社会秩序的润滑剂，会对人际交往和社会运作带来一种保障性的安全感。人们不用花费巨大的成本去过度考虑环境和人性的复杂，而是按照社会的道德要求和法律规范去合理行动，即可达到预期的效果和收益。长久而言，整个社会的福利水平也必然会得到提升。

我们在开头提到东德，在情报机构斯塔西的监控之下，形成一个完全失去信任的社会。我们可以看到，告密成风的社会，必然导致人们之间的信任基础遭受毁灭性破坏，要提防身边可能随时存在的"密探"，又要处处行事谨慎担心被别人误认为是"密探"，人人都活在恐惧中。相互猜忌，彼此防范，人的心灵就会变得孤单、脆弱，而社会也会陷入集体性自危和混乱中。

因此，社会前行的目标首先是道德，其次才是政治、经济和技术。个体的道德诚信依赖于整个社会的社会信任体系。诚信的个体，是社会信任的大环境所孕育出来的。在制度性的约束和监督之下，只

---

[1]　转引自郑也夫：《信任论》，中国广播电视出版社，2006，第16页。

有道德进步，社会才可以走向规范有序的良治；也只有道德的进步，才可以激励更多的人勇于担当，承担起社会的责任。

信任的危机

信任危机的表现，主要有两个方面：一是人伦信任危机。在日常生活中，人们不愿意相信陌生人，总是习惯用怀疑的目光和不信任的心态面对周围的人和事，人际关系变得冷漠，造成局部的人际交往失范，可能会导致局部的信任危机。

二是制度信任危机。制度层面的信任危机是一种更深层次的危机，它的影响和危害更为巨大，不再局限在局部，而是对于整个社会系统产生冲击。信任依赖于社会的道德环境。当社会没有在其日常生活中为道德实践留下空间时，信任就会变成无本之木。如 2011年爆发的"郭美美事件"，导致整个社会大众不仅对中国红十字会，而且对整个慈善、公益事业的信任坍塌。事件曝光后的第一个月，全国的社会捐款数环比下降 50%；第一个季度，全国的慈善组织所接受到的捐赠额的降幅则超过八成，显示了全社会对慈善捐赠巨大的信任危机。

当然，信任也会被滥用。在中国，最明显的一个表现，就是所谓的"杀熟"。中国社会是熟人社会的代表，从熟人间的信任发端，在熟人信任的基础之上，再慢慢拓展至陌生人之间的信任——这是社会秩序有序展开的基础。然而当"杀熟"现象成为中国社会一种普遍现象时，我们赖以存在的最基础的信任结构就会瓦解。

北京大学社会学家郑也夫写过一篇文章，名为《走向杀熟之路》。在这篇文章里，郑也夫就一针见血地指出，"杀熟"标志着不仅在陌生人中缺乏信任，而且熟人中的信任也日益丧失，意味着社会信任降到了最低点。

比如，有些平台打着帮人理财的名义，实质是在非法集资，于是就发生了上家跑路、下家埋单的悲惨情况。这些平台很多都是基于熟人社会网络圈而壮大起来的，由七大姑八大姨的参与逐步将资金池慢慢做大，当频繁跑路发生，数以百亿计规模的资金无法兑付时，对整个金融市场、甚至整个社会的正常经济秩序就产生了极大的冲击和危害。

重新认识信任

我们在本节谈了什么是信任，为大家用三维的方法解释了信任的定义和价值，认识了社会学家齐美尔眼里的"陌生人"概念和信任。我们之所以需要信任，是因为内心对美好的社会环境还存有乐观期待，是因为这是一个社会中最重要的综合力量之一；我们都希望能够生活在一个成熟、理性、有序、可信赖的社会中，我们可以在其中收获高效的工作氛围、有爱的人际关系；我们之所以需要信任，是因为这是为人的根本，是我们每天睁开眼睛看世界时的底色，如果底色是不纯粹的、暗淡的，那么一切都将是无意义和无用的。

共同体与社会：
社区生活可以打破身份区隔吗？

滕尼斯的社会学关怀

在这一节里，我们将进入到另一位经典社会学理论大家，德国社会学家滕尼斯的社会学世界。

纵观滕尼斯的一生，他几乎经历了近代历史的所有状态：童年时期的滕尼斯生活在田园诗画般的乡村，家庭生活快乐而殷实，又备受父母的呵护。在那里，根据德国作者乌韦·卡斯滕斯（Uwe Carstens）在《滕尼斯传——佛里斯兰人与世界公民》（*Ferdinand Tonnies: Friese and Weltbürger*）中所描绘的："滕尼斯度过了他生命的最初九年，与他的家庭和村庄共同体有着最密切的关系，可能由于乡村生活还处在传统的约束中和安全里，他在这里感受到了亲情的温暖，深受启迪。"[1] 滕尼斯的许多基本理论都植根于此，并不断积淀为他对于社会构成及其发展的思考。

成年后，滕尼斯经历了从传统的社区生活到现代都市生活的巨变：生活在大都市柏林，经历了普鲁士与德意志帝国时期，见证了魏玛共和国的兴亡，在纳粹的统治时期中走过了生命的最后路程。滕尼斯从工业革命的巨变中一路走来，逐步看到城市化、享乐主义和消费主义对人们的撕裂与侵蚀。特别是在19世纪末，工业革命在欧洲大陆广泛地开展起来，时代的车轮随着蒸汽、电力的推动走向了历史转折点。以人和人之间亲密联结为特征的前工业社会形态逐渐被工业化城市所取代，人们从世代生活的共同体中走出来，面对的是一个全新而陌生的世界。在这个新的社会中，人以不同个体立足于大集体之中，失去了对周围人情感上的亲近感，产生了无依无靠的"漂泊感"，社会失范和越轨行为增加，新的社会秩序亟待建立。在这样的时代背景下，欧洲大陆弥漫着一种世纪末的"乡愁"情绪，即对过去田园牧歌式生活的怀恋和追忆，以及对即将到来的，以大工业生产为代表的新世纪的未知恐慌和忧虑。

在工业社会对生活的冲击之下，滕尼斯直面人与人之间、个人与社会之间的各种纽带、关系以及生活方式的改变，并撰写出了他的成名之作，同时也是他的传世之作——《共同体与社会》（*Gemeinschaft und Gesellschaft*）。

---

[1] ［德］乌韦·卡斯滕斯：《滕尼斯传——佛里斯兰人与世界公民》，林荣远译，北京大学出版社，2010年，第6页。

两种社会关系：共同体与社会

《共同体与社会》这本书体现了滕尼斯对社会与历史发展两种基本模式的思考。在书中，他区分出了两种社会关系，那就是"共同体"（Gemeinschaft）和"社会"（Gesellschaft）。这也成了一对经典的社会学概念，在他之后，许多的社会学思考范式，如"宗教社会"与"世俗社会""礼俗社会"与"法理社会"等，都受到滕尼斯二元分类法的影响，与他的理论异曲同工。

同时需要指出的是，在《共同体与社会》这本书中，滕尼斯提出了和涂尔干的社会分工理论截然相反的观点，滕尼斯认为：社会发展带来的是人们彼此之间社会关系的分离，而非因为社会分工而导致人们彼此之间互相依赖而高度整合。

我们先来说说共同体。所谓共同体，用滕尼斯本人的描述，就是："一切亲密的、秘密的、单纯的共同生活，被理解为在共同体里的生活……人们在共同体里与同伙一起，从出生之时期，就休戚与共、同甘共苦。"[1] 在共同体中，个体之间亲密无间、互相依存、团结协作，形成一种有机整合。这种共同体因血缘、地缘、亲缘等关系而存在，抑或基于共同的语言、习俗和信仰，与生俱来并伴随左右，是一种真正意义上和谐的长久的共同生活。

滕尼斯进一步对共同体的特征进行了阐释。共同体以自然情感

---

[1]　［德］斐迪南·滕尼斯：《共同体与社会》，林荣远译，商务印书馆，1999 年，第 52—53 页。

为联结基础，通过爱、友情、归宿感等结合，表现为整体取向、整体本位，在共同体中的个人意志有机地融合在整体意志之中，并自觉地维护整体的利益和统一。如传统的封建家族，个人的个性被压抑，而整个家族的精神气质则得到发扬和传承。家风、家规、宗祠等都是用以显示家族荣耀、维护家族统一和团结的象征与手段。而在维系整合的工具上，共同体之间通过信仰、情感、风俗、道德以及非正式的社会规则来维护社会秩序。如一个村庄内默认的社会规范，违背这一规则的人将会受到集体的孤立与排斥，不再能从共同体中获得物质和情感的支持。经济生活方面，共同体普遍存在于工业革命之前，以家庭为生产经营单位，在共同体内部进行物质交换和生产协作，分配的公平需要得到保障。

与共同体相对应的，则是社会。在社会中，个人因为意识到共同行动能为自己带来个人利益，为了某个特定目标而机械地聚合在一起。虽然在地理位置上人与人之间距离缩小，然而个体之间缺乏情感、价值上的联系，变得由"合作共赢"的思想所驱使而采取共同行动。诚如滕尼斯所指出的："在共同体里，尽管有种种的分离，仍然保持着结合；在社会里，尽管有种种的结合，仍然保持着分离。"可见，在社会中，个人的意志和利益成为支配行动的力量，人与人之间冷漠而疏离，个体分散在茫茫人海之中。

在滕尼斯的分析中，社会以共同利益为联结的基础，通过契约关系将不同的个体维系在同一个组织中，各司其职，各得其所。个人意志在社会中得到了极大的发展空间，个人以理性追求利益最大化，为实现自我价值而奋斗。现代大都市就是社会的典型代表，人与人之间签订合约是通过合作实现互利共赢，邻里之间漠不关心，面对的是与传统迥然不同的人际关系。现代科技带来了地理空间上的临近，却无法拉近人们的心理距离，无法产生共同的价值与认同。

在维系整合的工具方面，公约、政治、法律、公众舆论成为维持社会秩序的有效准则，违背这些社会公约将会受到国家机器的制裁以及来自公众舆论的极大压力。社会出现于共同体之后，工业革命后的大规模生产、市场竞争是其基本的生产经营方式，人们追求交换的公正而非分配的公正，自给自足的共同体逐渐被取代和瓦解。

人的意志：社会关系的缔结基础

那么，为何人在共同体中的关系呈现结合性，而在社会中的关系呈现分离性呢？滕尼斯进一步探究了深层次的原因，认为人的两种意志——本质意志和选择意志对社会关系的构成起到了塑造的作用。

本质意志是一种由人性深处自然生发出的意志，是生命统一的原则，包含着思维、习惯，并与人的情感、欲望、冲动自然有机地结合在一起。本质意志存在于人的胚胎和生命的本源中，是一种原始的力量，继承先人代代传递的经验、传统与思维方式。可以说，本质意志是人性天生的部分，与人的生命有机地结合，仿佛人的心理、个性与灵魂般不可分割。正如滕尼斯所说："本质意志是人的身体的心理学上的等价物。"

本质意志产生了共同体，而选择意志则导致社会的出现。

选择意志是思维的产物，有意识地指导人的行为，是人的外在目的得到实现的前提。选择意志是理性的，脱离了许多人性内在特点而存在的，受到人类思维的支配，在理智衡量现实的选择后设计出行动的蓝图，指导个体为达到理想的目标而做出行动。

由此，人的意志就成了媒介，把社会关系形成的客观条件，譬如血缘、地缘、精神结合，和社会形态呈现的功能（譬如共同生活或利益交换）连贯了起来。当人们有意识地摆脱共同体所赋予人的本质意志，而理性地为利益的最大化进行社会交换的时候，人就从共同体中走出，成了社会的一分子，从深厚的情感牵连中进入到理性的利益计算。而由于人最初总是诞生在某种共同体中，选择意志总是在后天形成，因此社会总是从共同体中脱胎而生。

必须指出的是，虽然社会是共同体的对立概念，但滕尼斯并不否认社会同样能产生人与人之间强烈的依赖。只不过和涂尔干的有机团结不同，滕尼斯并不认为社会分工与利益交换可以真正使我们减少敌意，产生一种"彼此倾向于对方的感情"。相反，滕尼斯看到了人们在得到物质上满足的同时，逐渐失去了传统的社群共同体，产生隔离，迸发出孤独、紧张、压抑等一系列情绪。正如他在著作《社会学引论》（*Einfuhrung in die Soziologie*）中写道："从田园牧歌式的，甚至是温情脉脉的共同体发展为一切以利益为核心的、斤斤计较的社会，前进道路上的路标都写着——赚钱！赚钱！赚钱！"[1]

---

[1] 斐迪南·滕尼斯：《社会学引论》，林荣远译，中国人民大学出版社，2016年，第61页。

对广场舞的社会学观察

在滕尼斯看来，共同体的本质是一种关系的形成，人的意志处于相互关系之中，会给予肯定或者否定的回应，自身意志被影响的同时也塑造着他人的意志。这种关系是动态的，有情感内涵的。而社会与共同体最大的区别在于，社会中的个体即使结合，在精神上也是分离的。社会中的每个个体，其行动都是为己，付出都是为了有所得。

滕尼斯对共同体的关注，实质上也是在呼吁构建一种更加紧密联结，更加和睦凝聚的社会关系，使个体之间就仿若磁场一般，彼此互相吸引。这样的社会关系为何如此重要？

这里想跟大家分享一项我们做的社会调查，我们想要通过调查，来了解滕尼斯所呼吁的通过构造紧密联结的社会关系促进共同体形成的这样一个构想是否可行，而我们所调查的对象是北京海淀公园广场舞的参与者。我们想知道，他们在跳广场舞的过程中，是否会有彼此之间的交流与沟通，又是如何进行社会互动的？特别是对于城市中生活的外来打工者来说，广场舞是否可以帮助他们更好地融入本地社区？而本地的居民，又是否会在广场上和这些外来的打工者们一起跳舞呢？

在进行调查之前，我们对广场舞的印象是这样的：

每天晚上，各个城市的市民广场都会响起响亮的广场舞音乐，附近的居民聚在一起，一边随着音乐节奏跳舞，一边拉着家常，广场舞成了方便社区邻里之间交流互动，成为促进社区整合的最好媒介。特别是对于那些在城市中漂泊的打工者，和本地居民在小广场上一起舞动，会给他们带来一种社群共同体的情感支持和纽带联系。

带着这个研究假设，我们走进了北京海淀公园，在夜晚的广场舞群中，进行了为期一个月的参与式观察和调查。

结果令人意外。我们的调查发现，海淀公园广场舞群的参与者大多都住在公园附近的小区里，虽然确实有人会通过广场舞群认识到新朋友，但大多数人只会与自己认识的朋友、邻居和老乡交流。而在大广场舞群中，经常会形成非常封闭的 2 到 3 人的小圈子，不同小圈子之间的交流和沟通却都非常有限，绝大多数的跳舞者，他们彼此之间并不熟悉。

为什么广场舞并没有如我们想象中那样，成为促进社会交融，增强社区中共同情感的有效工具呢？

其中原因大概有三个方面：首先，是广场舞参与者交流的讨论话题存在差异。我们发现，参与者之间交流的话题大多集中于讨论广场舞的舞步、舞蹈难度等，很少谈论各自生活的情况。虽有少数参与者与别人会讨论自己工作的情况，例如有些参与者是外来务工者，会与别人讨论兼职的事情。也有参与者是一位房东，会主动与其他人提起自己现在有房出租，让他人帮忙介绍租户。在交流时间方面，大部分参与者只在广场舞进行的期间与其他参与者交流，甚少会在跳舞以外的时间见面。在跳舞以外的时间，大家会回归各自的生活与工作，不会联络其他参与者。

第二个原因，则是广场舞参与者的身份差异。根据我们的访问结果，海淀公园中广场舞参与者大多是来自北京以外地区的中年女性，这一比例达到了 80%。来自五湖四海的参与者有着不同的背景，因此她们之间存在着显著的文化差异。其中一个例子便是语言差异，来自各地的参与者都有自己的方言，譬如一位来自四川的参与者因为觉得自己的普通话不好而不愿与其他参与者沟通。这些差异让参与者们不愿意与其他人交流，或是想要建立更深入的关系，导致她们之间的交流十分有限。

第三个原因，则是广场舞的参与者除了背景以外，她们的职业也存在很大的差异。参与者来自各行各业，例如大学生、保姆、会计，也有退休人士。职业的差距让她们之间缺少共同话题。其中一位访问者就表示，因为职业差距的关系，自己不太想与其他参与者聊天。由此可见，职业差异使得参与者之间的交流与沟通受到限制，参与者们不太愿意与自己有职业差距的其他参与者进行深入交流。

这一项有关广场舞的社会学研究，我们后面还将继续进行下去。但前期的发现至少告诉我们，一起参与的广场舞，实际上并没有消弭由社会阶层差异所带来的身份区隔，也没有很好的帮助大家建立起常态化的社会交往关系。人和人之间，依旧是陌生、隔阂的，依旧没有整合进一个社区共同体中。

从礼治秩序到夹缝中的孤独

从广场舞的一个个案研究，放大到整个中国社会，让我们在中国宏大的社会变迁中，再深度理解滕尼斯的共同体与社会。

一直以来、中国社会被称为"熟人社会""人情社会"，乡村生活由宗族制度维系，每个人都生活在以传统大家庭为代表的"共同体"之中。自给自足的小农经济体制下，以家庭为生产单位，人员流动少，安土重迁的思想使家族内部成员之间相互依赖，相互扶持，相互提供社会支持。这也就是中国人说的"相依为命"。在社会学家费孝通的笔下，传统"礼俗社会"由礼来维持社会秩序。在《礼治秩序》一文，费孝通就指出："礼并不是靠一个外在的权力来推行的，而是从教化中养成了个人的敬畏之感，使人服膺。人服礼是主动的。"[1] 由此可见，传统社会是许多共同体的聚合，共同的情感、意志、礼俗形成了乡土社会的社会关系。

然而，在城市化过程中，大都市中的共同体关系被打破，"社会"的成分越来越占据主流。那些脱离农村生活，到城市谋取生计的打工者遇到了许多困境，这便是农民工融入城市社会的问题。这些农民工，或者说城市的务工者，他们习惯了乡村共同体中，以情感、人际关系为联结基础的生活，因此，他们处理社会关系的方式，仍然是共同体式的。在寻找就业机会时，他们往往依靠老乡、朋友这

---

[1] 费孝通：《乡土中国》，上海人民出版社，2006年，第63页。

样从共同体中走出的社会关系网络，对雇主盲目信任，却没有劳动雇佣、契约的概念，也缺乏维护自己合法权益的意识。因此，城市的打工者大多数通过非正式雇佣进入工作领域，没有劳动合同的保护，收入较低，经常遭受资方剥削。

另一方面，在城市生活的打工者，他们脱离了共同体的社会关系，失去了共同体的情感联系和支持，同时又无法融入新的社会关系之中，变成了处于两种社会关系夹缝之中的群体。他们不适应城市中以契约、利益所建立起来的社会关系模式，无法融入城市高速而疏离的社会生活，被城市生活排斥在外，自然就会产生出漂泊与孤独感。我曾经做过一个有关拆除北京露天菜市场的研究，在这项研究中，我们的访谈对象就曾提过，北京市通过"以业控人"的方式清理流动人口，他们赖以谋生的菜市场被拆除后，只能被迫搬离了原来的出租屋，住在更偏远的郊区，他们感受到了城市不包容的态度，自然难以产生对城市的归属感和认同感，更遑论融入感和参与感了。

守望理想的社会秩序

作为一位经历了时代巨变的社会学大师，滕尼斯不仅是学识丰富严谨的学者，更是一位有着光荣与梦想的知识分子。一直到他最后一本著作《新时代的精神》(*Geist der Neuzeit*)，他仍坚持推崇"共同体"来改造社会，将人类连接在一起。

在《滕尼斯传》中，他常常被描绘为"保守固执的抒情诗人"，或是一位"走上迷途，一心追求田园牧歌，惊恐万分地反对吵闹城市的社会浪漫主义者"。但事实上，滕尼斯自身是主观与客观的综合体，他的《共同体与社会》也同样存在着价值投入与价值中立的交织。历史是轮转的，无论是共同体还是社会，对于社会纽带的重视，对于人和社会的互动，一直是滕尼斯长期以来不变的学术追求。作为一名学者，他的心中依然守望着理想的社会秩序，温热的情怀不曾停止。

回归滕尼斯的共同体思想，我们可以看到，社会秩序的构建，单单依靠政治与法律的维持是远远不够的，还需要通过一个个共同体，建立起人与人之间的信任与伦理团结，使得人际关系打破冷漠，重回温热。个体之间可以亲密无间、温情脉脉地和谐生活，才是一个充满生机的现代社会应有的模样。

秩序是自然的法：

未来该是一种怎么样的秩序？

一个秩序重建的样板

我们知道，社会的范畴和概念很大，因此讨论社会秩序的构造，也是一个很大的命题。所以我们可以先从一个秩序重建的样板开始，看看如何进行秩序的再造与优化。

2008年5月12日，四川汶川发生了里氏8.0级地震，震荡了全中国与全世界。大自然的无情破坏力使众多家园尽毁，灾后最急需解决的重要问题，就是重建家园，重建家园不仅是建造新的房屋，更重要的是如何重新凝聚灾区幸存者的信心和力量，重新恢复正常的生活。

在这个背景之下，清华大学社会学系开始了一项灾后重建的社会学干预实验。所谓社会学干预，是法国社会学家阿兰·图海纳

（Alain Touraine）所发展出的一套与"行动社会学"密切相关的特有研究方法。在这个案例中，我们选取了位于四川省阿坝州茂县北部的一个小村扎根下来，从零开始进行建设。

这个小村全村共有 55 户居民，在汶川地震中虽无人员的死亡，但是全村的房屋都不同程度地被震裂或者倒塌，无法继续居住。并且由于该村处于地质灾害危险的区域，经常有滑坡和泥石流的隐患，所以重建时，必须要把整个村庄集体搬迁到山下的河谷地带，重建新村。

我们做的第一件事情，是重建经济秩序。经济秩序重建的基础，要从建房开始，使居者有其屋，地震中全村的房屋毁坏殆尽，加之搬迁，所以更加有必要对房屋进行重新设计和建造。为此，我们做了两方面的工作，将房屋建造和村民参与这两个要素结合在一起。

首先，在房屋设计和建造上，我们和清华大学建筑系合作，在当地打造了一种开放式的房屋构造系统。考虑到四川处于地震多发地区，所以我们把房屋的基础层用混凝土浇筑，上层则采用轻钢结构，使房屋的整体抗震性能良好。同时，我们就地取材，采用了当地的泥土、木材、麦秆、竹片等天然材料做围护墙，这样不仅大大减少了对砖、水泥等不可回收材料的使用，而且有效降低了建造成本。

其次，在房屋建造过程中，作为社会学学者，我们要考虑的自然是在重建这个过程中人所扮演的角色，所以我们把村民参与放在一个很重要的位置上，突出人在其中的能动性和互助性作用。用社会学的话说，就是突出人的社会属性。我们将重建规划交由当地的村民讨论并实施，让那些完全没有建筑专业技术的当地居民也能参与到房屋的兴建工作中。因为是建造自己的家园，所以村里的每一位村民都积极参与，热情度非常高，这也对于他们灾后的自信心恢复，起到了极大的作用。再加之我们请来了一些专业的社区规划和建筑施工的指导，从而在当地构建起了一种"多方合作，协力建房"的重建格局。

我们做的第二件事情，就是重建文化秩序。我们的重建工作是在灾民原本熟悉的土地上开展，并不是像三峡库区搬迁移民时那样远离自己生活的土地。这样做的好处：一是可以避免村民们相处多年的社会关系网被瓦解，二是也能让村民之间在生活上互相照顾，心理上互相宽慰。这种尊重当地文化理念的重建工作，意义十分重大。与此同时，我们还专门在新建的小区里，建立了一个文史工作室，用以广泛搜集整理当地的风土民情，包括民谣、刺绣这些富有当地特色的地方艺术，这样可以激发当地居民的文化认同感。成功的重建不但要使灾区人民告别悲伤，更重要的是让他们重获自信。而文化保育与重现，就是其中的重要一环。

我们做的第三件事情，是重建道德秩序。道德秩序中一个很重要的组成，就是信任。我们发现，在重建的初期，整个小村中村民之间的社会信任是非常充足的，因为大家一起经历了一个相互帮助、共渡难关的阶段。在大自然巨大的破坏力面前，人和人自发的团结一心，共同协作。譬如在搭建房屋时，村民们就自发组成了"十八罗汉钢架队"，自己动手解决建设当中的种种困难。一切都是集体决定，村民彼此信任互助，建设进展很快。但是伴随着重建的推进和深入，一些问题和矛盾开始出现，村民之间的相互信任也受到影响，而这又直接威胁到了整个社区的道德秩序。

在我们的重建过程中，村里的村支书是一位非常重要的人物。这位村支书有着极强的个人魅力和协调能力。他在地震后卖掉了自家搞运输的卡车，购买水泥无偿捐助给村民们修建房屋，赢得了大家的敬重，也将大家团结在一起。但是在建设后期的一些采购项目上，譬如购买门窗的时候，并没有像以往一样通过集体大会的讨论通过就执行了，这就让一些村民怀疑村支书是否从中偷拿了回扣。

村支书自然感到委屈，虽然在采购流程上没有完全按照规定的集体大会讨论，但是自己也是一心为了集体，想加快建设的进度，让全村村民早点进入新家安顿下来。由于这样一些误解的发生，村民间的相互信任开始受到影响。而信任的减弱自然也减缓了重建工程的进度。

这种情况之下，我们更加强调要对人进行影响，目标是把传统乡村中的村民改造成为现代社会中的社区居民。信任建立难，破坏却容易，任何不公开不透明以及急功近利的做法都会使村民之间的和谐与合作受到影响。传统社会中那种走捷径、一言堂的家长式作风，需要改变。

如何进行改变呢？我们提出了建设乡村自组织的方案，培育大家自我组织、自我管理的认知理念和操作实践。所谓自组织，就是一个多数人相互认识或间接认识的圈子，因为共同的利益而自愿结合起来，被赋予一定的自治权限，自定规章与规范，相互监督，从而自我形成小团体内的秩序。

"自治"本质上属于伦理学的概念，源于启蒙时期基于对"理性"的彰显。正如康德（Immanuel Kant）所言，人从不成熟向成熟迈进的根本标志在于"有勇气运用自己的理智"，迈向"自主"（self-autonomy）状态——"启蒙运动就是人类脱离自己所加之于自己的不成熟状态，不成熟状态就是不经别人的引导，就对运用自己的理智无能为力"。法国思想家托克维尔在《论美国的民主》（*Democracy in America*）一书中，也将美国的乡镇自治视为美国民主制度以得建立的重要根基。

在自组织中，人们是依靠情感性的纽带，包括亲情、友情、爱情，以及认同性的关系，包括共同理想、共同记忆、共同背景，而联系在一起，形成一个有着共同目标的合作共同体。每一位成员都会为了实现共同的目标而采取集体行动。这其中，还会自发诞生出社区能人或者领袖，这些能人的一个基本出发点，就是以志愿者的心态服务大家，而非领导者的心态支配大家。他们会主动召集大家议事、主持讨论，并监督小团体是否有按照自定的规章制度执行。

由于自组织并不是自上而下依靠行政命令建立起来的，而是自下而上通过每一位参与者的主动参与和组织监督产生的，大家和谐共存，共同协商解决潜在的矛盾，因此可以积累社会资本，促进信任合作，避免出现那种在传统体制下一言堂的官僚风气。一个善于自组织起来从事社区再造的社群，不论是在救灾行动还是重建活动中，往往都能为社群成员带来益处。

这就是在重建道德秩序中，对人的改造。人的改造是最为困难的，也是最需要耐心和时间的，需要比较长的时间周期，来孕育出一个良好的文化氛围和价值理念。因此，我们对于四川这个小村庄的社会学干预和改造，还依然在继续进行中。

除了上述所说的经济秩序、文化秩序和道德秩序的再造之外，实际上我们还做了一些其他的工作，譬如心理健康的辅导、社会资本的再分配等。地震给所有的经历者都带来了巨大的心灵创伤，在记忆的深处留下了难以抹去的痛苦。与此同时，我们还发现乡村里出现了一种"社群社会资本越高，心理健康值反而越低"的现象。即村中社会地位较高的人抱团形成独立于其他村民的精英团体，村中大多数普通村民则形成另一个圈子。后者虽有更高的关系网密度，但是由于内部成员地位较低、生活条件更差、压力更大、权益更不容易得到保障，因而心理健康程度更低。同时，与自己社会地位相似者的交往使得村民变得封闭起来，这种封闭而紧密的小圈子进一步催生了悲观、压力等对心理健康产生负面影响的情绪。在我们的帮助下，村民们打破了原有的层级结构，开始自发组建自组织。随着灾后生活的逐渐恢复正常，当地居民们健康状况逐渐好转，身体健康的指标和对于未来的信心也都随着重建完成而变得愈加积极。

构建社会秩序的原则

在《共同体与社会》一书的附录里，滕尼斯用了很大的篇幅，讨论了秩序、法与道德。滕尼斯指出："秩序是自然的法。因为法作为应该和许可做、要求做和允许做的事情的内容，从根本上说是一种社会意志的客体。自然的法只要应该发挥作用和具有现实性，也必须理解为规定的和有效的法。"[1]

在滕尼斯看来，对于秩序的追求，关键在于如何使人们脱离社会生活的异化，使置身于"社会"之中的每一个人重建"共同体"时期极具自然性、默契性、和睦性及道德性的情感和文化联系。在操作层面，滕尼斯也给予了指导："将选择意志重新锻造为本质意志，要把人为的、抽象地设计出来的行为的理性模式自然化。"

构造良序善治，任重而道远。我们在四川汶川对一个只有55户的小村庄的重建工作，投入了几乎十年的精力，才打造出今天的样板村、明星示范村。而整个社会层面的秩序建设，所花费的时间和改造难度肯定会更加复杂，这意味着构建秩序的道路并不平坦。那么，如何才可以从一个示范样本推而广之到整个社会层面，更好地进行社会秩序的建设呢？

在构建社会秩序时，可以从三个层次出发，去理解社会秩序建

---

[1] ［德］滕尼斯：《共同体与社会》，林荣远译，商务印书馆，1999年。下文中滕尼斯有关共同体的引述，均出自《共同体与社会》。

设的基本方向。

第一，在微观的个体层面，秩序的构造需要个体自发地参与到社会公共事务中，建立起互信互助的关系机制。

滕尼斯指出："社会的本质和意志是由和睦、习俗和宗教组成的，在其生命的过程中，在有利的条件下，形成极为丰富多彩的方式和形式，所以任何群体和任何自主的人，在他自己的意志和意志范围内，因而也在他的思想意识、他的性情和良知里，同样在他既定的环境里、他的财产里，和在他感到自然的、习惯的、责无旁贷的活动中，都感到对此有某种的参与。每一个自主的人，其力量的根源就在其中。"

滕尼斯的这段话，让我们联想到另一句常听到的话：每个人都不是一座孤岛。要构造一个有序的社会，最重要的，还是身处其间的个人投身其间，参与社会政治生活、公共生活，从而构筑起现代公共意识。个体之间良性互动，交往和睦，有着达成共识的伦理和意志，一起共同遵守和维护法理，这样才可以达成人和人之间的互信互助。

在1931年出版的《社会学引论》中，滕尼斯进一步指出，关系机制的形成是人们在相同时空下以同样的方式感知和生活，并相互关联、感受、思考和推动生活，形成相互支持和交融的愿望，形成可以视为共同的生命。这种"相互关系"的存在，就意味着相互习惯、接纳、喜欢的同时还相互负有义务，个体之间是互有责任并承担一定贡献的关系，是一种富有精神智慧的联结。

在相互关系中，信任则是促进人们之间良性互动的重要工具之一。社会是由相互联系的成员所组成的，各个成员必然会有不同的思维观念、价值判断和需求偏好，因此其间难免会产生矛盾和冲突。这时，就需要彼此之间的信任来调适不同的需求，增加人们行为的确定性和可预期性，引导大家形成理性沟通、诚信相待和互敬互爱的精神品质。一旦信任受损，人和人之间就会互相猜疑，大家都心存芥蒂，社会有机体就会瓦解，进而难以形成凝聚力，良好秩序的局面将难以出现。

第二，在中观的社群层面，秩序的构造需要社区、组织内不同群体在协作关系的基础上紧密结合。

在营造社区秩序的过程中，应该鼓励建立社区自组织，或者自治理小团体。滕尼斯就曾指出："各个行业、同业公会和职位，可以理解为城市的组织和器官。"这些自组织、小团体由于是人们自发建立的，有着相似的情感和共同的目标，因此会在成员间产生一种与其他人同属于某个共同体的感觉。每一位成员都会觉得自己有道德义务去按照共同体的要求行事，帮助整个社区实现自我治理，解决社区内部的问题。一方面，社区自组织可以培育社区成员的公共精神。另一方面，社区自组织具有自我监督性，可以形成很多非正式的社区规范和惯习，约束人们的行为。在小团体的声誉机制及监督机制下，在自治社群内的日常生活里，人们相互监督、相互激励，道德原则才能转化成不同群体的非正式规范，现代生活的伦理才能落地。

但是，这里必须指出，中国语境下的社区，是有别于滕尼斯所描述的共同体的。中国的社区是一个半自治、半行政性单位，包含了"共同体"与"社会"双重含义的复杂场域，甚至其社会管理功能要重于其共同体属性。一方面，城市社区是以契约、法则和竞争为主要纽带的城市社会发展的缩影：社区居委会是个体实质接触到的最基层的管理机构，社区中人们之间的互动受到政治、法律等现代社会管理手段制约，受到社区组织落实等。从这层意义来说，城市社区必然是微观的社会。另一方面，城市社区至少在一定程度上承担着"共同体"的作用，为其间的人们提供了交流、沟通和情感归属的可能性，成为家庭的延伸。

第三，在宏观的社会层面，秩序的构造需要社会的有机整合，特别是在社会转型时期，更加需要关注社会的公平正义，构建起道德共同体。

在过去的四十年里，我们的社会在政治、经济、文化、法律等多方面，经历了巨大的结构性转变。这种转变给每个身处其间的个人带来了新的机遇，同样也激发起新的社会问题。譬如，我们看到贫富差距急剧扩大，社会阶层固化明显，区域发展不平衡，个人陷入对于现实的焦虑和对于未来的迷茫之中。政府追求稳定，市场追求效率，社会追求公平，如何在国家、市场、社会这三种力量之间取得平衡，也成为社会宏大变迁背景之下新的挑战。

在这种背景之下，构建社会秩序，离不开两点：一是追求公平正义，二是塑造道德共同体。社会公平正义是使每个人能自由发挥和展示其全部力量与才能的基础。一个和谐有序的社会不仅仅只是追求发展的经济指标，更重要的是将社会的财富用于满足社会全体成员的需要，实现个人的权利与自由。只有每一个人都可以自由发挥和展示其全部的才能，没有人被抛下、被驱离，不同的阶层和群体之间相互协作、有机整合，才可以保障社会的良性运转和持久进步。

与此同时，我们还需建立起更多价值意义上而非工具意义上的"共同体"，用以最终改善社会生活和公共生活。近年来最常被探讨的概念有都市乡民共同体、业缘群体意义上的职业道德共同体、基于政治认同的民族国家道德共同体、基于规避现代社会风险意义上的人类命运道德共同体，都是这一方向上的有益尝试——这亦是滕尼斯的梦想。

罗马不是一天建成的

"这个世界会好吗？"对于这一问题，思想家梁漱溟的回答是："我相信世界是一天一天往好里去的。"社会学家费孝通 20 世纪 90 年代在一篇《对"美好生活"的思考》文章中则这么说："从世界范围看，现在的社会还说不上美好。还有很多人在饥寒线上挣扎，还有冲突和战争。未来该是一种怎么样的秩序？怎样达到和实现？"

美好生活的建设，实质上就是一个对社会各个部分和社会成员进行协调和规范的过程。俗话说，罗马不是一天建成的。良善有序的社会也不是一日形成的，需要现代社会中的每个人反躬自省每一次看似理性的抉择是如何背叛了自己天然的意志，需要在制度层面设立完善的组织规则和社会规范，需要通过外在的强制执行和内在的价值认同，约束人们行为，维持相互依赖，推进不同社会群体和成员之间的互助互信，从而实现社会秩序的增进和有序的变迁。

第四章

每个人都成了机器上的一个齿轮

人性两重论：
性本善还是性本恶？

　　有这样一句话："人性是复杂的。"既有耳熟能详的"人之初，性本善"。有的时候，又听到另一种完全相反的说法，"人之初，性本恶"。

　　在新闻里我们也不乏看到这样的报道，有一些穷凶极恶杀人越货的坏人，在生活里却是一个对父母孝顺至极的人。一个平时对自己对家人都很小气，看起来是葛朗台式的吝啬鬼，却长期在坚持给希望工程捐款。

　　人性，到底是善还是恶呢？如果我们确定地指出，人性的原本是善或者是恶，那又怎么解释在一个人身上可以同时出现截然相反的善恶行为呢？

人性救赎的光辉

在讨论之前，我想先带大家回顾一部经典的电影——《辛德勒的名单》(*Schindler's List*)。这部电影是由大导演史蒂文·斯皮尔伯格拍摄于1993年，迄今已经27年过去。在电影中，斯皮尔伯格全程采用了黑白电影的拍摄形式，再现了"二战"时期一段拷问人性、再现人性的真实历史。

故事讲述的是，"二战"期间，德国法西斯在欧洲设立了无数的集中营，用以关押大批的政治犯、战俘、犹太人。在希特勒极端种族主义思想和政策的洗脑下，集中营里的纳粹军官们变成了杀戮的机器。整个"二战"期间，集中营内惨绝人寰的大屠杀夺走了数百万人的生命，造成了人类历史上最黑暗的一幕。

奥斯卡·辛德勒(Oskar Schindler)是一名德国商人，有着商人典型的精明和心机，非常善于利用各种关系攫取最大利润，同时辛德勒也是一名纳粹中坚分子。1939年，纳粹德国占领波兰之后，将犹太人划定在指定的隔离区里，准备施行大规模的种族清洗。辛德勒嗅到了商机，大量招募被逮捕的犹太人作为廉价的劳动力，有时他只需要给党卫军军官贿赂一只打火机，就可以拥有一个免费的犹太劳力。此时的辛德勒，虽然展开双臂欢迎犹太人，心里却将这些犹太劳工等同于赚钱的机器。追求如何赚取更多的金钱，是他作为商人的投机本性。

但对犹太人来说，辛德勒的工厂却是逃避死亡的天堂。随着战争的深入，1943 年，法西斯德国在集中营里开始针对犹太人进行大规模的屠杀。在目睹了这一切后，辛德勒的良心受到了极大的冲击，之前被金钱所掩埋的人性从灵魂最深处爆发，他开始想尽一切办法，用尽所有的财力从掌管集中营的纳粹军官手上交换被关押的犹太人——他们曾是历史教师、工厂工人、面包店店主、华沙城的富商，但是现在，他们都成了辛德勒工厂里的技术工人。

在影片的最后，德国宣布投降，苏联红军进入波兰，辛德勒工厂里的工人获得了自由，但作为纳粹党党员的辛德勒却要开始自己的逃亡之旅。辛德勒在自己的工厂里向工人们告别时，犹太工人们把一份自动发起签名的证词交给了他，以证明他并非战犯，同时他们还用敲掉的金牙和私藏下来的金饰打制成了一枚金戒指，赠送给辛德勒。戒指上镌刻着一句犹太人的名言："It says whoever saves one life saves the world。"（拯救一个人，就是拯救了整个世界。）

这句话是那些被辛德勒所庇护的犹太人的肺腑之言。在这份礼物面前，辛德勒忍不住流下眼泪——如果我还可以多卖一枚戒指、多卖一只手镯，我就可以多救一人。此时的辛德勒后悔没能救出更多的人，但是在他的工厂里，却有超过 1200 名犹太人因为他而获得了拯救。

什么是人性？

人性是复杂和多面的。在《辛德勒的名单》这部电影里，我们看到德国纳粹军官在集中营里以屠杀为乐趣的人性泯灭。犹太裔著名政治思想家汉娜·阿伦特（Hannah Arendt）曾用"平庸之恶"（the banality of evil）来描述普通人是如何成为残酷的帮凶、集体罪行的同谋：那些参与国家罪行的人们声辩说我们只是帝国的齿轮，只是履行了自己的职责、服从了国家组织的命令，但是他们却没有反抗的勇气，承担起作为一个人的道德责任，从而丧失了作为人的尊严和品格。

我们也看到早期的辛德勒作为一名投机商人试图借战争发财的贪婪人性，同时更加看到后期的辛德勒义无反顾奋力解救犹太人的人性之光。辛德勒不可谓没有过挣扎，但是在巨大的战争暴力与集体屠戮的吞噬之下，辛德勒最终选择了人性光明的一面，摒弃了自己作为纳粹党员这一政治身份的要求，以及与犹太人的种族差异。那一刻，在崇高的生命面前，所有人都是平等的。如果我们没有看到曾经人性暗淡的时刻，我们也不会看到心灵的自我救赎和人性的发展。

人性善vs人性恶的"世纪辩论"

在有关人性善恶的讨论中，最著名的，是欧洲启蒙运动时期的一场人性"大辩论"。

当然，这场辩论并不是像今天这样在现实中，两人同台进行唇枪舌剑。因为"辩论"的双方，分别是活跃于17世纪的英国哲学家托马斯·霍布斯（Thomas Hobbes）和活跃于18世纪的法国思想家卢梭。卢梭在教育学、社会学等人文学科方面都有突出贡献，他以自由与平等为核心观念，继承了古希腊苏格拉底、亚里士多德等人对人性中善性的探讨，还原了人们在自然社会中最本真的、最具备德性的状态，并进一步引出自然法、人民主权社会等概念。

卢梭相信人性本善，这种善性是构建民主社会契约的根基。在《论人类不平等的起源和基础》（*A Discourse Upon the Origin and the Foundation of the Inequality Among Mankind*）一书中，卢梭谈论了自己对人与人性的理解，他在自己的思想实验中，将人的一切社会性质刨除，并否定了 17 世纪英国哲学家霍布斯所描绘的"自然人"。

卢梭认为，人本质上是一种有欲望并且追求欲望的动物。我们不要被哲学家那些"至善""美德"的词汇屏蔽了，人真正的美德只有一个，就是怎样最有效地追求实现自己的欲望。而霍布斯则客观地看待人的利己欲望，在利己欲望方面不做是非对错的评判。卢梭进一步认为，人性更本质更普遍的特征，就是对权力的追求是从不满足的，得到了一点还想得到更多。因为如果人不追求更大的权力，那么已经到手的那一点权力很快也就会丢失。而霍布斯只是客观地看待人性的本质，他并没有评判人性的善恶。也就是"利己"是人性的本质，这与善恶对错无关。

霍布斯的自然人思想建立在"性恶论"基础之上，他将人类社会的"自然状态"理解为一种战争状态。他的著作《利维坦》（*Leviathan*），原意是指一种威力无比的海兽，霍布斯以此比喻君主制政体的国家。在书的第 13 章中，霍布斯对"自然状态"做了如此描述："人们不断处于暴力死亡的恐惧和危险中，人的生活孤独、贫困、卑污、残忍而短寿……这种战争是每一个人对每个人的战争。因为战争不仅存在于战役或战斗行动之中，也存在于以战斗进行争夺的意图被人普遍相信的一段时期之中。"[1]

霍布斯笔下的自然状态是充满冲突和矛盾的，而冲突的根本原因在于人性中的激情和理性。在《利维坦》中，霍布斯列举了人的三种激情：竞争（competition）、猜疑（diffidence）和荣誉（glory）。霍布斯认为，这三种激情必将导致人为了"自我保全"（own conservation）而"先发制人"（secure himself as anticipation）。人的激情使人得以先发制人，而人的理性使人伸张权利并防范他人。

于是人与人为了最基本的生存诉求，变成了每个人对每个人的战争。为了"避免暴死于他人之手"，人与人之间充满敌意，相互防范；更重要的是，人与人之间的权利是相互冒犯的，在缺乏法制的状态下，他们之间的任何冒犯都是正当的。

正是因为自然状态中存在着种种激情基础和权利矛盾，一个拥有理性的自然法和强有力的主权者的必要性和必然性才得以彰显。因此，一个强有力的主权者（即所谓的利维坦），作为裁断和保护者，就显得尤为必要。避免人和人之间彼此猜疑、彼此防范的状态，为了避免"所有人对所有人的战争"，使其在理性指引下，相互间订立协议，放弃个人的自然权利，将权利交付给一个人或由一些人组成的会议，成立一个能够制约所有人的强力组织——国家，并无条件地服从国家的管理。需要指出的是，霍布斯设计的国家和我们今天

---

[1]　［英］霍布斯：《利维坦》，黎思复、黎廷弼译，商务印书馆，1985年，第94—95页。

所认知的国家并不相同。霍布斯的国家对人民只有权力，没有义务。人们建立国家是为了避免自相残杀，国家的最重要职能是运用强力管控人民，让人们不必担心其他人会和自己争夺生存资源，甚至剥夺自己的生命。人们协议建立国家时，并没有赋予国家对人民的其他义务，国家可以不对臣民负任何责任。这种国家是绝对的专制主义国家，他所说的国家其成立目的就是为了限制人性中的恶的部分，即战争状态。

与霍布斯相反，在卢梭的叙述中，自然人虽然在肉体上和动物相差无几，但在精神上，却拥有自然的自由，这意味着人类与动物的不同之处是：人对于自然的本能有接受和拒绝的能力，能够偏离自然所设定的轨道，虽然服从本能，行事却不完全为本能控制。

在卢梭看来，人的善良天性中，包括两种先天存在的自然感情，即自爱心和怜悯心。自爱心是为了生存而具有的原始的、内在的、先于其他一切的自然欲念，只要顺其自然发展，就能达到高尚的道德。而怜悯心则可以使人的自爱心扩大到爱他人、爱人类，产生出仁慈、宽大等人道精神，因为："怜悯心是一种自然的情感，由于它调节着每一个人自爱心的活动，所以对于人类全体的相互保存起着协助作用。正是这种情感，使我们不加思索地去援救我们所见到的受苦的人。"[1] 当下我们在事不关己时的冷漠正是我们怜悯心缺失的体现，但无论社会如何发展，我们都不应丢弃我们与生俱来的怜悯心，

[1]　[法] 卢梭:《论人类不平等的起源和基础》,李常山译,商务印书馆,1997年,第121页。

不仅因为我们的麻木与冷漠可能在客观上纵容和鼓励恶行，也因"怜悯心是我们所有其他美德的基础"，也会使整个人类遵循另一个天生善良的准则："在尽可能不损害他人利益的前提下追求自己的幸福。"

此外，卢梭还特别强调了"良心"在使人为善中的重要作用。良心也是得自天赋的，它的作用不仅指导人判断善恶，而且能引导人弃恶从善，原因是因为良心始终不是遵从人为的法则而是顺从自然的秩序。因此，它可以使人的自爱心和怜悯心协调一致，引导自爱心的自然发展。

卢梭是社会契约论的坚定支持者，也是人类平等的倡导者，如果人性本恶，那还有人去遵守契约精神吗，还有人愿意平等待人吗？显然不能。因此人性本善是卢梭的社会伦理体系的一个逻辑基点，是一个不可回避的前提假设。

人性的两重性

作为启蒙运动时期苏格兰最重要的思想家之一，大卫·休谟（David Hume）曾经这么说过："我们可以希望借以获得成功的唯一途径，即是抛开我们一向所采用的那种可厌的迂回曲折的老方法，不再在边界上一会儿攻取一个堡垒，一会儿占领一个村落，而是直捣这些科学的首都或心脏，即人性本身；一旦被掌握了人性以后，我们在其他各方面就有希望轻而易举地取得胜利了。"[1]

---

[1]　［英］休谟：《人性论》，关文运译，商务印书馆，1996年，第7页。

可以说，人性在整个社会科学的发展历程中占有十分重要的地位，正是因为其重要性，所以在不同的历史时期、文化背景以及社会科学领域里，各个研究者都有自己的人性信仰，致使人性假设被赋予了不同的面貌，如：性善论、性恶论，理性人、情感人，经济人、社会人等。

那么社会学家又是如何解读人性的呢？

这里，想重点和大家介绍涂尔干的社会学理论。和其他人文社会科学家一样，涂尔干也十分重视对人性的假定和研究，在他的著作《宗教生活的基本形式》的开篇，他就以非常坚定的语气告诫读者：

> 社会学的主旨，并不仅仅在于了解和重建业已消失的各种文明形式。相反，同所有实证科学一样，它所要解释的是与我们近在咫尺，从而能够对我们的观点和行为产生影响的现实的实在：这个实在就是人。更确切地说，就是今天的人，因为这才是我们最想了解的东西。我们研究非常古老的宗教……是因为它似乎比别的宗教更适合我们理解人的宗教本性，也就是说，它似乎更便于我们展示人性的本质的、永恒的方面。[1]

在探究现代社会秩序何以可能的问题上，涂尔干用"人性的两

---

[1] ［法］埃米尔·涂尔干：《宗教生活的基本形式》，渠东、汲喆译，上海人民出版社，1999 年，第 1 页。

重性"这一概念来分析社会如何塑造了人性。

"人性的两重性",听上去似乎很深奥,但用通俗的话说,就是人性有两个面向,两个维度。在涂尔干看来,所谓的人性两重性,是指人性可以拆分为心灵(mind)与肉体(body)两个维度进行分别理解。心灵与肉体的互相纠缠,构成了人性。按照涂尔干的说法:"人一方面是神圣的,一方面是凡俗的。这种神圣与凡俗的两重性对应于我们同时引向的双重存在:一个是扎根于我们有机体之内的纯粹个体存在,另一个是社会存在,它只是社会的扩展。"[1]

我们先来看肉体维度。人的身体本能,是满足原始的欲望和冲动,是完全自然性的个体表现。然而单纯的身体存在并不能构成一个完整的存在,因为人还有道德思维、社会交换、人际活动;同时,道德、交换、互动这些都来自社会,是社会性的。人只有通过社会活动、集体互动才可以获得人的神圣性,并凸显出人之所以为人的本质。如果社会没有人的神圣性这一维度,只剩身体的本能冲动与欲望,完全任由动物性引导自己的行动,那么社会就会全部垮掉。

其次,在心灵维度,人都有个体的私心和私欲,同时也有集体的道德和意识。个体之心是个人沉重的欲望和贪念,有着人性中的利己、非理性一面;而集体之心则是道德和灵魂的救赎,有着人性中利他、理性的一面。

---

[1]　[法]埃米尔·涂尔干:《乱伦禁忌及其起源》,汲喆译,上海人民出版社,2006年,第244—245页。

人们在做事时，会遵守互惠的原则，并且这种互惠性，不是一种今天我为你做一件事、明天你也为我做一件事的那种期待回报的功利性互惠，而是建立在彼此信任、依赖基础之上的利他性互惠。涂尔干在此进一步指出："各种激情和利己主义的倾向就来自于我们的个体之心，而我们的理性活动，无论是理论上的还是实践上的，都依赖于社会的因素。"[1]

我们常说，人的一半是天使、一半是魔鬼，一半是义务、一半又是纯粹的自由。其实说的就是在我们的人性深处，集体理性和个人私欲之间在发生着冲撞。

既然涂尔干说，"人一方面是神圣的，一方面是凡俗的"，那么如何才能建立起一座桥梁，连接起人在整个社会生活中的神圣性和凡俗性呢？如何才可以将人的肉体和心灵、将人的个体之心和集体之心连接起来，塑造出一个完整的人呢？

涂尔干在此引出了"良知"（conscience）这一社会学概念。良知是每个人内在的一种理性正义的准则。良知既是个体的，又是集体的。对于个体来说，它是一种在不损害他人利益前提下的追求自由的状态。对于集体来说，良知则是一种义务，帮助社会成员凝聚向心力，将集体意识带入个体之心。每个个体通过习得集体意识，成为社会人，并且通过自我表达不断融入社会，从而增强了社会团结。

---

[1] ［法］埃米尔·涂尔干：《人性的二重性及其社会条件》，《涂尔干文集》（6），上海世纪出版集团，2006年，第187—188页。

人们时常会发现，有良知的人往往会在与个体利益毫无关系的时候出来讲话，因为他对集体和群体负有义务。

就像电影《辛德勒的名单》中，原本作为商人的辛德勒最终站出来拯救犹太人，与其说是他的人性觉醒，更准确地说，是他内心的良知。良知带领着他抛弃个人的利己私欲，去回应社会道德的要求，并试图唤醒整个社会的集体良知。这样，才是一个神圣的人。

你我皆凡人

如果我们前文提到的辛德勒是在特殊的时代背景之下所催生的人性的裂变，而对生活在和平年代的我们来说有些遥远，没那么具有借鉴价值。那么，我们来看一部讲述我们身边的电影，《我不是药神》，可能很多朋友都看过。

演员徐峥在电影里扮演一位生活潦倒的性保健品商贩，生意惨淡，又是单亲爸爸，直接点说，就是一个中年 loser。无意间他成为治疗白血病的印度仿制药"格列宁"的独家代理商，被病友冠以"药神"称号。其实，他并没有什么野心，只是想赚点钱，留住孩子的抚养权，为自己生病的父亲做手术。但是，当他真切地进入到白血病人这个群体后，他的蜕变和成长是惊人的，他前所未有地深刻理解了病魔的残酷与生命的脆弱。他作为一个原本唯利是图的小生意人，却抛开了利益的考量，甚至冒着牢狱之灾的风险远赴印度走私仿制药，以成本价卖给有需要的病人们。他这种人性的巨大转变反映出一个小人物的大世界。

你我皆凡人，当善念战胜一切，深刻理解了对生命的敬畏之时，或许就成了一个平民英雄。善念与恶念之间的切换，人性的变幻不只发生在颠沛流离、人性面临极度考验的战争年代，其实时时刻刻都发生在我们生活的细枝末节里，生命的关键转折中。

几千年来，古今中外的哲学家、思想家们对人性的善恶进行了孜孜不倦的探索，有人支持性本善，有人认为性本恶。而涂尔干给了我们一个新的综合的视角去看待人性的问题。

涂尔干的"人性的两重性"启发我们，一个完整的人是世俗且神圣的，是利己主义和利他主义共存的。在日常生活中，我们既要摒弃"他人即地狱"，也不应该一味地认为人都是只有善良的一面。可以说，涂尔干形成了比较完整的人性体系，这种基于对人性的认知，构成了涂尔干对社会的分化和整合的基础。

道德教育：
人性如何被教育？

现代教育的差异

教育在今天呈现出了多元的模式。譬如，在很多学校里，教师们施行的是一种"填鸭式"的教育，给学生不断地灌输各种知识、技能和要点，要求学生们在极短的时间里要熟练地掌握。在很多家庭里，父母实行的又是一种"拔苗式"的教育，他们急切地期待自己的孩子可以比别的孩子更加优秀。他们把自己的孩子送到不同的培训班，去学习奥数、舞蹈、绘画等等。

在这两种教育的背后，既有被大环境所催生的焦虑和压力，也有想要弥补自身的遗憾，让孩子们更上一层楼的不甘与雄心勃勃。

除此之外，在我们的身边，也不乏另一种人，他们试图身体力行地改变当前的教育模式。他们认为，教育不是工业化生产，不是制造标准件，用大工业时代的理念做教育是不可能提升人品、改善人性的。

我有一位朋友，她几年前突然发现，自己没有办法给孩子在北京找到合适的学校，于是果断地和丈夫一起，在北京的郊区创办了一所学校，按照自己的教育理念，去培养那些不愿意接受这种灌输式教育的孩子们。在我这位朋友看来，教育的目标，不是一定非得是上名校、挣大钱、买大房子的人生成功学。

作为教育工作者，我们要做的是打破教育的既定范式，除了教授知识，我们也有义务培养完整的人。我这位朋友对我说，她在探寻新式教育的过程中，希望更多的是能够发挥孩童的主动性，极大程度地给予他们爱和自由。

不同的教育目的和价值，造就了不同的教育方法和路径。其实，对于现行教育制度的争议与创新的探索，并不是我们这个时代所特有的。

英国哲学家、诺贝尔文学奖得主罗素就曾因为看不惯当时的各种教育制度与陈腐的传统观念，提出了一系列全新的教改方案。他认为，在事实上，儿童生来既非"善"，也非"恶"，他们生来只有包括反射特性在内的几种本能。因此，无论健康或者病态的习惯，实际上都是在周围环境的作用下所养成的，在起步阶段，儿童的本性具有难以置信的可塑性。

罗素重视儿童道德习惯的培养，重视儿童的求知欲、学习的主动性和独立性，并且提出要给儿童以较多的自由，反对压制和强制，认为不可以将子女看作父母的附庸或私人财产，应该建立正确的亲子关系，注重男女性别及教育平等……带着这样的教育理念，1927年，罗素和他的妻子一起在英国南部创办了比肯希尔学校（Beacon Hill School），这所学校一直办到1943年，是当时英国最著名的新学校之一，也是20世纪上半期英国最著名的新教育实验之一。

对于我自己而言，我曾经在中国、英国、美国求学多年，现在又作为一个大学老师在教育事业里教书育人。我也常常思考：现代教育的本质是什么，功能又是什么？德国哲学家康德说过："教育最大的秘密，是使得人性完美，这是唯一能做的。"那么从社会学的角度出发，我们应该用什么样的教育方法才可以更好地塑造人性？

涂尔干的道德教育

涂尔干除了他经典的有关社会整合、社会分工的理论之外，他的教育学思想也很值得我们学习，

在教育社会学领域中，涂尔干写了一本名为《道德教育》（*Moral Education*）的著作，并将道德教育放在一个极为重要的位置上。

什么是道德教育？我们都知道，法律是一个社会的底线，有明确的条文规定，法律禁止的，那就是不能做，做了就犯法。但是道德更像是一条模糊的约束，在每个人心里各有高有低，如果我们自己都不清楚，什么才是真正的道德标准，那我们应该怎么教育孩子，让他们有更高尚的道德呢？

涂尔干在《道德教育》里也说："询问道德的要素是什么，并不

是要开列出一张能够把所有德性，甚至最重要的德性都涵括在内的完整清单。它所涉及的是对基本性情的考察，是对处于道德生活核心的心态的考察。"[1]

所以涂尔干完全跳脱了这个传统思维，不去试图明确到底什么才是高尚的道德，什么是低俗的无德，而是把一个人的道德放在整个社会体系里去观察，只要弄清一个人跟社会相处的好不好，就能明确这个人的道德是不是够"好"。

涂尔干认为，道德教育包含有三个要素：纪律精神、对社会群体依恋精神和知性精神。让我们一一来看这三大精神具体都指什么。

首先，是纪律精神。纪律精神指的是在日常生活中对行为准则的遵守，以及对自我欲望的约束和节制。即一个人在社会里，该怎么约束自己。

对于孩童来说，他们的天性就是爱玩、倔强、放纵自己，所以教育的目标，就是引导孩童，培养他们对日常规范的偏好，养成一种行为准则的规律性。

那么，具体又该如何培养这种纪律精神呢？这里，涂尔干提到了"惩罚"。他认为，惩罚和纪律规范是联系在一起的，惩罚可以保持纪律规范的道德权威，从而培养孩童们的纪律精神。

但是，值得注意的，涂尔干所说的惩罚不是我们在学校和家庭

---

[1] ［法］埃米尔·涂尔干：《道德教育》，陈光金、沈杰、朱谐汉译，上海人民出版社，2001年，第23页。

教育里常见的体罚，在涂尔干看来，体罚和暴力惩戒是背离文明走向的。惩罚的本质，并不是为了让犯了错误的人赎罪，或是为了威胁恐吓其他想要违反纪律的人，惩罚的真正作用是维护良知。

如果我们放眼历史就能发现，在人类文明的进程里，我们一直是从压制性制裁转向恢复性制裁的。简单来说，就是法律里的酷刑越来越少，而监禁之类的制裁逐渐变得越来越多，如很多国家和地区都在讨论或者实施废除死刑。在涂尔干看来，这是文明进步的表现，也是我们应该去思考该如何进行惩罚的大方向。

在我们的传统观念里，惩罚好像都直接指向暴力、威权，这种方式虽然往往最直接有效，但对个人的伤害也是最大的，对道德教育也是最不利的。

在现代社会中，体罚是一种违反道德的做法，因为体罚公然地侮辱了我们整个道德的情感基础，也侮辱了我们对人的尊重、对人性的尊重。涂尔干认为道德教育的首要目的之一，就是要在孩童身上激发出一种人类的尊严感。而体罚却是对这种感情的亵渎。所以他强调，学校教育应该禁止体罚。

参考涂尔干在《道德教育》里的观点，惩罚不过是一个可以感受到的符号而已，一种内在的状态被这个符号表现出来。实际上，惩罚是必需的，只不过我们可以有更聪明的方式来进行惩罚，比如减少电子娱乐的时间、对零食进行限制，或者在小范围内进行奖励评比等。

我们时常看到一些新闻，因为教师对学生进行体罚，学生因此受到打击，造成师生关系很紧张，甚至还有个别的极端事件，患上心理疾病。那么，在学校里，教师应当如何正确树立权威，而不是依靠这种比较极端、暴力的行为呢？

对此，涂尔干认为，学校的道德教育更多地需要正面引导，而非反面惩戒，应该让学生感受到规范中的道德权威，让学生自主地遵守道德。教师树立出权威，就需要教师为人师表，自己首先主动去遵守学校里的诸多纪律、规范，然后再通过自己的行为，感染学生，这种道德不仅是学生需要遵守，而且教师也要遵守，而非教师高高在上的制定出一套纪律守则，然后再强迫学生必须去遵守。只有这样，教师们才能通过做出表率，获得师生彼此之间的尊重。真正的道德权威不是从使他人产生的恐惧中获得的，而是应该来自自身的内心深处的一种认可。

好的教育更加提倡尊重孩子的天性。启蒙时期的法国思想家卢梭就提倡，我们需要一种"爱的教育"。在教育上，卢梭以其著作《爱弥儿》（*Emile, Or Treatise on Education*）闻名，在书中，卢梭将儿童成长分为从童年到青年的五个阶段，设想了对爱弥儿的教育。

在《爱弥儿》一书中，卢梭明确地指出，教育作为社会化的手段，其目的正是保存自然人的天性，将其转化为能够获得道德自由和健全品格的社会人。因此，从教育的开始——幼儿期，卢梭就不断强调，避免让孩子产生"服从"或者"命令"他人的习惯，同时减少成人世界带来的束缚和强迫。然后在儿童期，孩子就能够通过体力与智力的增长而减少对别人的依赖，逐渐成长为一个独立的人。这种教育原则，才是使孩子成长为一个健全的公民的根本，同样也是涂尔干所说的道德教育中纪律精神的体现。[1]

涂尔干提出的道德教育的第二个要素，是对社会群体的依恋精神。换句话说，个人应该怎样和他人相处。

我们知道，孩童天性中都有利己自私的一面，我们也常常见到小朋友们为了争抢玩具而哇哇大哭。但与此同时，孩童天性中也有利他的一面，也会主动地和别的小朋友分享自己的玩具。我们应该怎么引导孩子和他人相处，这就需要参考"对社会群体的依恋"。

涂尔干认为，纯粹利己、以自我为中心的生活是不可取的。这就需要通过教育的手段，从孩童时代起，去挖掘塑造孩童对周边事物以及人的依恋与同情，从而培养他们的利他主义观念。只有当儿童超越自身的狭隘范围，感受到群体生活的团结，才能为未来生活构建一种公共意识。

如何培养这种对于社会群体、对于集体的认知和依恋感呢？有一个很易于操作的教育方法，就是教师在教育过程中，多说"我们"，而非"我"，这样就可以潜移默化地培养孩童对于他人和集体的重视，感受到自己是"我们"中的一分子。对此，涂尔干指出："在说'我们'而不是'我'时，总有一种快乐在里面，因为任何一个能够说'我们'的人都会感到，他身后有一种支持，一种他可以凭借的力量，一种比孤立的个人所依凭的力量更强有力的力量。我们更有把握、更加

---

[1]　［法］卢梭：《爱弥儿》，李平沤译，商务印书馆，2019年。

坚定地说'我们'，这样的快乐也会随之增长。"

第三个要素，则是知性精神。涂尔干认为，知性的运用可以使孩童获得自主和自决精神。教育的启蒙，并不是向孩童灌输知识，而是启发孩童在具体的生活情境中主动运用理性、运用道德，认识到社会秩序的重要性与遵守规范的重要性，从而形成一种内化的社会态度。

换句话说，知性精神就是，一个人应该怎么主动地、理性地思考。

为什么第三个要素里强调自主，而第一个要素里却一直在说纪律呢？这两个要素其实并不矛盾。

这里说的自主，不是漫无目的的自由，而是告诉我们，要对自己的行为、对自己的目的有所了解，并且尽可能清晰地明白这些理由。这个思考过程，才是我们的自觉意识。当我们知道自己要怎么做，并且知道为什么要这么做，这才是知性精神升起的时刻。这也验证了那句很有名的话，自律使你自由。

涂尔干强调道德教育既不是布道，也不是填鸭，学校的教师不应该无休止地重复道德信条和规则，告诉学生们，"这就是对的，那就是错的，你必须要接受我所规定的对错标准"。相反的是，好的道德教育，是要引导学生理解他们所身处的社会，使他们具有社会责任感，同时促使他们自觉参与到集体事务中去，履行道德的自律。

涂尔干对道德教育中三要素的强调，实际上秉承了他对道德秩序的关注。道德有助于维护社会秩序，而有秩序的社会也可以更好地进行道德教育，而如果社会陷入失序的局面，则需要进行道德秩序的重建，重建道德秩序，就更加需要包含有纪律精神、群体依恋精神和知性精神的道德教育。从这层意义出发，道德教育具有把学生与社会联结起来的功能，这样才能使他们很好地在社会中适应和生存，并不断建造社会。

自由与爱的教育

我们刚刚谈了罗素，谈了涂尔干道德教育的三大要素，还谈了卢梭的爱的教育精神。这些思想家都提出了教育人性的方式，都强调要在孩童的早期进行培养，对孩童给予自由、爱和自我认知的教育。

那么究竟什么是真正的教育？我们从涂尔干的道德教育里学习到，教育的真正目的是培养品格而不仅仅是传授知识。生命初期对于人一生的意义非常重大，正因为如此，品性教育、道德教育在人生的早期尤为重要。卢梭也说："要抛弃那些不适合于我们的天然的兴趣的东西，而且要把学习的范围限制于我们的本能促使我们去寻求的知识。"卢梭一直提倡，要从生活经验中推理、从实践中感悟。在青年具备理性推断能力后，才能与社会自由地接触，既具备生活技能，也具备理解社会的能力。

在涂尔干提出道德教育100多年之后，我们所面对的时代当然已不复从前，伴随着人们生活水平和现代化技术的提高，人们的需求水平也在不断提高。那么教育是否又有了新的命题呢？

在我看来，真正的教育，是在尊重孩子成长的自然性、自主性基础上，培养和引导孩子的自由意志、独立人格，帮助他们理解是非善恶，从感性经验的学习中形成正确的价值判断和观念取向，并在这之后进一步培养理解社会的共同意志和公共价值。因此，我们的教育，应该把重心放在培养人性中的自爱心和怜悯心与公共人格上。

这里，我想向大家推荐一部纪录片——《请为我投票》（*Please Vote for Me*）。这部纪录片曾入围 2008 年奥斯卡最佳纪录长片奖候选，用镜头真实还原了强调服从、强调竞争的教育模式所带来的种种弊端。

故事发生在中国武汉的一所小学，镜头完整记录了一次班长竞选活动，三位竞选班长的八岁学生和背后出谋划策的家长们，是如何共同上演了一出充满戏剧性的"民主游戏"。班长这一头衔意味着班级里的权力，而再小的权力也会让人沉迷。

为了当上班长，三位竞选的学生并不是将精力放在准备竞选纲要上，而是采用了不少有违公平竞选原则的场外手段——比如一位候选学生在其他候选人进行才艺表演时鼓动自己的支持者起哄；另一位候选的学生则拉上好友结成了小帮派，许诺如果自己成功当选为班长，就让他们当劳动委员、文艺委员；还有一位候选学生更厉害，他的父母直接组织了一场全班同学的免费高铁郊游，以换取全班同学的支持，并许诺如果他当上班长，未来这样的郊游活动会更多。三个孩子不遗余力地表现自己，贿选、诋毁、拉选票、结帮派，成人世界中的尔虞我诈，在这场班长竞选中都展现得淋漓尽致。

在纪录片中，我们看到本应该是用班长竞选来培养孩子对于民主、程序正义这些概念的理解，但却在实际操作中变了味道。对于孩子们来说，他们自己肯定会有争胜之心，但采取何种手段去争取，这背后脱离不了教师、家长的灌输和引导。

教育这一神圣的使命本来应该如卢梭的教育理念所说的那般，对孩童进行天性引导，培养自由人格和良善品质。但是，当教师纵容孩童在他人汇报时起哄，当家长掏钱来组织免费的高铁郊游时，教育就偏离了轨道，丧失了它最初的功效。我们的教育目的，变成了加速孩童的成人化、社会化，强调人的集体性和服从性。孩童们学习到成人世界的社会规范乃至潜规则：如何察言观色、搞好和组织中领导的关系、如何在组织中拉帮结派、如何通过金钱和权势拉拢他人，而忽略了如何用孩童的方式去处理同伴之间的友好竞争关系。在这样的教育之下，这些孩童很难在心灵的内化上真正有所成长，真正反思自己的错误和进步。

本节我们讨论了很多有关教育的理论和生活中的例子，因为这是一个很广泛也很深刻，很大众也很个人的问题。说起教育，我们每个人好像都能评论上几句。当前中国社会正处于转型时期，也一定程度上出现了涂尔干所说的道德真空状态，社会舆论时常把矛头指向"道德滑坡""国民教育的缺失"。而涂尔干的理论为我们指出了一个方向，即通过着眼于个人与社会的关系来深入研究道德教育的问题。当传统的信仰价值体系处于危机时，人性更需要道德教育的甘霖来滋润，这是一件紧迫的事情，也是一件需要从幼儿、童年就开始着手去做的事情。

社会分工：

家庭主妇是否是世界上最容易又最困难的工作？

一位绝望的母亲

2018年6月，湖南某地一位二胎妈妈因为产后抑郁，从高楼纵身跳下，留下两个年幼的孩子。人间悲剧，闻者落泪。然而悲剧的起因，是这位妈妈生前得了产后抑郁，却一直缺乏关怀和疏导。丈夫将这位妻子全职在家带娃、做家务视作为理所当然，对她的心理疾病没有给予及时的帮助和理解。我们无法想象，这位全职妈妈在生前曾经多么无助，才做出了这样的抉择。

有人说，家庭主妇是个高危职业。的确，这种职业的工作时间比互联网企业的"996"还长。她们每天从早忙到晚，是真正的"007"，全年无休，而且可能没有任何报酬，还要经常承受各种精神压力，甚至还不被认可这是一份工作。她每天做的事看似很容易，被人片面地以为每天就只是带带娃、做做饭、洗洗碗……这样的固定思维也表现在我们的影视作品里，全职主妇通常也都是平庸、狭隘、绝望、怨气重、格局小的形象。

　　然而，抛开这些偏见仔细想一想，家庭主妇其实是世界上最难的工作。她们需要一边 24 小时和熊孩子们斗智斗勇，也要处理好夫妻关系，还要忍受着这份没有升职加薪、也不存在职业规划的工作。

　　她们是小家庭里的一个分工。而这个分工，在某种意义上，让家庭成员之间的连接更紧密更团结了。如果有一天家庭主妇罢工了，可能不到一周的时间，家里就会像经历了一场革命。你可以说，找家政阿姨来搞定卫生，可以每天叫外卖来解决三餐，但原本熟悉的家的味道就不见了，一个重要的纽带消失了，家庭成员之间可能还会互相埋怨。

　　那么，我们应该怎么看待家庭主妇这个社会分工呢？当我们抛开固定思维或偏见，带着社会学的角度去看，是否可以帮我们更好地理解这个角色，理解我们每个人在家庭中的位置呢？

社会分工的意义

　　首先我们来了解一下什么是社会分工。"分工"这个词首先由古典经济学家亚当·斯密（Adam Smith）发扬光大，但是对它的运用只局限在经济分析领域，人们始终没有意识到它对社会所形成的重要意义。分工的作用不仅在于以分化方式提高劳动生产率，还在于这些被分化的功能彼此可以更紧密的结合。

那么，是谁最早意识到分工对社会的巨大作用呢？涂尔干在他的《社会分工论》一书中就指出，两性分工在所有分工中最为原始，最先发生，假如两性的活动没有区别开来，社会生活的形式就完全不可能产生。随着社会的发展，社会对人所起到的作用也在日益扩大，在不同的职业里，大家各司其职，做着不同的细分工作，人和人之间的差异也因此变得越来越大。但这种差异并没有让人和人之间越走越远，反而是通过社会分工，人们才可以相互连接、团结在一起，产生彼此之间的依赖和合作。

社会的分工越细密，人和人的差异就越大，与此同时，人和人之间的依赖也越强。各阶层各职业的人都在发挥一定的作用和功能，用来维持社会秩序的基本运转，因此社会也就越坚固，从而形成了涂尔干所说的"有机团结"。有机团结相对应的是前现代社会的"机械团结"。所谓前现代社会，指的是原始社会或者传统的农业社会。机械团结是将同质性的社会成员高度结合在一起，它强调的是集体意识，而非有机团结中强调的个体差异。有机团结是现代社会的一个基本特性。在工业化高度发展的今天，我们也越来越依赖于分工。分工的细化非常有利于社会生产力的发展。我们来举个很简单的小例子帮助大家理解社会分工。

譬如，在录制一档音频节目的时候，我们会依赖共享空间提供办公场所，依赖录音师提供专业的录音设备，依赖编辑和技术人员提供后期的编辑和剪辑，也依赖宣发进行的宣传和传播。只有经过这每一个环，一档节目才有幸可以与听众见面；也只有经过这每一环，每一位参与其间的人员，才会感受到相互之间的紧密团结。

我们把涂尔干的理论放到家庭的环境里来看，便可以理解分工在家庭里的意义所在。当一对夫妻在权衡利弊之后，决定丈夫外出赚钱，妻子留在家里照顾家庭的时候，明确的分工就已经形成了。

按照涂尔干的说法："分工的作用不仅限于改变和完善现有的社会，而是使社会的产生成为可能。就是说，没有这些功能，社会就不可能存在。"[1] 这也是家庭中分工协作对于整个社会稳定发展的意义。因为"家"构成了社会和道德秩序本身，所以在任何情况下，家庭中的分工都超出了纯粹经济利益的范围。一个家庭必然需要有经济的基础，以金钱维持，但更重要的是家庭成员之间共同价值观的认同，以及互相的尊重和欣赏。

社会学视野中的家庭

我们再来进一步追问，家庭是什么？家庭，是我们每天生活的地方，是我们最重视却又最容易忽视的地方，也是我们心里有着复杂、矛盾的感情，难以割舍又拼命想要逃离的地方。那么社会学家又是如何看待家庭的？

---

[1]　［法］埃米尔·涂尔干:《社会分工论》，渠东译，生活·读书·新知三联书店，2000 年，第 25 页。

在社会学的视角里，家庭是我们在社会上得以立足的最基本团体单元，也是社会的最小的单位。我们的衣食住行、生老病死、婚姻交友等，每个环节都和家庭有密切关系。如果把整个社会比做一个有机体，那家庭就是这个有机体的细胞，作为细胞的家庭就是构成社会这一有机体的基本单位。

家庭作为社会的细胞，如果细胞发生病变，功能不全，自然就会影响到社会的良性运作。反之也是一样，如果社会这个有机体不良运行，秩序失控，也会削弱其间细胞的活性，最终反作用于社会本身。

涂尔干认为，家庭不仅是具有细胞功能的团体单位，更是社会的道德单位。他认为家庭是带有神圣色彩的宗教性共同体，体现了人类道德的最初形态，原因就在于家庭是学习尊敬的学校，而尊敬又是最重要的宗教情感。既然家庭是原初的道德共同体，那么家庭中的亲密关系正是社会关系和社会道德的起源。

在中国社会中，"家庭"对人的重要性和根本性是毋庸置疑的，"家庭"是理解中国人的一个具有"存在论"意义的场所，我们的悲欢，我们的幸福与不幸，都与家庭息息相关。著名社会学家费孝通先生就曾经在他的名著《乡土中国》中，把个人和家庭所构成的社会关系比做水波纹。他说：

> 我们的社会格局不是一捆一捆扎清楚的柴，而是好像把一块石头丢在水面上所产生的一圈圈推出去的波纹。每个人都是这一

圈一圈，也就是他的社会影响的中心。我们和别人所联系成的社
会关系，就像水中的波纹一般，一圈圈推出去，愈推愈远，也愈
推愈薄。[1]

费孝通认为，家庭就是一个同心圆波纹圈子的最里层，社会关
系依托于家庭中的每一个个人，将这种关系一圈一圈地推出去，经
过不断地叠加和重合，构筑出了社会的一种差序格局。费孝通的这
种解释，对今天的我们仍然有着启示作用，让我们知道作为个体，
和他人之间的关系是如何产生的，又是如何维持联系的。

差序格局这个概念在今天，仍然是中国社会学最为常用的本土
概念，也是对中国社会结构最为基本的描述。中国的家庭概念和西
方的不同，西方更加强调家庭的边界，一个清晰的团体界限，就好
比一捆一捆扎清楚的柴："每一根柴也可以找到同把、同扎、同捆的柴，
分扎得清楚不会乱的。"而中国更加强调家庭的延伸，强调像涟漪一
样由自己向外扩散到"无穷的远方"，在扩散的过程中所形成了纽带、
关系、面子、人情等非正式的人际网络连接。这是不同的社会关系
的取向。

---

[1]　费孝通：《乡土中国》，人民出版社，2008年，第28页。

家庭中的道德和人性

我们说，既然家庭是社会秩序的基础，那么家庭中的道德和人性，就必然是社会中道德和人性的缩影。家庭中一个人的地位和感受，关系着个体的尊严和幸福。不难想象，如果一个人无法从家庭中获得爱和尊重，那么他们在为人父母抚育下一代、面对社会中的善恶、与世界斗智斗勇的时候，他们内心的力量又从何而来？

现在让我们回到家庭主妇的角色分工。在今天这个经济社会，看起来负责赚钱的丈夫劳苦功高，而全职在家的妻子似乎因为不用面对社会上的激烈竞争，显得日常压力小了很多，但其实这只是婚姻内达成共识后，在平等的基础上共同决定工作细分的结果。你出钱，我出力；你冲锋陷阵，我保障后方；你为五斗米折腰而疲惫，我为鸡毛蒜皮而头疼。谁也不能说谁更伟大，谁也不能贬低谁更卑微。家庭中的分工协作，因为目标一致，所以其实，丈夫和妻子承担的痛苦和喜悦是一体的。如果只是用物质、金钱的多少来判断婚姻中的个人价值、衡量谁高谁低，我们可以认为这是一种道德上的堕落。

当然，我并不是站在道德的制高点上评判，我当然也不是情感专家，我只是单纯从社会学的角度，让大家通过对社会分工的认识，理解分工的意义，并学着抛开固定思维与旧有的一些观念去真正理解分工在一个家庭里的价值所在。因为这不仅关系到家庭主妇的感受，也关系到家庭中每一个个体的尊严与生命的复杂体验。

涂尔干说："有了分工，个人才会摆脱孤立状态，建立彼此联系。"同样，这也是现代家庭的重要意义。因爱而结合的夫妻作为社会关系的一种，就是在分工中达成生活的效率，在效率中获得情感关系的平衡，在平衡中获得彼此的支持，互相滋养，细水长流。因此，对于家庭主妇的角色分工，我们应该充分肯定她们的价值和意义。

无论是婚姻家庭中的分工，其他组织内的分工，还是整个社会的大分工，其实都伴随着我们对世界的认知、自身的定位，以及人与人之间的尊重、责任和爱。当我们谈论了相关社会学大家的经典理论、社会分工的意义、现实的思考之后，更希望可以为大家打开一扇思考的大门，通过分工，找到自己和他人、和整个世界的相处方式。

当前，我们不可避免地会遇到种种矛盾和冲突，种种家庭危机、社会危机。我们可以带着一种社会责任心和道德关怀，去理解各种危机现象产生的原因，尝试着用社会学家的方法思考这些危机。毕竟，每个人都不是一座孤岛，我们都需要通过与他人的密切连接来建立和世界的关系，获得追求幸福的原动力。

理想类型：

经济学家说我们是理性人，我们就是理性人吗？

泰坦尼克号上的杰克和露丝们

先说一段大家一定非常熟悉的场景。泰坦尼克号，在主题曲《我心永恒》的伴奏下，杰克和露丝站立在船头，眺望着远方，迎风做飞翔状，那大概就是爱情最美好的模样。然而镜头一转，这艘号称"永不沉没"的巨轮，在行驶途中撞上一座冰山后，轰然沉没。船上2000多名船员与乘客，最终只有不到700人生还，成了一出世纪悲剧。

对于这艘巨轮的沉没，抛开杰克和露丝浪漫的爱情，这事件中的三个小故事，值得我们加入社会学的视角，去重新审视。

第一个故事，是有关性别和幸存率。当这艘巨轮撞到冰山上而即将沉没的时候，我们看到，船上体现出的并不是在死亡面前的争先恐后，而是一种绅士风度。伴随着船上的管弦乐队演奏出的舒缓音乐，女性与儿童被有序地护送到数量有限的救生艇上而获得生还。事故之后来自英国调查委员会的统计数字也证实，在所有 402 名女性乘客中，一共有 296 人获救，幸存率超过七成；109 名儿童中，有 56 人获救，幸存率超过五成。相较之下，全船 805 名男性乘客中，却只有 146 人获救，幸存率不到两成。

第二个故事，是有关阶层和幸存率。在乘客中，我们既看到穿着燕尾服、跳着交际舞的来自上流社会的富人们，也有看到住在船舱下层，衣着朴素，像杰克一样怀揣着美国梦，开始新生活的移民们。据统计，整艘轮船上共有头等舱乘客 325 人，二等舱乘客 285 人，三等舱乘客 706 人，其中头等舱乘客的幸存率为 62%；二等舱乘客的幸存率 41%；而三等舱乘客的幸存率只有 25%。在当时，一张最贵的头等舱船票，可以购买 120 张三等舱船票。换句话说，社会阶层地位越高的乘客，幸存率就越高。

第三个故事，是一段相似沉船事件的比较。泰坦尼克号因冰山沉于 1912 年 4 月 14 日，三年后，另一艘巨轮路西塔尼亚号（Lusitania）行驶在大西洋上，被德国鱼雷击中而沉入海底，在沉没之前，路西塔尼亚号却上演了完全不同的一幕。和泰坦尼克号一样，路西塔尼亚号也是一艘远洋客轮，由纽约开往利物浦。在航程的第六天，被一艘德国潜水艇发现并发射鱼雷偷袭。鱼雷击中了船体，并在船上造成爆炸。20 多分钟后，整艘巨轮沉没在了爱尔兰的南部海域，约 1200 人丧生，而这一次和体现出生命秩序的泰坦尼克号完全相反，青壮年男性快速挤上救生艇，留下大量的女性与儿童被大海淹没。

同样是两场巨大的航海灾难事故，同样是两艘即将沉没的船，为什么船上乘客的行为会表现出如此巨大的差异呢？来自不同性别、不同阶层的人群，他们的行为和动因为什么会如此不同？甚至可以设想，如果我们也在这两艘船上，我们会怎么做呢？这一故事又和我们要谈论的韦伯的社会学理论又有什么关系？

韦伯和他的理想类型

在韦伯学术生涯的早期，他主要研究的方向是经济学和历史学，后来则倾向于社会学的研究。所以说，韦伯所有社会学研究均是有历史取材的，是根据所收集的历史材料来分析验证的。他深信两门学科的相关性，但也指出两门学科的差异性。

在韦伯的心目中。历史学是由林林总总的个别历史事件所构成，每一起历史事件，都有自己独特的时间、地点、人物、起因、结果，因此必须一个个来进行分别的解释。而社会学家虽然面对的也是形形色色的各种社会事件，但是社会学可以将个别经验事件进行总结归纳，概括化发展，形成各种类型观念。这些类型观念虽然无法真实捕捉个别经验事件的全貌，却提供了启发式的工具，帮助人们增进对事件真相的了解。用韦伯的原话，即是社会学"乃是建立类型概念，并追求经验事实的普遍规律的一门学科"。

这些类型观念，在韦伯的定义中，被称为"理想类型"。

理想类型，顾名思义，是一种理想的形态，并不会完全存在于现实世界中。韦伯指出："一个理想的形式是由许多现象提供的某些特征和成分所组成，但它却不会与任何特定的现象有着完全一样的特征。"

换句话说，理想类型是一种理想化的典型，现实中的社会现象只能与之接近，不会和它完全相同。但是通过对于理想类型的分析，我们可以将对个别和特殊现象的研究上升到一般和普遍的高度，从而突显出特定社会现象最为重要的性质或者特征。

理想类型的意义

那么，我们建立起理想类型的意义又是什么呢？

让我们来看一个例子。在经济学的世界中，经济学家喜欢强调人是理性的动物，在理性思维之下，人们往往喜欢计算利益的得失，尽可能把利益最大化。在这里，理性人就是一个理想类型，是对在经济社会中从事经济活动的每个人的基本特征的一个一般性抽象。

然而，现实中没有一个人是完全理性的，可为何经济学仍坚持假设人是理性的呢？这样的做法实质上就是在构造理想类型，如果我们能够研究出完全理性状态下人的行为，那也就能更清楚理性，至少是经济理性之于人究竟意味着什么，这是学术理论得以建立的第一层。再进一步，有了理性基础，我们可以一步步修正假设，研究非理性、利他性或存在着制度约束的情况下，人的行为选择会发生怎样的变化。这就是学术理论得以持续推进的第二层。

所以，建立理想类型，是从纷繁复杂的世界中抽离概括出我们理解这个世界的重要理论工具，可以推动学术理论持续向前发展。

除此之外，建立理想类型，可以帮助学者抛弃学者本身的价值和立场，做到以价值中立的观点去分析世界。

社会学难免会关切人们的信念以及支撑人们社会行为的各种价值。社会学家同样也对社会与世界怀抱着价值与信仰，甚至还抱持着认定应如何组织社会与世界的情怀。但在社会学的研究中，社会学家是否可能将他们的价值与信仰与他们由研究中得出的结论区分开？

在韦伯看来，所谓的社会事实，实际上都极其依赖社会学家所佩戴的诠释或者道德的眼镜。

但假使所有的社会构想与概念，都不可避免地要染上社会学家的价值与信仰，那么由此产生出的知识，如何能够不充斥着研究者本身的价值和偏见呢？对此，韦伯明确指出，社会学研究的目的是理解人的行为而不是对行为作价值判断。"理想类型"作为一种分析工具，在此就可以作为"事实诠释的单一面向"，通过对个体行动的抽象和升华，修正观察个体行为中所出现的过度个体化和特殊化的问题，从而对社会总体做出有效解释，其特征是在保持价值中立的基础上概括事物的一般性特点。

理性人还是社会人？

说到这里，我们再来以开头提到的三个小故事为例，看看这其中都体现出人们怎样的行为特征。

当泰坦尼克号这艘巨轮沉没的时候，船上一共有超过 2000 名的船员和乘客，我们没有办法把这 2000 多人的行为和动因一个一个进行逐一的分析。在这种情况之下，我们就需要对个体行为的一般规律进行总结，并结合其他的因素，构建出人们行为和行为动因背后的理想类型。

首先，如果我们采用经济学中有关理性人的分析框架，就可以看到在第三个小故事中，正是因为人们有着追求利益最大化的理性思维，所以当路西塔尼亚号沉没的时候，人们在极端的压力之下，首先想到的是自己的生存，而非他人的生存。人人都会为自己着想，更有可能从事所谓自私理性，以自我为中心的行为，这种行为给健壮的人，特别是年轻男性以优势，所以他们更有机会抢占生存的通道。

但在理性人的假设基础上，我们还无法去解释，为什么同样作为理性人，在我们的第一个性别与幸存率的故事里，泰坦尼克号上的人们就会主动放弃个人的生死，去首先帮助照顾妇女儿童这些社会弱势群体。

为了回答这个问题，我们就需要再进一步修正我们的假设，总结出另一套理想类型的分析框架，即，人们除了存在着以利己为目的的理性行为，也会存在着以利他为目的的理性行为，在生命与人

性冲突的终极点，依旧可以照顾到他人的利益，按照社会的规范去
要求自我的道德水平。

换言之，人不仅仅是理性人，同时也是社会人，因为人身处社
会当中，不可避免地要和周围的人进行交流和互动，因此在很多时候，
人不会仅仅只是考虑自我的利益得失，同时也会考虑他人、群体的
存在，考虑自己的行为是否符合他人的预期，做出利他的行为。

澳大利亚昆士兰科技大学经济学家本诺·托尔格勒（Benno
Torgler）与他的合作者对两艘巨轮的沉没，也进行了一番有趣的比较。
他们的研究论文发现，构成这两种截然不同的幸存率背后的有很多
因素，如乘客的年龄、性别和舱位等级所对应的社会地位等，而除
此之外，最重要的一个因素，则是时间压力对人们行为所带来的影响。

泰坦尼克号完全沉入水下花了 2 小时 40 分钟；相比之下，路
西塔尼亚号在 18 分钟内就完全沉没大海。在差异极大的两个不同
时间段里，人们的行为模式也相应地出现了不同。研究者分析道：
"在路西塔尼亚号上，短期的逃跑冲动占据了主导地位；而在慢慢下
沉的泰坦尼克号上，由社会规范和道德模式规定的行为模式，如让
女性与儿童优先登上救生艇，有时间得以出现，并影响人们的行为
选择。"[1]

这就意味着，在泰坦尼克号上，由于沉船不是立即发生，时间

---

[1] Frey, Bruno S., David A. Savage & Benno Torgler. 2010. "Interaction of natural survival
instincts and internalized social norms exploring the Titanic and Lusitania disasters."
PNAS 107(11), 4862–4865.

尚比较充裕，社会道德的规范力量依旧在发挥效度，于是就内化于人们的行为上，要求人们的行动必须服从于社会整体的规范和秩序，去首先帮助照顾妇女儿童这些社会弱势群体，同时人们也有时间去思考并用社会规范去评判其他人的道德水平。然而当危机爆发到一个临界点，道德规范的约束力开始失效，社会规范不复存在，人性的幽暗面便如洪水般冲破道德束缚，每个人都成为最原始的野兽，只遵从最为理性、原始的本能。

而在第二个有关阶层与幸存率的故事中，我们会看到来自不同船舱等级的乘客，他们的社会行为也是迥然相异的。这里，我们在建构理性类型的时候，实际上是加入了一个新的变量要素，就是人们的社会阶层地位，并假设，社会地位越高的社会群体，他们就越有可能获得稀有的资源，获得一张上救生艇的通行证；而社会阶层地位越低的群体，他们要想获得稀有资源，就得付出更多的代价，甚至很多时候，无论采取何种方式，都难以冲破既有的社会结构的限制，实现跨越阶层的自由流动。

社会学，理解社会行为的科学

这种以利己为目的的理性行为和以利他为目的的理性行为，实际上都属于韦伯经典的有关社会行动的理想类型分析。

社会学的研究视角，大体可以分成三个层次，既有关注宏大社会变迁和转型的宏观视角，又有关注社区、社群这样群体层面的中观视角，同时也有关注个体层面的微观视角。不少研究者不主张站在个人角度进行社会研究，其中的一个原因是担心研究的客观性受到破坏，因此拒绝置身其中式的研究。

与多数社会学家不同，韦伯偏向于关注个体行动，认为社会学是一种"理解个体社会行为"的科学，因为个人是社会的基本构成因素，个体行动也是社会结构的组成要素。因此社会学应该把人的社会行为和活动的主观目的、行为和结果作为主要的研究对象，社会学的研究视野也必须看到人的主观活动方面。在此意义上，社会行动之所以是可以理解的，是因为个人赋予行动的主观意义是可以理解的。

根据社会行动遵循的规则，韦伯进一步提出了社会行动的四种类型——目的理性、价值理性、情感理性和传统理性，而这每一种都是一种理想类型。譬如说，目的理性行动更加关注目的的达成，通过计算和预测后果实现目的，价值理性行动则更加关注价值本身，不考虑后果和条件是否具备，情感行动受行动者情感甚至情绪支配，传统行动则对目的和手段缺乏有意识的思考而盲从于习惯。之后，我会专门针对价值理性与目的理性，和大家再具体地展开分析。

需要再次强调的是，尽管社会行动可以划分出四种理想类型，但这种分类只是一种纯粹形式，在现实生活中，具体的社会行动可能是上述类型的不同结合。韦伯也曾明确指出："行动的这些指向也绝不是穷尽所有方式的分类，它们仅仅是为了社会学的目的所创造出来的概念上的纯粹类型。实际的行动或多或少地接近于这些类型，或者更常见的是行动中混杂着来自不同类型的要素。"[1]

更为重要的是，对于社会行为的理论探索，实际上是为了更好地理解每一种行动背后隐藏的动机和意义。韦伯致力于寻找社会行动的多重指向，也就是在承认多元价值的并行不悖，而这正是学术研究中学者的立场和关怀。

---

[1]　［德］马克斯·韦伯:《社会学的基本概念》，顾忠华译，广西师范大学出版社，2005 年，第 34—35 页。

工具理性vs价值理性：

面包和理想，"社畜"的我们选哪一个？

面包与理想的选择

我们知道日本的加班文化非常疯狂，所有日本平成年代的职场人，都把一生奉献给了工作，在给企业带来经济效益的同时，却几乎放弃了自己的个人生活。在日本，专门有个词来形容这样被公司当作牲畜一样压榨的员工，其实也是日本上班族的一种自嘲，他们把这种在职场上逆来顺受的自己，称为"社畜"。

但疯狂的加班真的可以获得幸福生活吗？从日本的大环境来看，人们勤勤恳恳工作、疲于奔命，但也并没有扭转平成时代的不景气，和 20 世纪 90 年代之前的经济奇迹相比，日本始终没有能够从泡沫之后完全恢复过来。而年轻一代忙于工作，很少能够和家人相处、和亲人团聚，以至于疏于联络，年老之后也就习惯于独自生活，直到孤独地离开这个世界。年轻时候所累积的亲情和记忆，就好像银行账户里的定期存款，如果年轻的时候没来得及往里面定存，那么年纪大的时候，自然也没办法从中提取。

如今，日本的令和时代已经到来，对于工作制度、企业的劳动时间过长等问题，新一代年轻人有自己想法和行动，很多人不再愿意继前辈的后尘，越来越多的年轻人思考，如何能够在工作和生活之间达成一种平衡。

面包和理想的选择，往大的方面说，就是物质财富在占据越来越高的地位，而留给追求精神领域的空间似乎越来越狭小。我们不仅要问，我们的价值体系是否出了问题？什么样的价值理性才值得我们去推崇？

理性二分法

这里就涉及社会学中一个非常著名的理性二分法。韦伯提出，可以将理性划分为工具理性和价值理性，并用于对社会行为和社会现象进行分析。

所谓"工具理性"（instrumental rationality），指的是："通过对外界事物的情况和其他人的举止的期待，并利用这种期待作为条件或手段，以期实现自己合乎理性所争取和考虑的作为成果的目的。"这与金钱追求的目的导向近似，指的是人们的行为由追求功利的思想动机所驱使，从纯粹追求效益最大化的角度出发，漠视人的情感和精神价值。

而"价值理性"（value rationality）指的是："通过有意识地对一个特定的行为伦理的、美学的、宗教的或做任何其他阐释的无条件的固有价值的纯粹信仰，不管是否取得成就。"[1] 通俗地说，就是人们的行为更多地考虑行为本身所代表的价值，强调动机的纯正性。

在实践中，工具理性注重手段、注重条件、注重形式、注重程序，价值理性注重目的、注重理想、注重内容、注重实质。工具理性强调结果和效益的最大化，而价值理性则强调行为背后真正的价值和含义，强调道德精神领域的东西和对人的终极关怀。

一个通俗的比喻就是，大家都想过上幸福的生活。那么什么是幸福生活？幸福生活值不值得我们花毕生精力去追求？这就是价值理性层面的思考。为了让自己过上有房有车的幸福生活，我应该怎样去赚钱？如何可以在最短的时间内赚到更多钱？考虑这种手段的时候，就是工具理性。但是，赚了钱，过上了自己梦寐以求的生活，就真的等于幸福吗？这样的思考就又回到了价值理性。

工具理性和价值理性的源起

其实，在这两种理性之间并没有高低之分，虽然韦伯创造性地

---

[1] 工具理性与价值理性的引述，均出自［德］马克斯·韦伯：《经济与社会》上卷，林荣远译，商务印书馆，1997 年，第 217—232 页。

将理性一分为二，试图用"价值理性"和"工具理性"的划界标准去解读社会行为和社会现象，但是两者既没有高低贵贱之分，也绝非是对立的。

在韦伯看来，价值理性应该在社会运作中扮演重要角色，每个人都应该保有价值观念和精神理想。而当今的社会，明显是工具理性占了上风，更多人在思考怎么做，甚至是在想有没有可能走一条捷径去做，而比较少人在想为什么要做，或者说为什么不做。我们的生活中充斥着想当然地向前，达到更高更快更强的目的，却很少人愿意停下来总结失败的经验、思考错误的价值。从这个层面来说，价值理性正逐渐衰微。

那么，价值理性又是如何一步步走向这种衰微的呢？

从历史的角度追溯，伴随着自然科学的快速发展，在工具理性的指导下，自然科学的发展给社会生活带来了翻天覆地的变化。因此对于工具理性的推崇愈演愈烈，而价值理性等原本的人文关怀，却越来越少。

这里面的原因在于，当大工业生产的来临，资本主义经济的迅猛发展，追求财富的狂热使得社会开始逐步脱离价值理性的指引，在很多人心中达成了这样的共识：资本的积累才是绝对的真理，所有的一切都要以效率和利益优先，其他的价值考虑都可以抛在脑后。我们不得不承认，工具理性确实导致了西方工业文明的迅速发展，伴随着社会现代化的进程，组织体系内的科层制愈发完善，我们的社会就像一台高速运转的机器，各个部件按照职能分工，紧密地接缝在一起，进行着高效率、组织化的例行运转。可以说近代西方文明的很多成果都是工具理性指导下的产物。

然而，工具理性的发展具有一种内在的矛盾性。一方面，崇尚工具理性的理性主义发展大大促进了资本主义物质文明；另一方面，过分倚重工具理性而忽略价值理性则忽视了人们内心真正的需求，造成的结果，则是效率、手段、目的成了现代社会的追求标准。工具理性走向了极端化——利润的追求被精确公式计算着，毫无节制的消费则刺破了原本严肃的生活态度和心灵充实感。"机械工具和经济秩序"似乎控制了生活的每个角落，无视人性及其需要，对个人自由造成了巨大威胁。

我们看到，任何东西一旦极端化就会产生不良的后果。工具理性是现代化的鲜明特征，但也产生了一系列的社会问题。在社会生活的方方面面都可以看到工具理性的过分膨胀给我们带来的危机，价值理性相对暗淡，工具理性和价值理性之间的二元平衡被打破。在工具理性被滥用的情况下，人们对生存终极意义的思考逐渐边缘化。在追求财富的过程中，人与人之间的关系开始被利益化，感情枢纽开始被理性的财富观冲开，一切社会关系似乎都可以用利益和金钱关系来衡量。

工具理性和价值理性的政策运用

在当今社会用理性化来解决种种问题的时候，我们应该选择工具理性还是价值理性呢？

韦伯指出，工具理性作为一种理性来说更加的客观，具有高效、直接、目的性强等特点，而价值理性更加注重整个过程中的逻辑关系，力求达到最合理的结果，同时也有更多主观的因素。

我们看到，在政府的诸多政策中，由于要考虑可行性与普适性，制定一个政策往往会考虑最理性、最稳定、最不会出错的情况，并且摒弃掉人为的主观因素，保证让更多人信服。尽管这样的趋势往往使得政府在行政方面的效率大大提高，但是也更加形式化、普遍化；为了整个社会的利益，个人的价值与自由似乎越来越容易被牺牲。

相信大家都听过一个著名的伦理困境"铁轨难题"：一侧铁轨上有五个人，另一侧有一个人，是否应该通过一个人的死亡换取五个人的生命。从功利主义的观点来看，生命本身的价值无法比较，而生命的数量是能够比较的，五个人的生命价值大于一个人，因此用一个人的牺牲换来五个人的生存是一个理性的选择。

我们的社会秩序很大程度上也是建立在这样的理论基础之上的，追求最多数人的最大幸福，使整体的福利最大化。在制定政策的时候，也是有目的性的优先选择牺牲一部分人的福利来促进整体的进步和发展。

那么这是否是一种道德呢？其实在真正的道德之下，一个人和五个人的生命无法比较，所有人的生命都是平等的，都有获得生存的权利，牺牲一个人的生命就构成了一种不道德。

这里我们来看一个我们现在高考录取政策中的案例。

我们现行的高考录取政策中，有这样一条"区域公平"的政策，但却存在着比较大的争议。这项政策说的是在招生时，较发达的地区会增加面向中西部地区的生源计划，而这些生源计划由升学压力较小的地区调出。中国现行的高考录取制度，可以看作是一种区域公平的做法。但是，区域公平的反对者往往认为，高考应该根据考生的实力来录取学生，因此应该采取统一的标准，而不是根据外在因素进行政策倾斜。换言之，应该全国所有考生一张卷，实行考试公平。

不难看出，区域公平的优点很明显，它考虑到了中国目前在区域间巨大的教育资源不均衡问题，采取措施来进行弥补，力图让先天条件不好的群体有机会获得一个相对而言更好——或者说更公平——的竞争机会。

但是，区域公平的政策显然也是存在问题的。这样的政策是否损害了发达地区考生的利益？对于落后地区的补偿，为什么要通过发达地区的牺牲来实现？尽管在补偿性正义的原则下，获利较多者占据了更多的公共教育资源，可以看作是间接接受了欠发达地区的"贡献"，理应对获利较少者进行补偿，但是这种间接的贡献是否成立仍然有待商榷。

种种考量之下，我们发现，似乎无论选择区域公平还是考试公平，个人的权利都受到了一定程度的侵害：区域公平下发达地区考生的权利被影响，考试公平下欠发达地区考生的权利被影响。所以，要解决高考录取中的公平问题，绝不是把眼光仅仅放在高考录取本身、在两种"公平"的方式中做一个选择题就能够完成的。

在我看来，政府在制定一项政策时，不应该只是秉持工具理性的思路，一心只想着让这个政策方案更高效、更有可行性、更容易被大众接受。在推进高等教育公平的进程中，也许是时候用价值关怀来思考问题了，而非仅仅是一个稳定的、目的性极强的方案。

譬如，在这一问题上，基础教育资源的分配、地区的经济发展差异、人们的观念差异、身体素质和智力水平等，都可能是更加接近问题根源的因素。政府真正要采取的措施，政策所指向的要害，都应该在这些方面。要想真正地解决高考录取中的公平问题，不仅是在高考的这一个环节上做出改变，而应该在高考之前的萌芽期开始，进行相应的改革，比如重新划分生源调度地区、将区域划分细化至地级市等；而更重要的，是要着手讨论、解决更加根本的问题，比如增加对欠发达地区教育资源的投入，改善农村地区对接受教育的看法，因地制宜采取针对未成年人的教育手段等。毫无疑问，这是一条更远也更艰难的改革之路，而其背后的支撑，则是一套价值理性的思路。

回归两种理性之路

我们的社会发展到今天，工具理性套在人们身上的"铁笼"已经日益发挥其作用。人们讨论一个问题时，总是先站在自己的立场上，追求利益最大化，慢慢变得冷漠而机械。

同时，人们更多的不是在讨论问题，而是在发泄情绪。一个健康的社会，应该允许不同的声音来进行讨论，用人性的眼光来体察社会问题更是难能可贵的。当不同的声音发出来，不一样的观点进行碰撞，才能得到更好的借鉴，推行更好的政策，我们的社会才会更加靠近我们理想中的、富有生命力的理性。

韦伯曾经说过，工具理性和价值理性并非对立的，他们应该是互为前提的共存，属于同一事物的不同维度。一个具有真正自由人格的人能够将工具理性作为动力，也能将价值理性内化在终极目标之中，不偏激、不盲目，让这两种理性在个人的道路上，协调发展，为己所用。

科层制：

我们理解的"官僚制"为什么是错的？

大学成为"小官场"

每所大学里都有学生会，学生会的目的是锻炼学生的领导力，增加同学之间的凝聚力，让大学生活更加丰富多彩。但是，当大学里的学生会竟然要选出 56 个正部长、99 个副部长的时候，一切就都变了味道，单纯的大学校园成了一个不折不扣的"小官场"。

中山大学学生会就这样火了。在 2018 年度学生会改选任命公告中，共列出了两百多个学生干部岗位。尤其是在"秘书机构"和"组织部门"两个层级中，还特别标明了职位是"正部长级"与"副部长级"。

一般来说，学生会的管理层里会有主席、部长、干事这样的职位，但是中山大学的"正部长级""副部长级"已经和国家机关工作人员的职位命名方式非常相似了，而且，一选还选出了 155 个。

有人提出疑问，学校不是一个提倡学术独立、思想自由的地方吗？为什么中山大学的学生组织充满了官僚主义？官本位思想是不是已经入侵了大学，成了一个普遍现象？

其实，中山大学学生会并不是唯一的例子，现在的国内大学，很多学生会的会议公告都在模仿正式的政府公告。有人解释说，大学的学生会作为一个正规的学生组织，把公告也写得正规一些是可以理解的，再说了，大学生即将步入社会，这样的做法也算是和社会接轨。

不过，还是有很多人对这样的官僚主义感到非常不满，看到还在象牙塔里的大学生也在有样学样，更是爱之深责之切。

科层制、官僚制、官僚主义

在开始介绍"科层制"之前，先要明白一件事，那就是，"科层制"有另一个名字——"官僚制"，而"官僚制"和"官僚主义"是两回事。很多时候人们把官僚主义和官僚制，或者说科层制当作一回事加以痛斥，这其实是一种误解。

科层制实际是德国社会学家韦伯提出的一个专门的经典社会学概念（bureaucracy），在引进中国的时候，先是翻译成了官僚制。可是，翻译成官僚制有一个坏处，因为中国很早就开始实行官僚制，所以大家对官僚制已经形成了一个固定印象，就是"长官意志"、形式主义，低效、无能、特权、傲慢，甚至腐败等等。

　　但是，韦伯提出的这个官僚制其实是一个中性词，指的是所有大中型组织中由受过训练的专职人员组成的行政管理机构。虽然这些带有贬义的印象其实是"官僚制"在实际运行的时候，产生的"官僚主义"，但不是"官僚制"本身。

　　所以，为了把韦伯的"官僚制"和中国式的官僚主义区分开来，后来统一翻译成科层制。

权威类型与韦伯的科层制

　　在分析科层制之前，先让我们看一看韦伯对于统治权威模式的三种划分：传统型权威，法理型权威和克里斯玛权威。

　　首先，我们先来看一下传统型权威。

　　什么是传统型权威呢？比如我们熟悉的长老制、家长制、世袭制，都算是传统型统治。在韦伯的理论中，传统型权威的基础是对统治者权威的肯定，是传统社会状态中存在的一种表现权威的方式。

　　它的核心是宗法家长制，依靠宗法关系、血缘关系来维持服从的关系，权力来源往往依靠世袭。

　　在传统型权威中，统治者有"特权"，并且可以用手上的特权垄断市场，压制市场上的自由竞争，而那些被统治者一定得服从行使权威的人。所谓"普天之下莫非王土，率土之滨莫非王臣"，就是传统型权威的表现。

　　传统型权威现在已经很少能见到。在我们这个时代，如果有国家还保持着传统的君主政体，那这种统治方式也是一种政治象征，而不代表实际的权力。

比如，在英国，我们常常会看到女王伊丽莎白二世头戴王冠、手上拿着权杖的场景。王冠和权杖代表着她的绝对权威，至高无上。可是，实际上，女王甚至没有权力决定英国法律的内容，虽然法律是用女王的名义颁布的。

所以，比起头戴王冠的女王，人们更加喜欢的，还是在不同场合头戴不同颜色礼帽的女王。女王今天会戴一顶什么颜色的礼帽，反而已经成了人们津津乐道的话题。

接着，我们再来看看权威类型的第二种，法理型权威。

在法理型权威之下，人们相信规章条例是合法的，行使权威的人按照法律规章有资格进行统治，也叫作理性的统治。

比起传统型权威，法理型权威要更加稳定、更加持久。是一种完全依靠理性约束而产生的权威，每个人就是组织中的一员，服从组织的权威。

在我们现代社会，大体来说，全部行政管理手段，不管是交通规则，学校的考试制度或者是税法的章程，都包含着对人的统治，所有听从治理的人都应当服从合法的规章制度或者法制的解释者和执行者。

最后，是第三种权威类型，克里斯玛型权威。

克里斯玛型权威下的统治，实际上是一种领袖的魅力统治，所以克里斯玛型权威也叫作魅力型权威。这种权威之所以会产生，是因为人们被某个人的人格魅力深深折服，所以，克里斯玛型权威中的统治者一定是享有特殊荣誉的人物。对于克里斯玛型权威，我们会在后面的章节中再详细阐释。

在三种权威类型的基础之上，韦伯进一步分析，法理型权威可以有很多的结构类型，其中，科层制是法理权威运作中最纯粹的类型，是现代资本主义社会现代化的一个基础。

科层制是一种典型的组织类型，它的基本单位是职务或者职位，通过规则、功能、文件还有其他强制手段，这些职务或者职位组织成层级的形式，分科执掌，分层负责。

形象一点说，理想类型的科层制是一个像金字塔一样的界限分明的权威等级体系，各个等级都受规则制约，行政功能分化，劳动分工的权责十分清晰。

同时，每个职务都有一个特定的职权范围。特别要注意的是，谁占用了职位不重要，职位本身才更重要，所以占据职位的职员不允许利用职位抬高自己的特权，必须严格按照职位所规定的要求办事，且不可以体现自己个人的色彩和喜好。

这些职位体现出了一种特质，那就是"非人格"，不允许施展个人魅力，同时也不受个人的感情支配。另外，一个科层制结构中的行政活动、决定和规则，都会通过文本记录在案，都可以做到有案底可以查询记录。

从纯粹技术的观点来看，科层制的设计原则就是不依赖某个人的人格，而是依赖规章架构，所以就可以最大限度地减少个人对工作的干扰，实行专业化和分工。而且，因为整个组织构架是有连续性的，这也保证了工作流程的连续性。某个职位上的人员如果有变动，不会影响整个组织的连续运营，这就能够最大效度地保证工作效率。

科层制可以获得最高程度的效益，在精确性、稳定性、纪律严明性和可靠性上，都比其他任何类型要好；而且，科层制可以让人们精确地计算出每个行动的后果，这也正是科层制优越性的体现。无论是从集中效率上看，还是从运作范围上看，科层制这一形式对所有类型的行政事务都适用。

所以，虽然传统型权威和克里斯玛型权威也在某些领域发挥作用，但是现代社会最核心的权威类型还是以科层制为组织构架形式的法理型权威，在法理型权威中，人们按照法律的规范行事，承认的是法律本身所带有的权威，而不仅是执法者的权力。虽然科层制在后来不断变革，但依然没有被其他权威形式所取代。

科层制的缺陷

当然，韦伯所提出的科层制，并不是完美无缺的。虽然韦伯非常支持科层制，但他也意识到科层制存在弊端。

在科层制的管理运作中，占主导地位的是形式化的、非人格化的精神。科层制的专业性和理性基础，让它所遵守的形式法规严格规定了每个机构和机构下的每一层级所管的范围，和它们的权力。

当这样的特性发展到极致时，原本的理性因素就会向非理性因素转变。

第一点，韦伯指出，分科执掌、分层负责，会让会议和文件数量增加，"官样文章"（red tape）、文牍主义泛滥，这样的现象会让我们和科层制的组织结构打交道时，产生出很多的困难和麻烦。

比如，原本走程序是为了规范办事流程、明确权责关系，但是，有时候遵守程序会高过组织的根本目标，所以，如果明明存在更好的解决办法，还是要遵守程序，这就会造成事实上的效率低下。

迪士尼的动画《疯狂动物城》（Zootopia）里，车管局的公务员全是树懒，讲话、做事都慢好几拍，愁得办事人头皮发麻，也是讽刺行政部门效率低下。

第二点也是韦伯最担心的一点，过度理性的科层制结构会束缚人们的个体自由，造成对人性的漠视、对个人自由的抹杀，压制了个体的创造性。

说得更明确一些，韦伯对科层制的构想本身就暗含着对人性的理性化、程式化的预设。科层制就像一架由人组成的机器，它运转良好，没有人情味，个人就是这架机器上一个个性能良好的大大小小的齿轮，而整个社会秩序也在这架机器的带动下有序井然。这种为了追求效率而对人性的极大漠视，最终会变成一个"人性的铁笼"，罩在每个人的头上。

韦伯指出，现代组织方式极大地提高了生产效率，人支配自然的能力达到了空前程度；但是，这个由理性化创造的世界会变成一个怪物，它把自己的创造者"非人化"。

韦伯对于理性化的分析和我们之前提到的马克思的"异化"的概念很像。但不同的是，马克思认为异化是人类发展过程中一个必经的阶段，人类的远景还是光明的。

而韦伯认为，当日常生活分工精确化、计算化、专业化，整个社会的情感就被剥夺了。人们沦为了工业生产般的机器工具，就像电影《摩登时代》（*Modern Times*）里，工业生产下，"无意识"的人们镶嵌于机器中的呐喊和叹息。

科层制 ≠ 中国的官僚制

看到这里，相信你会感觉到，韦伯所描绘的科层制，和我们所熟悉的中国式的"官僚制"，还是有很大区别的。

虽然韦伯在理论层面提出了科层制的一些缺陷。但是，韦伯所说的科层制依然是一个理想类型构架，也就是最理想状态下的科层制。在现实生活中，科层制并不是和韦伯所描绘的概念完全对应的。

在中国，官僚制更多的是和官僚主义联系在一起，是一个具有贬义的词汇。我们说到官僚制，就会想到慵懒、拖沓、不作为等。

不能否认，官僚制在中国历朝历代的统治中发挥了重大的作用，是维护帝国运行的重要组织力量。与此同时，我们也可以看到历史上中央政府内部不同层级之间尔虞我诈、争权夺利，中央权威与地方权力之间微妙的央地关系，以及一介小官作威作福的丑态。这些都是中国官僚制的弊病。

现代以来，随着法律法规的完善，中国的官僚制度也发生了一些变革，但是依旧存在很多问题：

政府部门办事操作复杂，程序僵化，效率低下。比如，出国旅游要证明"你妈是你妈"，还有许多地方办一些证件需要盖几十个章。

各部门管辖范围不清，互相踢皮球的现象实在不少见。原本是一件简单的事情，却不得不反反复复办理，跑了很多部门，可是依然得不到合理解决。一些公务员之间流传的做事秘籍就是："做错事比不做事的后果可怕多了，所以千万别太勤快，遇到事能推就推，能拖就拖，保住自己的铁饭碗最重要。"

很多时候中国的官僚制度过于"人格化"，讲究人情场面。中国一直以来就是人情大国，人们心里早就默认了"朝中有人好办事"，所以人们才会追崇"官本位"。这不仅和韦伯科层制中的"非人化"完全相反，更是严重丧失了科层制的理性。

官僚机构臃肿，行政成本过高。举一个例子，媒体曾报道山东某个县政府里有一名县长，6名副县长，还设有15名县长助理，仅仅一个县级领导班子就能坐满一个会议室。虽然这个现象是个例，但可也看出中国官僚机构官员设置的臃肿。

目前，政府财政供养人员主要分为两大类：一是政府机关人员，包括国家机关人员、政党机关人员和社会团体机关人员；二是事业单位人员，包括教育、医疗卫生、科研、文化等公立部门人员。

有专家估算，我国政府财政供养人员总数已经上涨到近8000万，也就是说，10多个人中就有一个财政供养人员。行政成本之高，远超过世界各国的平均水平。我们在开头讲到的，中山大学学生会里的上百名干部，也是官本位之下的一个缩影。

现实思考

虽然韦伯所说的理论上的科层制是不完美的，运用在今天的社会，某种程度上也显得有些不合时宜了。但是，对于这个时代来说，科层制依然可以说是一种"最不坏"的组织形式。

不论是整个国家的官僚制度，还是企业、学校、社会团体这样的中小型组织，都没有办法避免科层化的趋势。

如何基于人性的考量，对官僚组织形式进行设计和完善，又如何在科层制这个组建和维护社会秩序的机器之下，最大限度地尊重人性与个体的自由？实际上，我们探究科层制的时候，还是不能绕开对人性和社会秩序的讨论。

必须承认的是，科层制的构想本身就暗含着对人性的理性化、程式化的预设，当科层制受到人性中的利己、惰性等缺陷的腐蚀，其效率与可靠性就岌岌可危了。而科层制对人性的漠视和人性本身的缺陷相互作用，既会侵蚀科层制本身，也会对人性造成威胁。

我们也意识到，中国的官僚制度还需要向理想类型中的科层制靠近，因为科层制的基础是理性主义，在这方面，我们依然有很多改变和进步的空间，尤其是需要更好地推行理性基础的法治。

其实，官僚制的问题，在发达国家也是一样的。我有个学生之前在巴黎交换学习，为了办一张公交卡不得不在"有关部门"之间来回周旋无数次，最后在学期快要结束的时候才拿到了卡，这让她对法国官僚主义非常生气，而怀念起中国的办事效率了。

这些现象都不能简单地说是体制或者个人的原因，是体制和人性的相互作用，造成了这样和各自初衷背道而驰的结果。

一个文明社会里，我们需要尊重、了解制度，并且承认任何制度设计其实都会存在各种不足。同时，我们要做的是，冷静、理性地看待人性的弱点，不断推动制度的修订、改善和进步。

好的制度，可以激励人们的行为选择，因为人们都有理性的一面，喜欢趋利避害。规则越清楚、越明确，所指向的行为主体越具体，就越容易实现制度的激励效能，保护、激励并发展人性之善，从而确保秩序的正常稳定。

正是因为这样，我们才更加需要设定多层的制度，通过提高某些行为需要付出的代价，并且奖赏另一些行为，改变人们的"相对收益"和"偏好顺序"，限制人们的选择范围，让人们走向有序化，这也是科层制对于我们现代社会的意义。

人性的铁笼：

我们是否已经进入卓别林的摩登时代？

扭螺帽的查理

查理是一名流水线上的生产工人，每天的工作任务就是把一颗颗六角螺帽扭紧。由于每天都在机械重复着同一个旋转螺帽的动作，以至于在查理的生活中，每一个六角形的东西，都成了他眼里的螺帽，都会情不自禁地上去扭动一下，就连大街上一位裙子上带有六角形纽扣的女士，都成了他习惯性去扭一下螺帽的对象。

查理是谁？他就是 20 世纪最著名的喜剧大师卓别林的电影《摩登时代》中的主角。卓别林的作品被誉为默片时代最经典的篇章，其作品影响深远，时至今日，依旧在世界范围内广为流传。事实上，人们喜爱卓别林不仅是因为他的作品给我们带来的欢乐，更主要的是，他的许多作品都反映了人与社会的独特关系，揭露了资本对工人的剥削和大众所遭受的压迫，他也被誉为 20 世纪最为杰出的批判现实主义艺术大师，一个伟大的人道主义者。

尤其是《摩登时代》这部电影，以 20 世纪 30 年代伴随着美国工业机器大生产的逐步普及，导致工厂大量解雇工人而造成失业浪潮为背景，影片的主角查理正是这千千万万底层工人中的一员。工厂的老板为了提高生产效率，不断的强迫流水线工人加快工作速度，这才导致查理的精神失常。即便如此，老板依旧不满足，为了创造更高的效率，荒唐的引入了吃饭机器，机械化地喂食工人。查理在试用吃饭机器时机器出了故障，出了毛病的吃饭机器在他惊恐的脸上不住扇打。这些影像无不反映了机器时代带来的恐惧和打击，劳动者也仿佛被"镶嵌"在巨大的齿轮之中，成为机器中的一部分，整个社会都变得机械化。

《摩登时代》反映的是美国工业文明初期工人的血汗生活。这部电影的永恒意义，正在于它是超越时代的，它预言性地演出了工业文明建立后爆发出的技术理性危机，将讽刺的矛头直指这个被工业时代异化的社会。

什么是机械化的异化社会？相信我们每一个人都会有这样的感受，仿佛我们也是那位查理，只是查理做的是不断地扭螺帽；而我们做的，是不断的绘制撰写各种图表、各种 PPT、各种文宣汇报材料。在日复一日地工作中，渐渐消磨了当初的热情和理想，成了复杂组织体系里的一环、一台庞大机器里的小螺丝钉，无非就是随着经验的累积和职位的提升，小螺丝钉变成了大螺丝钉，但依旧还是一颗螺丝钉。

是的，我们是身处现代性的社会，但是我们似乎从未摆脱掉查理的困境。人人都渴望成功，追求极致的效率，可是每日又都机械而重复地做着很多无意义的工作，从而愈发失去了自我，丢失了自我的主体性和创造力。

无论你是否意识到这一点，社会中的每一人其实都被困顿于由过度理性所带来的困境中。我们该如何理解这样的困境？我们是否有机会摆脱这样极度理性的束缚枷锁呢？

现代社会中的理性困境

我们在前面和大家讲过韦伯提出的科层制和工具理性。这里我们简单回忆一下，在韦伯的描述中，科层制是资本主义社会现代化的一个基础，是西方社会理性化的重要体现。科层制使组织管理领域能像经济领域一样，实行专业化和分工；能像生产过程一样，按无个性的公务原则来运作；能够和"生产者与生产手段分离"一样，实现管理者与管理手段的分离。虽然从纯粹技术的观点看，科层制可以获得最高程度的效益，但由于其追求工具理性的精确计算，造成了对人性的漠视与对个人自由的抹杀。

当现代社会为追求效率而将科层组织推进到人类一切活动领域时，人类就给自己建造了一个既无处不在又无法逃逸的铁笼。这一铁笼无视人性及其需要，对个人自由造成了巨大的威胁。

按照韦伯的说法：“今天，我们已经目睹无所不在的科层制化和理性化正在降临，想想它们的后果吧。现在，在所有以现代方式运作的经济组织中，理性的预测在任何阶段都已经非常明显。由此，每个劳动者的行动都可以数量化的方式加以测量，每个人都成了机器上的一个齿轮；而且，只要他意识到这一点就会努力成为一个更大的齿轮——我们现在技术上更完美、合理，因而更富机械性。”[1]韦伯看到了传统向现代社会转型的过程中，理性化在其中扮演的作用和影响。他更是认识到了理性化的未来，即导致人的异化、物化、不自由，人们成了机器上的一个齿轮。

机器上的一个齿轮

“每个人都成了机器上的一个齿轮”，倘若我们把这样的机械工具和经济秩序推向一种极端，我们的社会会变成什么样呢？

我的一位学生曾写过一篇非常精彩的科幻短篇小说，描绘了人类社会在未来一种极致理性化的图景。

在未来，人类社会进入到一个理性高效的新时代。伴随着生产力的空前发展，人们的欲望与消费力也一起无止境的蔓延，其结果是，人类的资源逐渐走向枯竭。为了最大化地高效利用资源，人必须与

---

[1] 转引自周晓虹：《西方社会学历史与体系》（第一卷），上海人民出版社，2002年，第383页。

人工智能配合起来共同运转，保证社会的分工与资源的利用精准对应，分毫不差。

为此，每个人在18岁前都是完整的人，而在18岁生日时，必须接受成年礼——依据自己通过测评所评估出来的不同特长，仅保留大脑和从事该职业所必需的器官，并移植到不同的人工智能机中，其他的器官则废弃掉，人从此以机人结合的模样面世。譬如，做播音的，只保留脸部；做工人的，只保留双手，其他多余的器官都切除掉。

在这种规定下，人类社会分成了三等：最高等者只需保留大脑，做那些人工智能无法负担、需要人类思维操控的工作；次等者则可以保留脸部、颈部，做一些人工智能模拟成本很高，涉及表演、播音的艺术类工作；而最低等者则只保留手部，在工厂里从事技术杂工类工种，做一些人工智能没有办法精密操控的手工活。

整个人类社会变成了一台巨大的机器，每个人和机器结合在一起，把自己身体上最有用的器官嫁接到机器上，和机器一起运转。这样的运转方式是最理性、最高效率的社会运作机制。而过去那种完整、全能的人是对资源的巨大浪费，人只需要保留最有用的那一部分器官，才有资格存活下去。

在小说的世界中，人类社会实现了最高程度的工具理性，这样才可以保持人类的继续存续，而情感、价值、灵魂，这些都反而成了多余的累赘，成了不需要的附属品。

韦伯也曾做出过类似的悲观预测。在韦伯看来，过度的理性会给人类命运带来巨大的负面影响，如果全部由理性化创造，那么世界就会变成一个怪物，它将自己的创造者非人化，其最终的结果是"专家没有灵魂，纵欲者没有心肝，一个废物幻想着自己已达到前所未有的文明程度"。

过度理性的时代

对于这个号称是理性的时代，现代诗人张枣在一首诗里有过非常真实的写照：

> 我对这个时代最大的感受就是丢失
> 虽然我们获得了机器、速度等
> 但我们丢失了宇宙
> 丢失了与大地的触摸
> 最重要的是丢失了一种表情
> 我觉得我们人类就像奔跑而不知道怎么停下来的动物

在这样的"理性时代"，社会物质财富急剧膨胀，工业化、城市化带来了文明的快速现代化，而同样时代下的单个个体的价值和品格的丢失是否就是必须承受的现实？我们又是如何丢失了自我？

在这里，想跟大家举两个例子。一个例子和大家日常生活中的消费习惯有关，所谓"纵欲者没有心肝"；另一个，则和我所在的学术圈有关，所谓"专家没有灵魂"。

我们先来看看第一个例子。

我们看到在消费主义至上的浪潮中，消费场所要想获得极大发展，并让消费在人们生活中占据主体地位，就必须遵循韦伯所提到的理性化原则，按照诸如效率、可计算性、可控制性、可预测性等进行大规模的复制和扩张。

这种理性化发展的结果是在我们身边每一座都市里，越来越多眼花缭乱的大型商场，通过地铁、商务楼、住宅区连接在一起，让身处其间的人们每一天都穿梭在商场中，流连忘返。商场里一层又一层，上上下下的电梯把你载到商品的云端，目迷五色、耳乱五音，不知身在何处，只好意乱情迷地游走，不知不觉地走进一家又一家专卖店，一次又一次地成为商品的俘虏。

而在追逐中产梦的焦虑之下，人们迫切地想将购买的衣服、挎包、首饰转换为身份的标签，通过满身的品牌来展示自己的阶层品味，却在不自觉中陷入消费欲望的铁笼之中，无法自拔。

哈佛大学文化批评学者李欧梵就曾评论说："时至今日，购物成为有史以来最繁盛的时代，我们几乎是要做最大的挣扎才不购物。至于我们为什么要购物，其原因早已不再存在，不购物反而才是不正常。"

就像以色列历史学家尤瓦尔·赫拉利（Yuval Noah Harari）在其著作《人类简史》（*A Brief History of Humankind*）中总结的那样，如今整个社会都在鼓励消费主义，打着人类应该善待自己宠爱自己的旗号，消费更多的产品和服务成了美德，即使人们过度消费慢慢走上绝路也在所不惜，整个世界都在匆忙地推动你往前走，我们早已沦为乖巧的消费者。

第二个例子，则和大学和学者有关。

伴随着理性思潮的全方位渗透，一向被认为最纯净最与世无争、世外桃源般的学术圈也未能幸免。过去以大学为代表的学术和教育机构，虽然依赖于政府拨款，但学校管理者和教师、学者总是试图与政府、市场、捐助者拉开距离，力图保持学术的独立性和客观性。

然而近几十年来，全球化背景下科技革命、商业潮流、资本力量的重重压力下，社会开始向大学提出更加所谓的"理性化"的要求，原本为知识而耕耘的高等学府开始向"创业型大学"转型，或者把商业活动引入大学。这一切，都宣告着学术资本主义时代的到来。我们看到不少老师，因此整天忙碌于各种项目课题中，老师负责谈项目、接课题，学生负责做课题、写报告，大学老师也变成了一切向钱看齐。

工具理性指导下的社会，国家和政府对于应用性学科，也就是我们常说的理工科的重视度和投资都远高于人文社科，这不是我们国家的特例，比如这些年欧美等国家也极力想办法吸引学习计算机、医学、化工材料、航空航天等科学的留学人才，而他们对于文科的留学生的偏爱则几乎是很少。

学术资本主义的蔓延，也让大学逐渐放弃了精英和社团治理的传统，转向为金钱、威望和世界排名而奋斗。把实现经济目标、量化评估和国际排名作为研究和教学成果的标准，用论文发表数量和外部管理控制取代传统的学术自律和职业自治。把教授和研究人员变成学术产业工人，用他们的学术成就和学生作为资本积累，为大学排名"奋斗"。

自大学出现以来，学术界一直奉行对知识的忠诚、对真理的忠贞、对人的关怀等许多的学术原则都在学术资本主义的压力下开始为斗米而折腰。国内外学术界都曾爆出学者为了科研经费和名誉，学术造假、论文抄袭。出现这样的现象不排除是有一些人自身的道德败坏，但是现实中，由于现在大学的考核制度，导致许多的老师和同行，迫于保存工作饭碗的压力，选择放弃自己的学术兴趣和热爱，转而追求单一的论文发表，成了论文生产的机器，而从事学术真正的本心，却早已经丢在了一边。

被推动往前走的人生

可以说，在这个追求效率的"摩登时代"，无论是消费市场，还是大学机构，几乎在所有行业领域中，我们每个人都被转变成了效率机器上的一颗螺丝钉，一边被时代的速度所裹挟，一边又被内心的欲望所深深驱动。

如果把世界比做一个巨大的工厂，我们都早已经成为这其中的一环，我们人类创造了这个工厂，而如今这个工厂的转速越来越快，我们几乎是被推动往前，在这样麻木机械的运转中逐渐失去对我们自身的关怀。

　　本节和大家讨论了韦伯所描绘的"人性的铁笼"，韦伯在宏大的历史维度上为我们展现了理性的变迁及其对社会的影响，听起来似乎是对人类社会发展的悲观和愤慨，然而并不等于我们可以就这样消极地打发人生。

　　事实上，尽管理性危机已经渗透到生活的方方面面，但生活仍然取决于我们以怎样的面目面对这个世界，采用什么样的态度和策略。欲望人生事，得失寸心知。究竟是为什么而活，理想、自由还是欲望？ 我们是否可以一边努力向上，一边实现真实的自我？又是否可以救赎心灵，找到人性的本真，从而去减轻牢笼的痛苦，达到人生的彼岸呢？

　　我希望这些问题可以引发大家的思考，选择跟着自己的热情大步向前，而不再麻木地被时代巨轮所推动。

第五章

鼓荡心灵的诗歌和宗教化为虚空

世界的祛魅：

人类可以通过基因编辑成为自己的 "造物主" 吗?

本节我们将一起讨论一下韦伯的经典理论，那就是"世界的祛魅"。什么是"祛魅"呢？这两个字，字面意思是"祛除魅惑力"。那么，为什么世界需要祛除魅惑力？世界要祛除的，又是什么东西的魅惑呢？要想理解韦伯的这个理论，我们需要从欧洲的历史讲起。

祛魅时代的到来

我们知道，在古代中国，人们是相信"神"的，欧洲也一样。在文艺复兴和宗教改革以前，欧洲大陆还处在天主教会的神权统治之下。那个时候，宗教的魔力是巨大的，教廷是神圣不可侵犯的，教会严格控制着人们的精神，不允许任何违背宗教的价值体系存在，其中也包括科学。

在这样的背景下，波兰天文学家哥白尼（Nicolaus Copernicus）因为害怕遭到宗教迫害，把他的研究著作《天体运行论》（*On the Revolutions of Heavenly Spheres*）隐藏了 30 年，直到弥留之际，才决定出版；而在哥白尼之后，意大利科学家布鲁诺因坚定地支持日心说，反对圣父、圣子、圣神的三位一体和基督神性，被教廷活活烧死。

后来，欧洲经历了文艺复兴运动和宗教改革，在现代性的转型过程中，一体化、绝对化的宗教神权社会解体，天主教会的精神垄断被打破，人们的思想得到解放，世俗社会发展了起来。用韦伯的话说，就是西方社会开始进入到理性化的历程中。

而整个理性化的历程，其实要做的就是，把一切带有巫术性质的知识或者宗教要素的迷信和罪恶祛除，推进现代文明。这个历程，就是韦伯所说的"世界的祛魅"。

1919 年，韦伯在《以学术为业》的主题演讲中，用一段话比较集中、清楚地论述了什么是"世界的祛魅"：

> 只要人们想知道，他任何时候都能够知道；从原则上说，再也没有什么神秘莫测无法计算的力量在起作用，人们可以通过计算掌握一切，而这就意味着世界的祛魅。人们不必再相信这种神秘力量的存在，像野蛮人一样，为了控制活着，祈求神灵或是求助于魔法，而是技术和计算在发挥着这样的功效，这比其他任何事情都更加明确、理智化。[1]

---

[1]　［德］马克斯·韦伯：《学术与政治》，钱永祥译，广西师范大学出版社，2010 年。

祛魅时代的到来，意味着理性成为日常生活中的智慧标准，每个人都可以自由地决定自己的命运，而不用等待神的召唤，人们开始获得自己理解世界、控制世界的主体性地位。

其实，"祛魅"的过程中，人和世界的关系也发生了根本性的变革。人们不再觉得自己是世界的一部分或者是世界的产物，而是可以借助科学来改变世界、创造世界的主体。

一旦人们觉得自己是自己的主宰，那么人们生活的意义、人们的终极关怀和价值追求，就不再需要通过教会来获得，而是从世俗生活本身产生，从这个时候开始，精神生活开始走向世俗化。

而随着时间的推移，科技发展得越来越快，很多以前没有办法解决的问题，比如照明、通讯，现在都不是问题；还有一些我们以前不了解的领域，比如月球、黑洞、引力波，也都不再神秘。但是，在这样的情况下，新的问题又出现了。

我们在之前有过讨论，社会的主流思维模式逐渐转向追求效率至上的工具理性。人们做一件事，不再是为了精神上的意义，而是非常简单直接地考虑是否能达到功利的目的。

在不断发展的技术面前，人们的控制欲望也越来越强，很多人认为，科学可以解决一切难题。但事实真的是这样的吗？科学能解决一切难题吗？

2018 年 11 月 26 日，中国生物科学家贺建奎团队宣布，世界第一例免疫艾滋病的基因编辑婴儿健康诞生。那是一对双胞胎，她们的一个基因经过编辑修改，可以让她们一出生就能抵抗艾滋病。

　　这个消息马上传遍了世界，瞬间成为全世界最爆炸的新闻。

　　基因编辑这种技术本身作为一项重大突破，在很多领域都为人类创造了福利。比如对动植物的基因编辑能够改良农作物、降低家禽生病的概率等，这项技术已经被广泛使用。但是，对人类胎儿的基因编辑技术却从来没有被推广过。

　　这是因为：第一，目前国际上主流医学界对基因编辑胎儿有规定，我国也在2003年的时候就颁布了相关的规定，科学家可以以研究为目的，对人体胚胎进行基因编辑和修饰，但是，必须是体外培养，不能在人体内做实验，而且，从受精或者核移植开始计算时间，体外培养期限不能超过14天，研究后一定要销毁，绝对不能让基因编辑胎儿出生。从这层意义出发，贺建奎团队对人类胚胎进行人为干预的行为，是违反法律的。

　　而第二个原因是，基因编辑婴儿有巨大的伦理风险，它关系到人类基因的家谱系统，关系到整个人类的未来。千百年来，人类的繁衍，有着自然的规律，而基因编辑意味着人类可以根据自己的想法，去编辑另一个人类的生命，在婴儿出生前就按照自己的设想进行基因"改造"。

　　一旦允许人们用基因编辑婴儿来防治艾滋病，也必然可以基因编辑婴儿进行其他目的的改造。人们可以通过基因编辑来决定孩子的长相、身高、体质、智商，甚至可以人为地根据自己的意愿塑造自己需要的人，比如超人。

　　人们想要通过科技成为自己的造物主，这种行为，就好像英国作家玛丽·雪莱（Mary Shelley）创作的小说《科学怪人》（Frankenstein）里的科学家弗兰肯斯坦，他把人们的尸体拼凑在一起，想创造一种新的生命，从而主导世界的运行。

那么，对活人进行基因编辑的贺建奎团队，到底是像弗兰肯斯坦那样的科学怪人，还是推动科学向前迈进了一大步的科学神人呢？

在这里，我们必须清楚，我们有没有资格编辑他人的生命，有没有权利决定下一代人的一生？这样把自己变成"造物主"的行为会不会带来我们没有预料到的巨大风险？如果出现了问题，谁来负责？从最前沿的医学技术来看，我们目前不仅不能预测这一系列人为操纵所产生的后续影响，更没有人能够担保对这样的后果负责。

唯一可以确定的是，基因编辑很大程度上是不可靠的，《上帝的手术刀：基因编辑简史》一书的作者，浙江大学生科院教授王立铭，在接受记者采访的时候就评价说："基因编辑技术虽然在快速发展，但还是有很多根深蒂固的风险，其中最主要的就是'脱靶'的问题，也就是说，在切除'坏'基因的时候，很有可能连带破坏了正常的无关基因，最终导致非常严重的、而且从原理上难以准确预计的遗传疾病风险。"

英国科学家斯蒂芬·霍金（Stephen Hawking）在他的最后一本书《十问：霍金沉思录》（Brief Answers to the Big Questions）里也表达了他对基因编辑的担忧。他说："反对人类基因工程的法律可能会被通过。但是有些人无法抵抗改善人类特征的诱惑，例如记忆力，抗病能力和生命长度。"[1]

我们一直说人性的本质包含着贪欲。但是，就算基因改造有很大的风险，还是有人会不顾后果，借科学的名义冒险尝试，他们还会说，世界上没有技术解决不了的事情，一切都是大势所趋，我们人类无法抵挡。

这样念头的背后，一方面是外在的金钱驱使，另一方面则又回到了我们前面提到的工具理性占上风、价值理性被遮蔽后，道德约束的缺席。

事实上，韦伯早早就预料到世界祛魅过程中的问题。他说，在这个理性化、理智化、祛魅化的时代里，"鼓荡心灵的诗歌和宗教化为虚空"，祛魅给人们带来物质和精神文化上的成就，同时也带来许多深远的问题和危机。人类对自己和对社会的认知，虽然已经发展到一个新的高度，但是，未知的事物还有很多很多，科学并不能解决一切难题。

可是，人们有时候认识不到这种局限性，依旧沉迷于自己的全能之中，这就可能造成很多不可估计的后果。

---

[1] ［英］史蒂芬·霍金：《十问：霍金沉思录》，吴忠超译，湖南科学技术出版社，2019 年，第 79 页。

科学的局限性

那么，我们到底要怎么辩证地看待科学呢？

在《以学术为业》的演讲中，韦伯提出，科学的真理是柏拉图的《理想国》中引导人们走向光明的太阳，科学捕捉的应该是真实的存在。

但是，现在的世界，很多人对科学的理解却是狭隘的，所以韦伯说："在今天的年轻人眼里，科学的思想图景是通过人为抽象建立的一个彼岸王国，这抽象凭着自己瘦骨嶙峋的双手，企图把握血肉饱满的真实生活，却从未成功地捕捉到它。"

这句话的深层含义是，科学的首要目标是发现事物和事件的本质和规律，科学源于对日常生活的观察却不止于日常生活的规律，科学没有我们想象得那么无所不能。

当然，从这百年来看，科学和技术的结合为人类创造了数不清的福利，几次工业革命让我们切切实实地感受到，科学技术对日常生活的改变和生活质量的提高。

科学之美在于公式、规律之中，可以通过简单的数学公式来解释和表达复杂的自然世界背后所隐藏的特定规律，但这个世界并不完全由一条条公式组成。

事实上，人类对科技的掌握只是我们了解和把握世界的一种方式，既不是唯一的一种，也不是全部，文化、艺术、道德和日常经验，都可以帮助我们接近真理。科学只是世界的一部分，如果把人类的福祉与未来都仅仅寄托在这单一的方面，而忽略了人文、艺术、伦理的底蕴、审美、约束，那么大家只会沦为不出错却毫无感情的机器和工具，这不仅违背了人性的本源诉求，而且对于人类文明的进步、发展没有任何好处。

面对这个复杂而多变的世界，我们应该以一种360度、3D立体的眼光去认知。然而，工具理性和功利主义支配下的今天，片面强调科学技术是唯一生产力，强调科学意味着生产和权力，这实际上严重忽略了人类看待和把握世界的其他方式。

在《以学术为业》中，韦伯也鲜明地提出过一个观点，那就是，"科学是不涉及终极关怀的"。

的确，我们是可以利用科学创造福祉。科学家们也确实在求真求实的态度下，带领着人们从无知走向已知，但是，科学并不是万能的。如果只是用科学这种工具来丈量这个世界，一定是片面的。

德国哲学家康德在《实践理性批判》（*Critique of Practical Reason*）这本书中有一句很有名的话："有两样东西，我对它们的思考越是深沉和持久，它们在我心灵中唤起的惊奇和敬畏就会日新月异，不断增长，这就是我头上的星空和心中的道德定律。"

康德所说的头顶上的灿烂星空，指的是自然科学，心中的道德法指的是伦理道德。康德一生都在研究、探索，想要在道德律和科学之间找到平衡。

其实，我们今天遇到的很多问题，也会有着和康德同样的纠结、烦恼。

比如，医学的愈发昌明，让治疗绝症、延长寿命，甚至对于永生都不再是幻想；然而同时，出于私心，对基因编辑技术的滥用，扮演全能"造物主"的角色，在利益面前，不顾潜在的巨大风险，把人类未来的福祉和全局的发展丢在脑后，却是一种对技术发明者的侮辱。

再比如，人工智能和机器学习的大力发展，极大地解放了劳动力，提高了生产效率，让人们可以自由地创新与创造，然而同时，一些不顾伦理的机器造人试验，又引起担忧和恐慌，未来我们会不会反过来被自己制造的机器人所控制？我们利用科技将大自然的资源物尽其用，但同时，过度开采自然资源，对于环境的破坏，让生态系统已经到了濒临崩溃的临界状态，所造成的大气污染、垃圾围城、动植物群逐年减少等问题，都已经让我们付出了沉重的代价。

科学已经成为人类的一种存在方式，同时也是进步的工具，但还需要和信念、伦理、道德结合在一起，才能成就世界的韵律之美。

人类利用科学成果不断满足自身欲望的同时，如果没有内心的自律，遵循公认的伦理，反省自我的约束，那么很可能就会在追求更高、更快、更强的时候反而走入堕落，在追求发展向上的现代社会里丢掉底线和尊严，在追求理性的路上反而一路丧失理性。

摒弃"科学至上"，保持敬畏之心

本节我们重点和大家讨论了韦伯的经典理论——"世界的祛魅"。祛魅原本是一个让我们用科学理性来看待世界、消解知识的神秘性和魅惑性的积极过程，它把人类带入了新的开放领域。然而，随着现代资本和市场经济的发展，人在技术意志的支配下，开始最大限度地谋求利润，而丢掉了对于科学本身的敬畏之心。

不顾一切地滥用技术，不考虑可承担的后果，这是"科学至上"论的最大诟病。如果，人类的欲望完全被外力牵引着走，可能就会丧失"生而为人"的基本尊严和崇高理想。

试想一下，当世界彻底被私心和贪欲所包裹的技术所主宰，就好像科幻电影里所塑造的未来那样，人们成了没有精神生活、没有价值底线、以利益为导向的机器生物。

如果垂垂老矣的我们，拜医学与科技所赐，能够延长寿命至120岁，甚至发明出特质的芯片，植入体内，达到了一定意义上的永生，但是却失去了人和人之间情感电波的涌动，彼此的付出和扶持，到了那时候，活着也仅仅是活着，毫无意义可言。

在社会学家看来，作为人类的我们，彼此之间是相互渗透、爱恨交织的个体，而不是机器。人类，就是因为这种交互来往才具有社会的属性。

美国社会学先驱查尔斯·库利（Charles Cooley）在他的代表作《人类本性与社会秩序》（*Human Nature and the Social Order*）中说道：

> 个人是和人类整体不可分割的，是其中活生生的一分子……他不能脱离人类整体；遗传和教育因素已经构成了他的生命。而另一方面，社会整体也在某种程度上依赖每一个个人，因为每一

个人都给整体生活贡献了不可替代的一部分。[1]

换句话说，社会作为一个系统，整体是为了各个部分而存在；但同时，社会各个部分又受到整体的制约，人和人之间的互动，会创造出独特的社会结构和文化模式。而这一切，都不是技术可以取代的。

所以，在一切强调理性化、祛魅的时代，我们更要清醒地知道，科学的目的应该是服务人类，造福人类。我们当然需要大力支持科技的发展，但同时也要看清科技和人类发展的正向关系。对于未来，我们要有孩童般的初心；对于未知，我们也要保有敬畏之心。

---

[1]　［美］查尔斯.霍顿.库利：《人类本性与社会秩序》，包凡一等译，华夏出版社，1999年，第26页。

克里斯玛型权威：

我们喜欢的"小鲜肉"，是一种克里斯玛型权威表现吗？

"小鲜肉"浪潮

这几年，娱乐圈刮起了一股"小鲜肉"的明星浪潮，他们带动起巨大的流量和讨论热潮，也让人们一次又一次地感叹明星偶像们的巨大魅力。

我们看到，无论是鹿晗、吴亦凡、朱一龙、杨洋，还是《偶像练习生》出道的蔡徐坤，或者是TFBOYS这个00后的中国内地人气偶像组合，"小鲜肉"作为流量明星，有着强大的粉丝团和应援团。

有的时候，他们只是发了一张自拍，发了新的短视频作品，或者是说了私生活里的一件小事，就会把微博挤得瘫痪。如果有人对"小鲜肉"稍微有一些负面的评价，这个人就会被"小鲜肉"的粉丝们团团围住，而如果再有点出言不逊，就会马上被粉丝们炮轰。

如果你不是粉丝的一员，那么你心里一定也会有疑问，为什么这些"小鲜肉"有如此强大的魅力，他们的魅力是否等同于韦伯笔下的克里斯玛型魅力呢？如果不等同，那么什么才是真正的克里斯玛型魅力？

小鲜肉的魅力=克里斯玛型权威？

也许有一些人会觉得，"小鲜肉"的魅力，和韦伯所说的超凡魅力型权威，也就是克里斯玛型权威是一样的，因为在英语中，形容一个人有魅力，用的是 charming，而超凡魅力的英文则是 charismatic，在词根上看"chris"的含义正是魅力非凡（indeed charm）。

所以在"小鲜肉"的粉丝心目中，这些明星们就是这样拥有超凡魅力的克里斯玛型人物，有着非常优秀的品质和巨大的吸引力。

但事实上，韦伯所描绘的超凡魅力，或者说克里斯玛型权威，还真不适合这个时代的"小鲜肉"们。韦伯笔下的超凡魅力，其实有着很深的政治社会学意义，甚至常常和革命浪潮相联系；而"小鲜肉"们的魅力，则更多来自娱乐时代之下商业经济的包装，常常和消费主义以及偶像崇拜联系在一起。

前文分析过，在划分政治领导的权威类型和统治模式时，韦伯提出了三种权威的类型，分别是传统型权威，法理型权威和克里斯玛型权威。

对于克里斯玛型权威，韦伯在《支配的类型》一书中做了如下定义："'克里斯玛'，这个字眼在此用来表示某种人格特质。某些人因具有这个特质而被认为是超凡的，禀赋着超自然以及超人的，或至少是特殊的力量或品质。这是普通人所不具有的，它们具有神圣或至少表率的特性。某些人因具有这种特质而被视为'领袖'"。[1]

被叫作"克里斯玛型"的人物，在他的追随者看来，是具有超凡脱俗的力量或者品质的，是无懈可击的。追随者愿意追随到死，他们的崇拜是无条件的。

韦伯认为，一般来说，克里斯玛型人物往往出现在社会动荡时期。

当出现社会危机的时候，人们就会期待英雄的出现，来带领他们走出困境。这种强烈的欲望，导致这个社会一旦出现了一位能力出众的人，并且，这个人凭借自身特殊的能力和气质，带领大家打破了危机，那么，人们就会对这样的人物产生疯狂的崇拜和迷信，甚至人们的价值观和行为模式也会发生彻底的改变。

而这一位克里斯玛型人物，也往往会被人们称作伟人。

韦伯还指出，有着超凡魅力的克里斯玛型权威拥有一种强大的改革力量，这里，他指的是政治层面的对社会的变革。

如果说法理型权威是一种外部的改革力量，它对社会的改变是首先改变社会的结构，最终慢慢地改变个人的行为和思想；那么克里斯玛型权威则不同，它会依靠领袖的超凡魅力，从而彻底地改变

---

[1]　马克斯·韦伯：《经济与历史：支配的类型》，康乐译，广西师范大学出版社，2004年，第353—354页。

人们的思想和态度，是一种内在的激烈的变革力量。

克里斯玛型权威的困境

但是，再有魅力的伟人，也不是永远伟大的，更不是永远正确的。

韦伯非常明确地说过，克里斯玛型的领导者往往带领人民在巨大的社会危机中摆脱了困境，但是这样的权威类型是不可持续的，英雄式的人物可以领导革命，他的权威也来源于他超凡的能力，但是在革命之后，国家和社会就会面临新的问题，那就是如何维持统治的问题。这是克里斯玛型权威的第一大困境。

要想维持社会的稳定和有序，不能简单地依靠个人魅力，还需要更多的理性制度建设、法律规范。

另一方面，克里斯玛型权威通常是脆弱的、不稳定的，因为整个权力最为核心的要素，就是这一位领袖。如果领袖人物不再有魅力，或者他的领导时期结束，再比如他去世了，那么整个社会也会陷入飘摇不定的困境中。

那么如何解决克里斯玛型权威的困局呢？答案有两种。

一是寻找新的"英雄"，或者是实现统治权力的世袭或禅让，向传统性统治过渡。

二是转型进入法理型权威。韦伯所支持的，是转型进入到理性统治的法理型社会中。权威的来源是合法的规则，还有被统治者对统治者的认同，而不是个别领袖或者伟人的个体超凡魅力。

历史上，克里斯玛型权威的例子有很多，比如列宁、戴高乐、罗斯福、阿拉法特、卡斯特罗等政治人物都是这样。人们对这些领袖的德行和能力深信不疑。而这些政治领袖，一直到今天，依然是享有盛誉的人物。

戴高乐的军装

这里，跟大家分享一个戴高乐将军的故事。

熟悉"二战"历史的朋友都知道，戴高乐可以说是法兰西的"再造元勋"，是帮助法国在战后取得战胜国大国地位的英雄人物。

在1940年6月14日，德国装甲师进攻占领巴黎，巴黎沦陷，法国傀儡政府向德国宣告投降。四天之后，流亡伦敦的法国将军戴高乐在英国广播电台发表了著名的抗击纳粹宣言——《告法国人民书》，号召法国人民团结起来，一起抵抗纳粹德国的侵略。

戴高乐的声音十分有感染力，他说："无论出现什么情况，我们都不允许法兰西的抗战烽火被扑灭，我们的战火也永远不会被扑灭。"在这之后，戴高乐组建了自由法国流亡政府，和德国继续战斗，立志恢复法兰西的尊严。

"二战"结束以后，因为戴高乐的超高威望和个人魅力，他接管了临时政府的政权。1958年，戴高乐修改法国宪法，成立法兰西第五共和国，当上了第一任总统。

但是，戴高乐在国家治理上并不如在战场上得心应手，甚至还做出了不少错误的政策判断。但是，因为他在"二战"期间的成就，让戴高乐依然在普通法国民众心目中占有重要甚至神圣的地位。

到了 1961 年 4 月，法国在阿尔及利亚首都阿尔及尔的驻军发动反对戴高乐的武装政变，呼吁法国民众响应，总统戴高乐陷入空前的管制危机。

面对危局，戴高乐做出了一个让人吃惊的举动。为了让大家听从他的指令，共同反对阿尔及尔叛乱的将领，他脱下了当总统的时候一直要穿的西装，再次穿上将军的军装，走到电视镜头前，发表了一番慷慨激昂的演讲。

演讲中，戴高乐痛骂叛乱者在干一场"可恶和愚蠢的冒险"，禁止所有的法国人执行反叛者下达的命令，并且要求维护"民族授予我的法国的共和政体的合法性"，演说结束的时候，他说："士兵们！你们正面临着忠实于谁的抉择。我就是法兰西，就是她命运的工具。跟我走，服从我的命令！"

这样的场景，这样的宣言，历史何其相似。人们好像又回到"二战"时法国最黑暗的时期，当时戴高乐将军一次次通过广播发出号召"我是戴高乐将军，跟我走"的场景中。

一句"跟我走"，身为将军的戴高乐再一次激起法国民众团结一致的精神，导致在电视讲话之后，成千上万的巴黎人涌向街头，将巴黎的各条街道挤得水泄不通，以表示自己对领袖的支持，戴高乐也就这样渡过了一场政治危机。

在这里，很明显，依靠选举合法性成为总统的戴高乐，他的权威和统治认受度，要远远低于拯救法国人民于侵略水火的将军戴高乐。所以戴高乐才会在出现统治危机的时候，再一次穿上战争时期的将军服，通过展现自己超凡的个人魅力，来获得民众对他的支持。

当他选择克里斯玛型权威去鼓舞大众，而不是法理型权威时，也许他早就意识到了，在某些情况下，以个人魅力和殊荣为代表的克里斯玛型权威甚至比法理性权威更加有威力。

事实上也确实如此，领袖的个人魅力和能力是非比寻常的，群众对他的支持和拥护也是非同一般。

美国总统尼克松后来也说："穿上将军服出现，戴高乐就拨动了深深地藏在法国人心中的感情之弦，激发了他们之间团结一致的精神，而这种团结的精神是只有在情况最坏而又渴望改善的时候才有的。"

不过，个人魅力虽然扭转了一次危机，但也不是每一次都可以取得最好的政治成效。随着法国经济结构的转型，人民生活水平不断提高，社会意识也发生了巨大变化。终于在 1969 年 4 月，总统戴高乐在各种棘手的社会问题和冲突之下，选择宣布辞职，结束了自己的政治生涯。

当然，我们并没有说这就是他在政治上的失败，其实，当他选择离开的时候，依然有着很多的支持者。作为一个在法国历史上有过丰功伟绩的领导人，他当时的"激流勇退"也可以看作是他伟大的另一个面向。

韦伯是第一位把克里斯玛型权威独立出来，并且分析了它的社会起源的人。可以说，这种类型的权威非常依赖"个人"的魅力、威信和影响力，在特殊的大时代背景之下，尤其是动荡、看不到前路的时候，一个神一般的人物出现，的确可以安抚民族的迷茫，甚至可以担当起解放大众于水火之中的救世主。

但是，一旦进入政治局势的平稳期，对于经济建设提出新的更高要求时，那么这类型的权威便可能无法再满足国家和民众的需求了。这个时候，最被韦伯所赞同的另一种统治类型，法理型权威便开始登上历史的舞台了。

社会是一件艺术品：

混杂是否也是一种秩序的美？

什么才是秩序的美？

要回答这一问题，我们首先想到的，是我们居于其间、每日穿行的城市，是否可以给我们日常的生活提供井然有序的便捷。以北京为例，长安街永远在堵车，西直门的立交桥弯弯绕绕，便利店大街小巷都难觅踪迹。生活在这样的超大型城市中，每一天都难免不会对城市的秩序有很多的怨言。但是另一方面，在一些专家、学者的视野中，城市的秩序，意味着清晰明朗、整齐划一的布局。特别是在城市规划和建筑设计上，一溜齐的招牌、没有遮挡的天际线、风格统一的建筑物，这才是有秩序的表现。

在这两种不同空间秩序观的背后，其实是对秩序之美的两种不同的认识：一种更加强调外在的统一和整齐，一种更加看重空间布局背后对于人的关怀。那么，到底什么是秩序之美呢？秩序的美，是否还包含着更深层次的文化和人本思想？

奥斯曼的巴黎大改造

在回答这个问题之前，让我们先来看一段巴黎的城市大改造历史。

1848年12月，拿破仑的侄子路易·拿破仑·波拿巴利用当时军人和农民对拿破仑近乎迷信的崇拜心理，在总统选举中出人意料地获胜。1851年12月2日，他发动政变，在"皇帝万岁"的呐喊声中建立起法兰西第二帝国，翌年自封为帝，史称拿破仑三世。为了巩固自己的统治地位，拿破仑三世登基后的首要政策就是发动巴黎大改造。在整治巴黎的蓝图下雄心壮志，他甚至多次亲临市政厅公开演讲，强调："我们将开辟新的道路，并且改善人口密集区和光线缺乏的问题，我们让阳光照射到全城每个角落，正如同真理之光启迪我们的心智一般。"

此时期的巴黎，尚还不是我们现在印象中的浪漫之都，随处可见宽广的林荫大道，接二连三的广场，无数的公园和绿地。恰恰相反，这里是一座人口稠密、乌烟瘴气的中古城市，街道狭窄拥挤、臭气熏天，毫无耀眼而骄傲的帝国荣光。特别是在经历过几度革命和动荡之后，整个城市一贫如洗，显得疲惫而老旧，社会治安败坏，公共卫生也岌岌可危，排水系统又非常简陋，一旦下雨，路面立刻积水。

另外一层更为关键的动力，则是逼仄狭窄的街道和蜿蜒缠绕的环状路网，极易成为街头示威及起义时设置路障的天然壁垒。因此在拿破仑三世的计划里，改造的一个潜在目标，就是拓扩宽敞笔直的道路以使入城镇压市民起义的马队通行无阻，也便于炮击，因为炮弹不懂得右转弯。

在这样的背景之下，一场脱胎换骨的惊人转变开始在巴黎上演，而主导并执行这场大戏的，就是巴黎城市大改造的灵魂人物——奥斯曼（Baron Georges-Eugène Haussmann）。

奥斯曼生于 1809 年，是一名土生土长的巴黎人，在被拿破仑三世这个"伯乐"发掘之前，他还仅仅是名巴黎市警察局局长。1853 年，拿破仑三世将奥斯曼招至身边，任命他为塞纳省行政长官，负责改造并重建巴黎的重任。

在政府的全力支持之下，奥斯曼毫无阻碍地圈占被改造地区的商业用地，推倒传统居住区，将大批工人、手工业者、小商贩和小业主驱逐至郊区，并将拿破仑三世眼里那些街垒战和造反温床的核心地带，进行了彻底的都市空间改造。

从 1853 年起到 1870 年第二帝国终结，巴黎共修建了总长 137 公里的数条林荫大道、总面积达 2000 多公顷的公园和九座横跨塞纳河的桥梁，3200 盏瓦斯灯彻夜照亮着新建的主干道。不久，这样的灯泡又照亮了连接卢浮宫与各个住宅区的街道。经过奥斯曼的大刀阔斧，一个以大凯旋门为中心，贯穿东西南北的大型道路轴线以及两圈由内环路和外环路组成的环形道路系统落成，并由此奠定了现代巴黎交通的基本格局。

奥斯曼在改造巴黎的城市面貌之外，还对城市的辅助系统进行了大规模的修缮和扩建，为巴黎遗留下一副完整的现代都市骨骼。巴黎的排水污染问题一向令人棘手，为此，奥斯曼铺装了800公里长的给水管和500公里长的排水道，建立起一整套完善的供水和排污、排水系统。在他的领导下，巴黎还兴建了许多公共建筑，包括新的图书馆、法兰西美术学院，以及著名的巴黎歌剧院；大量的百货店、时装屋、餐馆和娱乐场所纷纷落成，一并形塑出今日巴黎独特的城市氛围。

奥斯曼巴黎城市改造的效果无疑是惊人的。根据意大利建筑学家本奈沃洛（Leonardo Benevolo）在《西方现代建筑史》（*History of Modern Architecture*）中的记载："在同一时期内，巴黎的人口从120万，几乎增长到200万；法国公民的平均收入约从2500法郎增加到5000法郎，巴黎社区的收入从20万法郎增加到200万法郎。"[1]在数字的背后，巴黎脱胎换骨，空间意义上的秩序日臻完善，完成了文化人类学者大卫·哈维（David Harvey）笔下的"空间关系的转变"。之前只有小作坊或店铺沿着弯曲狭小的街区开张，现在是宽阔的大马路旁出现了巨大的百货公司与流行名品店，每家店面都有橱窗陈列商品，外面也有瓦斯灯照亮路面。想象一下今日巴黎宽敞

---

[1] ［意］L. 本奈沃洛:《西方现代建筑史》，邹德侬等译，天津科学技术出版社，1996年，第69页。

的香榭丽舍大道和大道两旁的奢侈名品店吧，其最初的根源，正是得益于奥斯曼的设计。

虽然奥斯曼的巴黎改造是一项脱离中世纪风貌以实践现代城市理念的空间创举，但他对旧巴黎毁灭性的拆毁却一直被后人所诟病。德国思想家本雅明（Walter Benjamin）就抱怨过，认为奥斯曼的改建工程在巴黎人看来只是"拿破仑帝国主义的一个纪念碑"；流亡在外的作家雨果被问及是否怀念巴黎时，就宣称"巴黎只是个概念"，除此之外，这个城市不过是一堆"利佛里大街（Rue de Rivoli），而我向来憎恶利佛里大街"。而在不少当代城市建筑师和历史学家，特别是法国的历史学家看来，奥斯曼无疑是粗暴地折断了巴黎历史的刽子手。在他大刀式地挥砍之下，巴黎城市的多样性被迅速摧毁，社会结构遭到破坏，贫穷区域和富裕区域也被彻底的分化。

奥斯曼最为人所诟病的，就是他在拆除老旧建筑的时候，只是考虑功能上"需不需要"，而全无保护历史文化遗产的意识。事实上，法国直到 1913 年才正式颁布《文物保护法》。在奥斯曼看来，任何有碍于他"改善交通、改善卫生"目标的建筑，都必须一律铲除。在这个政策指引之下，他一口气拆除了巴黎三分之一的中世纪和文艺复兴时期修建的建筑，以及超过 10% 的私人宅邸，甚至连他自己的住宅都不例外。圣日耳曼区的一大批私人住宅，巴斯兰堡街那些漂亮的新古典主义宅邸，还有巴黎歌剧院附近的宅邸，都一一被拆除，后来变成了我们今天的老佛爷和春天百货商店。今天我们所见到的巴黎，基本上都是改造之后的巴黎，古老的巴黎只有在城市核心的小小玛莱区才可以一窥旧貌。

与此同时，在奥斯曼开辟新的道路网络的时候，由于大规模的搬迁，传统的社会网络遭到破坏，"贫富交织"的平衡被打破。城西部、南部越来越"高贵"，城东部、北部越来越混乱。以工人、手工业者、小商小贩为代表的大批社会底层人员被驱逐到完全没有基础设施和卫生环境恶劣的郊区去居住。这些郊区当中的一部分，到今天仍然是被主城区所抛弃和冷落，演变成了毫无生机的"睡觉城"，成为社会问题的重灾区。这也是巴黎成为现代性大都市的代价。

不过，在这些批评和指责之外，就连本雅明也不得不承认，奥斯曼的改建工程"使巴黎人疏离了自己的城市，开始意识到大都市的非人性质"。奥斯曼出现的时间点，正是 1848 年欧洲资产阶级革命爆发的历史当口。政治力配合着资产阶级利益，使得商业经济成了城市的驱动力量。大卫·哈维（David Harvey）在他的《巴黎，现代性之都》（*Paris, Capital of Modernity*）一书中就曾指出，奥斯曼所主导的城市外在形态改造只是巴黎走向全面现代性的一个诱因，而真正的内因，乃是这些改变所带来的崭新的社会物质与社会影响。巴黎的新空间通过国家、金融资本与土地利益的重新分配，导致生产与劳动状况发生变化，从而诞生出新兴市场与消费主义。新的共同体与意识形态就此逐渐形成，并塑造出一个与旧巴黎断裂的新巴黎。[1]

例如，在奥斯曼强迫巴黎走入现代之前，在文学领域有浪漫主

---

[1]　［美］大卫·哈维：《巴黎，现代性之都》，黄煜文译，台湾群学出版社，2007 年。

义诗人与小说家，如缪塞、拉马丁、乔治桑，之后则是严谨、精简而洗练的散文与诗歌，如福楼拜与波德莱尔。改造之前，整个社会盛行的是乌托邦主义与浪漫主义，之后则是现实的管理主义与社会主义；之前所谓的制造业者只是散布各处的纯手工业者，之后绝大部分手工业则被机械或现代工作所取代；甚至，在奥斯曼动手改造之初，运水人在巴黎还是个十分重要的职业，但到了 1870 年，随着地下水道的完全铺设和自来水的普及，运水人几乎完全消失。

奥斯曼的城市改造，呈现出了一个现代性的巴黎，也同时拆毁了一座历史的旧巴黎，很多旧区深巷中的故事成为了历史的回响，一直到今天都留有争议。巴黎是不是可以变得更美丽？追寻现代性和保存历史这两者是否可以兼而得之？到底是现代性的城市更加有秩序，还是有历史厚重感的城市更加有韵味？

梁思成的北京古城保护

发生在巴黎的争论，也在北京发生过。

20 世纪 50 年代，建筑学家梁思成对于北京古城的保护，也曾遭遇到类似的困境。当时的梁思成，除了担任清华大学建筑系主任，还被任命为北京都市计划委员会的副主任。作为建筑学家，他对北京的城市规划提出过五点建议：

> 北京应该是政治文化中心，而不是工业中心。

限制城区工业发展。因为它将导致交通堵塞，环境污染，人口剧增和住房短缺。

保存北京故都紫禁城的面貌，保存古建筑城城墙城楼。

限制旧城内新建筑高度不得超过三层。

在城西建设一个沿南北轴向的新政府行政中心。

在一篇《关于北京城墙存废问题的讨论》文章中，梁思成曾这样畅想过北京的城墙："城墙上面平均宽度约十公尺以上，可以砌花池，栽植丁香、蔷薇一类的灌木，夏季黄昏可供数十万人的纳凉游息，秋高气爽的时节，登高远眺，俯视全城，它将是世界上最特殊的公园之一，一个全长达 39.75 公里的立体环城公园。"在梁思成的构想中，保护城墙是符合现代国家工程建设的。在北京的旧城区外另建新的行政中心，可以将不同的区域通过城墙及植物绿带相隔，旧北京城也可以被环抱起来，从而做到分区的规划发展。

遗憾的是，在梁思成的五点建议中，只有第三点"保存紫禁城的面貌"得到了采纳。梁思成有关将北京城墙保留并打造为世界上独一无二的立体环城公园的设想，终敌不过苏联斯大林模式和强调重点工业发展的社会主义建设观，这种建设观通过对建筑物的不断更迭以体现国家持续增长的生产力。结果城墙被拆去，北京亦进入到过度膨胀与中心化的发展阶段。今天我们再去讨论被大城市病缠身的北京的时候，人们总是会想到梁思成当年提出的这一古城保护规划，不禁生出许多感慨。

社会作为一件艺术品

德国社会学家齐美尔曾写道："社会作为一个整体便成为了一件艺术品。"[1] 在社会学里，齐美尔是最早将美学带入社会学视野的学者之一，他是一个现代生活的审美主义者，将美学的研究对象从"自然—艺术"的领域扩展到了人类社会。

在齐美尔看来，对于社会的理解，不应该简单地只看社会经济效益或者理性化的社会构成，而是应该注重内在的精神生命，注重作为现代生活体验者的个体的生命之旅与道德实践。

齐美尔将美学和社会学进行结合，这在社会学的研究路径中确实独树一帜。在齐美尔的社会学图景中，他还曾经专门对哲学家康德进行过研究。1914 年，齐美尔完成了研究康德的一本专著《康德》，并在书中对康德的美学思想和理性主义进行了再思考，从而形成了自己有关社会美学的认知。

康德曾经在《判断力批判》（ *Critique of Judgement* ）一书明确指出，人们的判断力可以分成审美判断力和目的论判断力两类，其中审美判断力写道："对客体的和目的性的审美判断，它不是建立在任何有关对象的现场的概念之上，也不带来任何对象概念。它的对象的形式在关于这个形式的单纯反思里就被评判为对这样一个客体

---

[1]　［德］齐美尔：《社会美学》，载于《桥与门：齐美尔随笔集》，涯鸿、宇声译，上海三联书店，1991 年，第 217—232 页。下文中齐美尔的引述，均出自《社会美学》一文。

的表象的愉快的根据。"[1]康德的论述读起来非常饶，简单来说，就是美是一种客观的存在，而审美作为一种判断，也只能与事物本身的外在形式相关联，而非内在的价值与内涵。

齐美尔指出，康德的美学思想实际上是一种"审美冷漠"，而忽略了"事物背后是否有可把握的真实"。在齐美尔看来，美不仅仅在于事物的客观存在，而在于这种客观存在如何激发起人们内心对于美的一种主观感受。审美判断也因此不仅仅存在于事物外在的表现形式，而更多的存在于个体内在的精神与审美欲求。

所以说，社会作为一件艺术品，不应该仅仅只是将外在的形式塑造得多么炫目从而增加其价值，而是应该更加看重其自成一体的风格，以及背后所折射出的文化品质和历史厚度。诚如齐美尔所言："艺术品的魅力毕竟是依赖于与原始情绪的共鸣，正是这种原始情绪从根本上激动了我们的灵魂。"

齐美尔又特别指出，对称作为现代生活的一种审美原则，已经成为社会生活中的一种普遍主义而存在，支配着我们日常生活的方方面面。什么是对称？在《社会美学》一文中，齐美尔指出：

> 对称的本质在于，一个整体的每一个要素只有顾及到其他要素、顾及到一个普遍的中心才能各守其位，各遵其道，各存其意。倘若各个要素反其道而行之，只听从一己之愿随心所欲、各行其

---

[1] ［德］伊曼努尔·康德：《判断力批判》，邓晓芒译，人民出版社，2002年，第27页。

是，整体的形态就会随意地左冲右突，必定毫无匀称可言。

但是对组织统一、布局对称之美的过度追求，会导致整个社会的审美趣味偏向于所有的一切都是围绕一个中心，按照对称原则来运转。而这样的追求，实质上是国家强制意志渗透社会肌理的一种体现。按照齐美尔的说法：

> 对称的魅力，连同对称的内部均衡性、外部完美性和各部分与一个统一的中心的协调关系一起，势必会产生美学吸引力的效果，对众多的思想实行专制，要它们绝对服从一个国家意志。

在这种情况之下，国家对于社会的控制、对于个人的管理，就会省力很多，只需要有一个统一的行政命令自上而下地执行，就可以高效完成。但是这种对称的审美效应所带来的绝对实用性，会导致个体的自由个性和想象力被抹杀，在共同的中心里，秩序之美愈发依靠集体人格对于个体人格的吸纳，牺牲个体以成全集体来实现。

城市的神韵

沿着齐美尔的思路，美国城市问题研究权威乔尔·柯特金（Joel Kotkin）在 2005 年出版的《全球城市史》（*The City: A Global History*）一书中，指出一座活力充沛的城市，必须具备三个特性——

安全、繁荣和神韵。[1] 在这本书中，柯特金系统探究了数千年来都市生活的进化过程，并且从历史的角度提出了许多城市规划方面的观点。对于科特金来说，城市不仅仅只是"生活的机器"，而且还同时折射出这个地区的神韵、安全感以及生机等内在的品质。

所谓神韵，科特金认为应该泛指"神圣"传统，亦即在中古时期城市所拥有的宗教信仰，而在现代世俗社会，则可引申为一个城市的共识价值及精神面貌。每一座独特的城市，都有属于这一座城市独特的信念，或源于传统，或源于宗教，亦可源于本土生活价值和人文精神，除了用以取得市民认同，亦激发持续不断的文化创造，在文学、艺术、文化各个领域，推陈出新，发展出多姿多彩的生活方式。

然而，在城市化的汹涌浪潮之下，我们看到资本的力量渗透进中国的每一个角落，城市的信仰变成了一种简单粗放、经济主义至上的城市发展趋同化表现，对"繁荣"的追求，成了城市发展和规划的唯一指标，而完全舍弃了"神韵"这一特质。

当我们拖着行李，带着热情的期待来到遥远的远方时，却发现全中国的省会城市一个模样，全中国的地级市又一个模样，楼房、街道、广场，甚至路边的标语，都是和身边差不多的布局和规划。每一座城市，都疯狂地提倡要将本地区打造成经济中心，而无视自身的独特历史和人文气质。我们的城市由此变成一个大工地，不断地挖啊挖，高架改隧道，隧道改高架，十字路口改圆盘，圆盘再改

---

[1] ［美］乔尔·柯特金：《全球城市史》，王旭等译，社会科学文献出版社，2006 年。

回十字路口，反反复复，周而复始，没有一天停歇过。

　　一个真正有魅力的城市，一定是有独特性格和韵感的城市。在城市规划和建设中，我们就需要找到这座城市的性格，主动发掘与塑造城市的面貌，城市才可以有效运作，散发其应有的活力。城市的吸引力不在于有多少高楼大厦，有多少国际化的标杆和口号，而在于它所展现出来的生活的无限可能，从而能够安放不同个体的自由诉求。

　　社会学强调人的效应，正是居于其间的人塑造了城市，而不是城市塑造了人。如果我们把人都按照统一的标准进行要求，或者把人分成三六九等，并将末等的人驱离出城市，那么这个城市就缺乏应有的包容和温度。一个城市自身活力的发掘，一定不是单一的政府决策可以实现的，而是其间每一个个体可以充分行使自我选择权力的体现，他们给城市赋予了多样性，让每一座城市不再千篇一律，从而在根本上塑造了城市独特的性格。

　　与此同时，在城市的空间构建上，一个核心的要点是集聚日常生活的力量。日常生活的力量，不是自上而下地通过行政动员就可以达成的效果。譬如说，我们的行政部门会有计划、有意识地按照规划打造创业园区、艺术中心，但实际上空间的建立往往并不是先拥有一个实体的建筑空间，反而是先有了一群人——艺术家、音乐家、写作者。他们会聚集在一起编辑自己的刊物、定期举行集会进行艺术或者产品的创作和创新，这样才会生发出一个空间。这种在行政部门指令以外自发形成的空间，是一种替代性空间。它是自下而上

的聚集起来，是自发的、内生的，所以会更加有活力，也更加能集
聚日常生活的力量。

混杂也是一种秩序美

因为工作的关系，我曾经在香港居住过很长一段时间，对这座城
市有着很多深入的观察和写作，自然也对这座城市有着很多的批评。

初次来到香港的游客，对这座城市的第一印象，大概就是鳞次
栉比、密密麻麻的高楼大厦了。香港有着"石屎森林"的"美誉"。
石屎，即混凝土。在香港，地产商为了求快，政府为了求快，大量
使用混凝土作为主要的建筑材料，疯狂地建设新楼盘。高密度的高
层建筑群体集合在一起，形成了一种特有的城市哥特式风景。

其实从 20 世纪 90 年代开始，香港的建筑设计美学就分支成两
大主流——"官僚主义"和"地产主义"。前者由香港政府建筑署主导，
后者由大地产商主导。"官僚主义"把所有建筑物看成棋子，以"净
化空间"作为城市的规划目标；"地产主义"则把所有建筑物看成平
面容器，奉行简单的功能化和实用化。两者的共通点就是都不重视
建筑空间的质素，不注重历史文化的蕴含。他们只追求外表、数量、
体积、高度，只关心档次、品位、价位和利润，不以"人"为本，
而以"商人"为本，以经济利益为本，凸显出香港建筑文化中所充
斥的"商业主义"（mercantilism）本质。

不得不承认，城市规划对秩序的改造功效是巨大的。规划是企

图把一切都纳入秩序，把一切都归为发展蓝图中的增长点。于是，那些经过多年文化累积自行生成的旧区街道，一下子被城市规划的巨轮所碾碎，历史建筑也纷纷被粉饰为旅游景点，居于其间的人们被迫搬迁到屏风屋苑、摩天大楼之中，仿佛被囚禁于鸟笼中的鸟儿，只能透过封闭的几扇窗，哀怨地望向窗外的石屎森林，然后沉重地叹出几口气。

　　但是，任何一座城市也必然是由历史和文化所组成，或用齐美尔的话说，由内在的精神生命所组成。那些锈迹斑驳、砖红瓦绿，夹杂在高楼大厦中的老旧建筑，正是香港这座城市由过去走向未来的真实写照；而那些横亘于街道上方各色醒目的霓虹招牌，纷乱、夸张、撞色，让人迷失，但却早已经成为香港一种独特的文化符号。张爱玲在小说《倾城之恋》里，就描绘过白流苏坐船靠岸时第一眼望到的香港："是一个视觉夸张的城市，码头上围列着的巨型广告牌，刺激的颜色窜上落下，倒映在绿油油的海水里。"在文学家的笔下，城市的混杂之美获得了持久的生命力，不断地传承和延续，成了香港这座城市永不磨灭的文化传统，并凝练成居于其间的普通居民们的集体记忆（collective memory）。

　　所谓"集体记忆"，首先由法国社会学家莫里斯·哈布瓦赫（Maurice Halbwach）提出，用以跟"个人记忆"（individual memory）相区别，其《论集体记忆》（La Memoire Collective）一书更是脍炙人口的经典，近代由德国学者扬·阿斯曼（Jan Assmann）加以发挥，并应用到所谓"文化记忆"上。哈布瓦赫认为，回忆活动本质上是社会性的，因为绝对私人的回忆，往往因缺乏逻辑和系统而显得模糊混乱，并且通常会因为时间消逝而变得零碎、散乱、淡化。相反，社会集体记忆却能通过现代城市、建筑物和公共空间来不断更新，得以追溯。从这层意义上讲，公共空间、古旧建筑乃至社会事件等都是集体记忆的载体。[1]

对于一般大众而言，集体记忆，这个很不生活化的词语，可以成为一股时髦，即是怀旧。怀旧是一种感情，是对过去的眷恋，也是对现实的感怀。同时，集体记忆也是一种增强集体认同感的象征，对身份的认同因为集体中共同拥有的记忆而更显紧密。美国学者林奇（Kevin Lynch）强调，社区的历史与文化环境更益于建构身份上的归属和体认。一条满载历史记忆的老街，比国家纪念碑更有意义。老街可以营造出更为贴身的地方感，让当地的居民更能介入空间、环境与文化的营造中，从而凸显出身份意义上的主体性。

事实上，城市的空间秩序，决定了居于其间的城市居民的生活质量。建筑大师贝聿铭曾说过："更重要的是建筑家追求一种'特殊的品质'（special quality），以代表所在地的精神。"可以说，一栋建筑物倘若缺乏对人的价值的尊重，对人的理想的关怀，没有方便使用的功能在里面，没有美的成分在里面，那只会是一个躯壳，光有簇新的外在，却失去了内在的历史内涵和精神价值。

---

[1] 参看［法］莫里斯·哈布瓦赫：《论集体记忆》，毕然、郭金华译，上海人民出版社，2002年。

　　从这层意义来说，建筑和空间其实是文化不可磨减的呈现与记录，它不再是人们对物质需求的无止境膨胀，而是对人性关怀这一核心价值的不断诠释。

　　说到底，当社会作为一件艺术品，其真正内在的核心，还是人，还是对于人的关怀和尊重。

时尚的哲学：

抖音、滤镜、后浪重新定义了这个世界吗？

活在滤镜的时代里

　　喜茶、磨边牛仔裤、斩男色口红、淘宝、抖音、滤镜、网红主播、线上知识付费课程、企业家高管培训班……，在每一个生活场景里都有特定属于这个时代的产物。可能是日常生活的必需品，也可能是同事朋友之间交流的谈资，还有可能是为了虚荣心和面子的需求。面对纷繁复杂、日新月异的时尚流行，在这个"后浪"的时代，有人冷静旁观，而更多人则选择热情追随，迫不及待地参与其中，想要成为潮流中的一部分。

　　拿很多人每天必刷的抖音来说。在抖音推出半年后，用户量就突破了 1 亿人次，截至 2020 年 1 月，日活跃用户超过 4 亿。也就是说，每天有 4 亿人次在抖音上观看、留言或是上传短视频，这已经成为今天很多人的一种生活方式，甚至像上瘾一样，只要打开手机，就有冲动去点开看更新。我有一次回家，看到小区里的保安站在分类的垃圾桶旁边，举着手机一边自拍，一边微笑着念念有词。我凑过去一问，原来他是在拍抖音视频，还热情告诉我他的抖音账号，让我赶紧去关注。

社交媒体让每个人都感觉可以成为这个世界、这个时代或是自己的发声者，每个人都可以吸引到互联网上欣赏自己的人，也可以了解日常生活以外的其他世界，可能是小到一条跳舞唱歌的短视频，也可能在 15 秒的视频背后是大 V 的一次千万级网络营销，在无限的推送更新之中，构成了属于我们这个世界的时尚，也深刻影响了消费观、价值判断、社会心理。

时尚的哲学

那么，在社会学中，对于时尚的定义是什么？

齐美尔早在一百多年前就对时尚发表了见解，他的研究主要集中在《时尚心理的社会学研究》（Zur Psychologie der Mode Sociologische Studie）、《时尚》（Fashion）、《时尚的哲学》（The Philosophy of Fashion）等短文中，其中包含着丰富的描述和分析，至今仍然在社会学讨论中占有重要的地位。

什么是时尚？齐美尔在《时尚心理的社会学研究》一文中下了这样的定义，即："通过某些生活方式，人们试图在社会平等化倾向与个性差异魅力倾向之间达成妥协，而时尚便是其中的一种特殊的生活方式。"[1]

怎么理解呢？社会平等化指的是人人都处在一个频道上，穿着打扮都一样。譬如 20 世纪 80 年代大家都穿着千篇一律的灰色中山装或绿色解放装，成了一个时代的集体记忆。个性差异魅力指的是在全民统一的基础之上，个别人选择突出自我的特色，展现出不一样的个性元素和风貌。譬如还是回到 80 年代，当美国电影《霹雳舞》（*Breakin'*）于 1986 年在中国上映之后，在电影的带动之下，年轻人纷纷烫起了爆炸头，走起了太空步，就是一种追逐时尚，展现自我的生活方式。

在这个时候，时尚作为一种符号，它不是永恒的，而是总在发生变化。但无论怎样变化，时尚都代表着一段特定阶段的风潮，人们会因为想要展现出自己与众不同的独特性，而争先恐后地去实践，同时又必须抛弃掉一部分自我的个性，和社会的风潮相贴切。

那么，这样的时尚可以给人们带来什么呢？

首先，时尚作为一种生活方式，一定程度上唤起了人们对于外表的追求，或者说，一种对自我的幻想。比如，穿一件明星同款的衣服，背一个同款包，可能就有十秒钟感觉自己和偶像一样在人群中闪闪发光。这是很多人赚钱买买买的动力，是消费主义所推动的。

---

[1] ［德］西美尔：《时尚心理的社会学研究》，载于《金钱、性别、现代生活风格》，刘小枫编，学林出版社，2000 年，第 93—101 页。下文中齐美尔的引述，均出自《时尚心理的社会学研究》一文。

用齐美尔的话说就是：“(时尚）有真正令人刺激和振奋的魅力。在过度的刺激面前，现代人逐渐陷入文化产品的拜物教。”

其次，时尚在像一阵风一样迅速虏获大众芳心的同时，也让大众在潮流中找到了一种归属感。在齐美尔看来，人们对于时尚的追求，是一种个体追求被整体肯定的期待。齐美尔就指出：“对于某些个体来说，时尚是一座真正的乐园，展示了一些与众不同、引人注目的东西。时尚也提高了默默无闻者的地位，使他成为整体的代表，而他也感觉到自己负载着一种整体精神。”

齐美尔的这番言论很好地解释了今天为什么那么多人喜欢、追求在互联网上被转发和点赞，当把加过滤镜后的照片、视频、精心编辑的文字上传到社交媒体后，期待着能够得到朋友或是广大陌生人的赞同、羡慕、崇拜，甚至追随，并且希望自己可以成为时尚的推动者，有机会站在时代的巅峰。当然，大多数人只是想借着时尚更好地参与主流的社会生活，获得一种心理上的放松和安全感。

时尚的阶层划分

那么，拨开时尚的表象，它的本质又是什么？

齐美尔认为，时尚本质上是一种阶层划分的产物。要知道，任何一种时尚的新鲜事物出现都不是从天而降的，都是由一个群体或是阶层开始的，当受到大范围关注后，再慢慢被其他群体或阶层所接受、追捧。就好像今天玩的骑马、高尔夫、弹钢琴、看戏剧等，在以前，都是只有贵族阶层才可以有机会接触到的奢侈生活方式，但现在已经逐渐走入寻常百姓家，甚至成为一种普通人的时尚。

关于这点，齐美尔也有过举例：

> 纨绔子弟推动着时尚的倾向，甚至超出一般情况下会停止下来的程度，如果尖头鞋子是时髦，他就会让自己的鞋变成船；如果高领是时髦，他穿着的衣领就会直竖到耳朵；如果星期天上教堂是一种时尚，他就会从早到晚都待在里面。

那么，作为阶层划分的产物，时尚又是如何进行传播的呢？

对于这一问题，齐美尔用了"模仿"这一概念来解释，他认为：

> 在一个社会中，上层阶级为了与下层阶级相区分而发起示差行为，当下层阶级识别这种行为后，便会通过模仿寻求一致，一旦这种模仿消除两者差异之后，上层阶级就会寻求新行为。表现为时尚的阶层化，消费商品与文化品位用以区分地位高下。

让我们举个例子来更清晰地理解这种时尚的"模仿"。生活在北京、上海的 80 后，童年时候吃一顿肯德基、麦当劳都觉得是一件非常奢侈的事情，难得去吃一顿，还要拍照留个念，可能很多人家里都有和麦当劳叔叔大笑合影的照片。但在今天的一二线城市，则早已经是一件非常稀松平常的事情，甚至因为有了更多更优的选择，很多人已经不太去光顾了。而在四线、五线、一些小县城、小镇上，则出现了像"肯麦鸡""康帅傅""万事可乐"这些山寨品牌，如果站在一二线城市的角度，自然会觉得这很可笑，和时尚完全搭不上边，是一种消费降级，但如果从四五线城市的角度来看，这其实是一种时尚的模仿，一种生活方式的升级。

毕竟，从路边摊里没有任何服务体验，到现在不仅有了门店，用餐环境大为改善，还有了过去小镇上没有的美食，终于赶上了大城市的潮流，这让长期在外打工者回到家乡时，也觉得和城里在生活、经济上的差距没有以前那么大了。表面上看，尽管没有正宗的肯德基，但也是已经有了相似度很高的替代品，是生活上的改善和进步，在小地方算是接棒了大城市的时尚。

齐美尔指出："新颖的时尚，无论怎样都仅仅顺应较高阶层。一旦较低阶层开始养成这种时尚，那么，较高阶层便远离这种时尚，转向新的时尚。通过新的时尚，较高阶层重新同广大芸芸众生区别开来。"换句话说，时尚始终处在新旧交替的变换过程之中。较低阶层看到较高阶层的风尚品味后，开始也产生了仿效较高阶层对于时尚的追逐，这反而促使较高阶层抛弃掉旧的时尚，转而去创造出新的时尚，以便将较低阶层远远甩在后面，以凸显自己的特殊身份与地位，以及与较低阶层的差异性。于是"时尚的游戏就这样快乐地周而复始"。

就好比当小镇上的人为吃到香脆的炸鸡而感到新鲜、兴奋的时候，大城市里的人已经为了追求健康，开始形成了一种新的吃素菜、深海鱼等负担轻、有营养的绿色有机食品的时尚风潮。所以，时尚让阶层分化这一点更为明显。

而在任何一个时代，只有稀缺的资源才可以让身在更高阶层的人获得心理上的快感，地位上的彰显，体验一种鹤立鸡群的优越感。比如，当中产与精英都能购买名牌手袋、名车，能负担起去美国加州、欧洲地中海度假的时候，一眼看上去，似乎两者没有什么明显的区别。甚至因为中产阶级在社交媒体上爱晒爱炫，显得更为高调。但其实这几年开始，精英阶层已经越来越多地把钱花在无形的、需要坚持长期投资才能看到丰厚回报的地方，譬如给美国顶级大学捐赠以期提升孩子入学的可能性，还有各种自我提升的商学课程，抑或是艺术品和珠宝收藏等。

数据上来看，随着中国高净值人群数量的增加，有钱有闲、追求品位的人越来越多，中国艺术品市场这几年非常活跃。巴塞尔艺术展和瑞士银行联合发布的2018年全球艺术品市场的研究报告显示，2018年中国艺术品市场的交易额为128亿美元，占全球艺术品市场的份额为19%，仅次于英国。如果仅从拍卖市场来看，中国的成交额目前位列全球第二。在一些世界级的拍卖会上，也能看到中国顶级富豪的豪爽出手。

所以，时尚不仅仅是表面的光鲜华丽，更是齐美尔所强调的一种阶层划分的产物，是个体用来维护社会圈、人脉网的有效工具。

时尚的补偿机制

在齐美尔看来，时尚还是一种社会地位的补偿机制。个人的需求一般有两种：一是表达自我的需求，二是归属于更大群体的需求。时尚就扮演了这样的功能，可以在两种需求之间进行调节。特别是对于社会地位较低的群体来说，通过追求社会的风潮，可以让他们感到被融合进社会这个整体之中，从而实现补充社会地位的功能。

这里跟大家分享一项有趣的研究，是由香港中文大学新闻与传播学院的方可成教授做的关于社交媒体时代舆论变迁的研究。在我们的设想当中，微信公众号中最受欢迎的，应该是那些网络大 V 和微信红人的公号，譬如之前的咪蒙，随便一篇文章，就可以轻松达到 10 万＋点击，带来巨大的流量。但是研究发现，事实上最受大众欢迎的微信公号，却反而是以人民日报为代表的官方媒体运营账户。这些公号之所以如此受欢迎，并不仅仅是因为他们经常第一时间发布权威信息，而是因为他们还会定期发布更加贴近大众需求的心灵鸡汤式的软文。譬如说人民日报的微信公号，每天晚上 10 点前后，都会准时发布一条心灵鸡汤文章"夜读"，谈人生如何追求梦想，谈家庭如何处理好爱情与亲情，谈职场如何打扮如何谈吐，等等不一而足。倘若有一天如果这一条推送没有准时出现，人民日报微信端的后台就会涌入大量的留言，询问今天什么时候更新，很多人都在等待这一条推送，更有用户表示，不读到这一条心灵鸡汤文章，就睡不着觉。

为什么这一篇心灵鸡汤的文章，会有如此巨大的魔力呢？研究就发现，原来人民日报有大量的用户，都是在北京、上海、广州、深圳这样的大城市里漂泊的年轻人。这些年轻人怀揣着在大城市奋斗扎根的梦想，成为北漂、沪漂、深漂。他们白天在写字楼里紧张工作，晚上回到自己出租的一间几平方到十几平方不等的小房间里，身心俱疲之下，在大城市中独自打拼的孤独与焦虑感就会愈加浓烈，这个时候，就特别需要一篇打着鸡血的心灵鸡汤文章，告诉他们如何在职场上更快地取得成功，如何增强自己的人际交往能力，或者如何打卡城市中有特色的网红店，如何评价热播电视剧的主题剧情等。这些文章通过人民日报这样权威的账号发布，也更加带有公信力，使人信服。因此阅读了这些文章之后，这些在城市中漂泊的异乡人，可以深切感受到在城市中的奋斗是有前路的，感受到自己是和这座城市里的其他人融为一体的，大家都在关注着共同的美食、电视剧和时尚潮流，仿佛自己也和城市的脉动紧密联系在了一起。

这项研究从一个侧面也证实了，时尚对于社会阶层较低的群体，是会帮助他们产生对于更大社会群体的认同，从而至少在心理层面提升自己的认同感。按照齐美尔的说法，就是："时尚满足了社会调适的需要；它把个人引向每个人都在行进的道路，它提供一种把个人行为变成样板的普遍性规则。"

时尚中的迷失

我们在前面讨论过，齐美尔认为，时尚是一种阶层划分的产物，以自身的方式和逻辑重构社会。正是有人看准了这一点，把时尚作为一种媒介，寄希望可以通过一个限量发行的名牌包、一个精英荟萃的 MBA 班来实现自己阶层的跨越、获得地位、人脉的提升，从此可以改变命运，青云直上。

如果说物质上的买买买，只要不太超越自己的支付能力，还算是一种现代生活刚需的话，那么，眼下到处可见、已成为一种社会时尚的各种总裁班、MBA 班，则是人们被虚名、隐形的圈子文化所集中套路的表现。有个朋友告诉我，他认识一个人花高价读了一个 MBA 班，但一读就是好几年。大家关心他，以为是课程太难、论文不好写，所以迟迟毕业不了。没想到，他说，不着急毕业。只要一直在这个班级里，就相当于拿到了一张接触知名企业家俱乐部的门票，可以源源不断地认识些精英，比起每年多交的几千块学位费，实在是太划算的一笔生意经。

除了时髦的总裁班，还有人趁着鼓励大众创业的大潮，将公司包装成一个花哨的 PPT，各处演讲、营销，却迟迟见不到实实在在的产品，不但投资人的钱打了水漂，也欺骗了市场，违背了自己创业的初心。靠投机上位的创业者并不会持久，靠牺牲大众利益换来的财富，来得快去得也快。

而过分追求所谓的时尚，再加上野心勃勃的目的，可能会导致从众甚至盲从的心理，其实反而会带来个性的消失。换句话说，你以为你追了流行，但其实是被套路了。比如，有家长听说游泳、高尔夫的特长、参加美国 NASA 夏令营、会做机器人的经历等，可以帮助增加孩子将来录取欧美名校的概率，于是不惜砸重金，当陪练、日复一日地苦训，又漂洋过海地送去参加各种科学营，姑且不论孩子的身体素质是否适合这些运动，又是否都真的有兴趣，但有没有想过，在未来的招生官眼里，这千篇一律的特长和培养路径，真的能让孩子的简历脱颖而出吗？

保有内心的自由

所以，在追求时尚的过程中，有人会被外在的浮华所吸引，因此可能迷失了自我，在金钱利益和虚名地位里穿行，却很少关注真正的需求是什么？什么是适合自己的？齐美尔阐述的时尚的本质就是模仿，之后同化，再形成阶层分化，这样不断循环的过程。时尚并不是简单的物质需求，而是由社会塑造的。社会风潮的更迭虽然短暂快速，但是时尚本身是永不改变的，它会一直存在并深深影响人类的社会和生活。

齐美尔向我们展示了如何用哲学的思想去思考社会问题。社会学家往往习惯于从现象出发，对问题进行阐述。而齐美尔同时又作为一名优秀的哲学家，将哲学思维与社会现象结合并进行深度阐述，在书里处处都能体现出哲学中对立统一的概念。比如他提到，社会大众认为"时尚"的人，会集赞许与嫉妒于一身等。

　　在我看来，时尚作为一个社会的产物，本身是无辜的，是现代生活的重要组成。时尚是一面镜子，折射了当下的光怪陆离、善恶交织和社会的螺旋式发展。希望我们每个人都不掉入一些由时尚而起，却又因为人心而变的陷阱和套路中，植根于内心的修养，保有内心的自由。

大城市与精神生活：

在每个人的心里，是不是都有一座回不去的故乡？

回不去的故乡

在北京、上海这样的大都市里，我们中的很多人都是一位异乡人，即使这里有我们的工作、朋友，也依旧很难真正把他乡当作故乡。即使在大城市里有那么多丰富的、来自全世界的美食可以选择，但在特定的季节和时间里，我们最想念的可能还是家乡的一种可以炖汤的野菜、一碗妈妈亲手擀的面疙瘩、一杯爷爷酿的米酒。味觉不会骗人，它是我们精神世界最直接、最真实的反映，让我们身在异乡，却时常在心里掂量着故乡的分量。

最近两年有一种说法，叫作"逃离北上广"，很多人在大城市打拼了多年却还是觉得心有余而力不足，因为各种高昂的生活成本，受不了的空气污染，疲于应付的复杂人际关系……于是，选择换一种活法，卖了大城市的房子、车子，离开北上广，回到故乡工作安家，或是一些经济潜力不错的二线城市，另外去寻找个人发展和生活的归宿。

而依旧留在大城市的人呢？可能时常会忍不住想，我的生活是否一定要选择这样的 hard 模式？为了动辄几百万的高额房贷，每天起早贪黑、披星戴月，到了周末就累得只想躺在家里吃外卖。这样在城市里的生活，是否意味着一种巨大的妥协与牺牲呢？在大城市和小城市之间，到底应该做出何种选择？是不是在每一个人的心里，都有一座回不去的故乡？

大城市里的精神生活

在社会学里，有一个很重要的研究领域就是城市社会学。我们今天来和大家一起探讨一下齐美尔关于城市社会学的观点。虽然齐美尔从来没有使用城市社会学这一概念，也没有系统地研究过城市，但他的思想却深深地影响了以城市社会学研究为己任的芝加哥学派的诞生：芝加哥大学社会学系的创立者 A.W. 斯莫尔（Albion Small）与齐美尔相识后，将他的诸多著作引入美国；另外一位芝加哥学派的代表人物之一罗伯特·帕克（Robert Ezra Park），也在齐美尔门下接受过正规的社会学训练。

齐美尔关于城市的零星思考，尽管写于百年之前，但他对生活在城市中的个体精神生活的关注、对现代社会的态度与展望，仍然没有过时，放到今天来看，还是有着很强的研究生命力，不仅在城市社会学研究中得到回应，而且至今，也依然可以得到城市观察者们的共鸣。

在《大城市与精神生活》一文中，齐美尔提出了一个经典问题："一个现代人在城市生活中如何保持独立个性并存活？"[1]这也是大家在提到大城市的时候，最有共鸣的问题之一。

对于这一问题，齐美尔是从大城市如何塑造了人的精神世界这一层面进行了解答。在齐美尔看来，人，是城市生活的真正核心，所以应该要从人的角度去思考大城市和精神世界之间的关系，去探究城市中的个体如何适应城市的巨大差异性。正如齐美尔所言：

> 在精神生活的形成中，大城市具有唯一的极其重要的地位，它们是一种伟大的历史产物，围绕着生活的各种对立的思潮都有同样的权利在这里汇集和发展。大城市的各种现象有可能使我们有好感，也可能使我们反感。

一方面，从好感的角度来看，大城市的魅力对于不安于现状的年轻人而言，是不言而喻的。城市里灯火辉煌、人流穿梭，处处蕴含着机遇与发展。对于居于期间的人来说，虽然辛苦，但也有无限

[1] ［德］西美尔：《大城市与精神生活》，载于《桥与门：齐美尔随笔集》，涯鸿、宇声译，上海三联书店，1991年，第258—279页。下文中齐美尔的引述，均出自《大城市与精神生活》一文。

可能的生活。很多时候，也许只是多一份坚持，多一些面对挑战不松懈的任性，就可以获得被认可，打开向上流动的通道。

另一方面，在我们享受城市生活所带来的巨大便利的同时，也目睹了人情冷漠、交通拥堵、环境污染、治安不佳甚至城乡冲突等一系列城市问题，正慢慢地渗透到每个人的日常生活中。为了今天经济的高速发展，我们付出了巨大代价，这也是为什么让人们感到大城市确实"不易居"。雾霾、上班高峰时挤不上的地铁、比工资上涨更快的房价、巨大的职场竞争压力，身处其中的我们，难免感到焦躁与紧张。

特别是在人际交往上，城市里有着精于计算、利益当先的冷漠关系，有时候甚至是令人沮丧的人情氛围。这是一种"城市病"所带来的不可避免的"都市人格"，包括了货币经济及城市巨变带来的对人际互动的不信任、孤独冷漠、矜持审慎、持续的精神紧张、理智压倒情感等特征。不论从事什么行业，"都市人格"都有不同程度的表现，就好像伤风感冒咳嗽一样，不致命却有时候感觉到备受折磨。

事实上，每座城市都有自己的气质，我们常常开玩笑说的"魔都"和"帝都"，其实就是非常精准地概括了中国最大的两座城市的特点——有让我们讨厌的地方，恨不得下一秒钟就离开，也有让我们撞得头破血流，却依然愿意为它留下来的理由。

在异乡漂泊的人，就这样一边渴望着精彩人生，一边付出巨大的代价，这是大城市生活所赋予的美好和残酷，身在其间的每一个人，都无法幸免。用齐美尔的话说，就是："大都会（metropolis）造就了城市居民生活的守时、精确性与准确性，而城市环境及金钱交易对于个体的过度刺激，则制约着城市居民的精神生活，给他们带来了双重影响。"

大城市还是小城市？

大城市还是小城市？这是一个"to be or not to be"的问题。在一些畅销书、网络大 V 的各种方法论教导之下，选择了大城市的人，想要扎根有成就，都需要有十八般武艺，左手成功学，右手厚黑学。而小城市的生活相对单纯许多，可以有着父母的庇佑，亲戚长辈的帮助提携。因此，前者被认为是一种主动吃苦的人生，而后者则被看作是孝顺、享福。

那么，在齐美尔眼里，大城市和小城市的精神生活各有什么特点？一百年前的情况和今天的城市生活又有什么变化、不同呢？

要回答这一问题，可以从两个维度去理解。

第一个维度，是把大城市和小城市的生活进行比较，看看大城市中人和人之间的关系是如何建构的。

首先，齐美尔对于大城市所诞生出的理性主义精神是持支持态度的，他认为这种精神生活是建立在理智的基础之上，较之于小城市的一成不变的稳定生活，更加可以获得精神上的充沛。齐美尔就说：

> 首先要理解大城市精神生活的理性主义特点，大城市的精神

生活跟小城市的不一样，确切地说，后者的精神生活是建立在情感和直觉的关系之上的。直觉的关系扎根于无意识的情感土壤之中，所以很容易在一贯习惯的稳定均衡中生长。相反，当外界环境的潮流和矛盾使大城市人感到有失去依靠的威胁时，他们——当然是许许多多个性不同的人——就会建立防卫机构来对付这种威胁、他们不是用情感来对这些外界环境的潮流和矛盾做出反应，主要的是理智，意识的加强使其获得精神特权的理智。

但另一方面，大城市中的理性主义精神，如果超过一定的限度，过于理性，也会导致人和人之间陷入冷漠无情的关系互动中。对此，齐美尔就非常犀利地指出，因为货币经济和理性主义，要求人们遵守时间、精打细算。所导致的结果，就是大城市中所特有的一种精神状态：

> 大城市人相互之间的这种心理状态一般可以叫作矜持。在小城市里人人都几乎认识他所遇到的每一个人，而且跟每一个人都有积极的关系。在大城市里，如果跟如此众多的人的不断表面接触中都要像小城市里的人那样做出内心反应，那么他除非会分身术，否则将陷于完全不可设想的心理状态。这种心理状态，或者说我们面对在短暂的接触中瞬息即逝的大城市生活特点所拥有的怀疑权利，迫使我们矜持起来，于是，我们跟多年的老邻居往往也互不相见，互不认识，往往教小城市里的人以为我们冷漠，毫无感情。

不可否认，城市居民的精神世界的确存在着"异质化"。也就是说，要求他们保持与乡村居民同样的人格与思维方式显然是不现实的。在现代都市生活中由于社会纽带的关系作用逐渐削弱，个体的原子化等现象确实存在。

不过在我看来，这种在城市交往中特有的矜持，一定程度上也让大都市的人可以保持一定的自由度和独立。和乡村、小镇相比，大城市的人和人之间的距离更有分寸感。比如，因为生活节奏忙碌，不会过多插手他人的隐私生活，无论是多么糟糕的情况之下，大家都努力维持基本的体面和尊严。可能有人批评这是一种虚伪，但事物的另一面就是，人们不需要刻意去和不相干的人交代太多，在本来就压抑的钢筋水泥森林生活中，获得喘息的空间、向外伸展的余地，就可以拥有更丰富的生命体验。这也是为什么很多年轻人宁可留在大城市过着辛苦打拼的生活，也不愿意回到家乡的"熟人社会"之中，被迫接受七大姑八大姨的关心和审视。相比较而言，在大城市里，看到的不仅是被包容和理解的个人自由选择，还有梦想可能被实现的样子。

与此同时，今天邻里之间的互动尽管可能没有过去那么频繁，但还是在一定程度上维持着交集。城市带来了文明的产生，代表着高度发达的现代化生活，但我们也为此做出了许多妥协与牺牲。在大城市里，因为科技的发展，社区文化、邻里之间的互动甚至还比从前更多维度、更丰富了。比如，很多小区都有业主微信群，逢年过节总会发布各种活动的通知、老人旅游团、亲子活动的召集等等。

　　第二个维度，则是看大城市可以提供哪些小城市无法提供的机会和机遇。

　　随着经济结构的变化，城市之间的差距越来越大。齐美尔就说：

　　　　小城市的生活基本上局限于自身的范围，由本身的范围所决定。而大城市的精神生活犹如荡漾开去的水波，涉及国家、民族的或者国际的广泛范围，这对大城市来说是有决定性意义的。

　　齐美尔的这个观点显然是非常超前的。具体到个人，大城市里的确有着更为宽广的视角和天地，决定着年轻人对未来的选择。放到今天来看，有些行业的确只有在大城市里，年轻人才能找到自己的一席之地。比如，新媒体、IT……大部分小城市本身的经济活力就偏弱，新兴产业的发展当然也是处于萌芽状态或者甚至没有什么生长的土壤。在行业选择的局限面前，年轻人只有一条路，那就是出走。

　　我有一位在新媒体工作的朋友，毕业后在北京工作一段时间后，因为父母的召唤回到了东北老家，但是半年之后就发现待不下去了，几乎没有他想要找的工作，即使偶尔出现个机会，待遇也非常低，几乎看不到职业的前景在哪里。他告诉我，继续留在东北，只有两种选择：一个是托关系找一份体制内的工作，喝茶看报纸，很快变成油腻中年。另一个就是上抖音、快手讲段子，而且现在入场还晚了，东北老乡前辈们早就占据了好职位的半壁江山。带着这样清醒的自嘲，他说服了父母，又再度杀回北京租房、找工作。

渴望"被看见"

在北京、上海、广州这样的特大城市里，有着很多漂泊的打工者，这些城市中的异乡者也特别值得我们关注。

他们居住在城市的边缘地带，一般从事着体力型或者服务型工作，保障着城市每日的正常运转，却常常被城市所抛弃和遗忘。他们尽管在物理空间上属于大城市，但精神状态、心理归属上还是在农村，他们觉得自己就是农村人，不觉得自己是城市人，虽然赚着老家同龄人几倍的工资，但在大城市里却依旧属于社会的底层。他们也没有什么朋友，知道想要往上流动非常困难，可能三年、五年里都得干着类似的工作，在大城市的夹缝里努力寻找着自己生存的空间。他们无法真正融入大城市生活中，也无法再回到自己的家乡，这一部分群体，他们的城市精神生活，又体现出了怎样的特征呢？

为了回答这一问题，我带着学生们做了一项研究，去调查在大城市里务工的边缘群体，他们如何通过快手这样的短视频网站，来构建自己的精神世界。我们的方法很简单，就是打开快手这个APP，然后查找在附近正在直播的人，再登陆进软件和这些直播的人聊天。他们也许正在筛沙子，也许正在送外卖，也许正在砌砖块，但他们都有一个共同的特点，就是他们都是城市里的打工者。

有趣的是，虽然在快手首页上推荐的，都是点击率很高的网红内容，经常有上万的粉丝互动和留言，但是在附近直播的人，却更加真实，也几乎没有任何的"观众"。所以当我们作为他们也许是这一直播时间段里唯一的关注者，进入和他们聊天的时候，他们就有着极大的倾诉欲望，几乎知无不谈，甚至还会主动提出来加微信继续聊，或者是提出线下见面接受深度访谈。

我们发现，大城市里的打工者，他们往往会陷入一种巨大的身份焦虑之中。越久离开家乡，就越有一种"回不去"的惆怅，这种回不去，当然不是地理上的，而更多是精神上的。习惯了城市里的生活方式、人际交往的关系，"故乡"对很多人来说，越来越像一个回家过年的符号，充满了年度的仪式感。而在大城市里，他们又始终有着渴望"被看见"的强烈愿望。

在这种情况之下，快手这样的短视频软件就成了一个最好的媒介。一方面，快手成了城市务工者脱离现实的管道。比如，每天在短暂的休息时间里，放工后、睡觉前，刷快手、玩游戏，从中找到一些不花什么成本的刺激和快乐，这样就可以忘记现实生活中的艰难不易，摆脱心理上的孤独和焦虑。在城市发展前进的洪流里，他们的身份微小，在庞大的雇佣和权力组织面前更像是一粒小小的灰尘，微不足道。而快手，成了他们精神世界里的一种娱乐鸦片，短暂的麻痹掉在城市打工中的种种辛酸。

另一方面，城市务工者在快手这样的平台上，通过直播这样的途径，将自己至少在网络这样的虚拟空间里，融合进城市的生活，以期待被其他人所看到。因为渴望"被看见"，所以他们活跃在网络短视频、社交媒体上，来自陌生人的点赞、转发甚至是打赏，是他们平行世界里所能找到的重视和温暖，从而达成一种心理上的补偿。

城市务工者的精神世界，就在这种焦虑麻痹和渴望"被看见"的交织中，每天周而复始。精神世界的背后，其实是物质世界中大城市谋生的不堪和辛酸。我们时不时会听到外卖小哥深夜哭泣这样的新闻，他们泪水的背后，才是我们更要去关心的精神生活。

与城市同在

诗人、作家罗智成曾在一首诗里这样描述我们所生活的城市：

> 你所待过的城市
> 都会成为你性格的一部分
> 就好像你所爱过的恋人
> 都会成为你性格的一部分

我们对于所在城市的感情，是在无声无息间发生的。但凡走过必留下痕迹，在无意识的时候，城市对我们的改变就已经写入了我们的皮肤里、眼睛里、心里，在漫长的光阴里改变了我们对于世界的看法。而这一点适用于在任何一座城市生活的人。与其抱着抄捷径的念头，想知道大城市的生存智慧，不如问问自己，想成为一个怎样的人。或者说，想成为一个拥有怎样精神生活的人。是丰富的还是贫瘠的？是宽广的还是狭隘的？

选择大城市，就意味着选择了创新、创造而不是墨守成规；而回到故乡，回到父母身边，也并不意味着就能"躺赢"，逃避所有困难。任何的两种生活方式都不是针锋相对的，不管在哪里生活，最需要的都是为自己的选择而负责，并主动承担相应的各种结果。

我们看到，齐美尔对大城市和精神生活的研究，还是非常具有前瞻性和先导性。和100多年前相比，因为信息和科技的发达，可以让我们更多维度地认识、了解一座城市，体验一种生活方式，但不变的是，我们仍然在思考、讨论齐美尔当时的话题，那就是"大城市和精神生活"之间的关系是什么？随着经济的发展，又衍生出了哪些新的问题？我们应该用怎样的眼光和态度来看待这一切呢？

对于这些疑问，让我们用齐美尔的一句话作为结尾来回答：

我们作为细胞的短暂的存在是属于这整个历史生活的，我们的任务不是谴责或原谅，而仅仅是理解。

结　语
社会学的想象力：批判理解世界的钥匙

切问时代的病症

任何时代都具有这一时代特有的时代病症，而为时代切病问诊的，正是不断思考、不断提出新的社会理论以穿透日常图景，深刻理解人类社会发展的社会学家。

人类本性与社会秩序，是社会学持久讨论的两大命题。在这一系列有关社会学理论的讨论中，我从社会学的视角带着大家去认识秩序、理解人性。我们不仅有社会学理论层面的探讨，在诸多经典社会学名家的著述中去认识不同学者在不同时代背景下对于秩序的不同分析，对于人性的不同解构。从涂尔干的社会分工到马克思异化的向度，再到韦伯工具理性的"铁笼"和齐美尔的大都市精神生活，现代性引起的巨变总是引发社会学家对人性中真诚、美德、自然一面的关注和隐忧。

我们同时更加关照当下的现实，在社会变迁的时代巨浪之下，我们的社会出现了什么样的问题和矛盾，不断挑战着既有的社会秩序，让我们追问，社会发展是否等同于进步？在国家与个人、个人与社会、社会与国家三个维度的交织之下，我们又应该如何更好地去解决这些挑战，维护秩序的长久稳定和有序？

德国思想家马克斯·舍勒（Max Scheler）曾指出，从传统社会向现代社会的转变，不仅是环境和制度的转化，而且是人自身的转化，这是一种发生在人的"身体、内躯、灵魂和精神中的内在结构的本质性转化"。[1]

类似的，美国社会学家彼得·伯格（Peter Berger）在《与社会学同游》（*Invitation to Sociology*）一书中也曾说："社会学家感兴趣的东西可能有很多，但他的压倒一切的兴趣始终是在人的世界——世人的制度、历史和热情。既然他对人感兴趣，人的一切所作所为就不可能是完全枯燥乏味的东西。凡是激发人终极信仰的事件，举凡使人悲伤、辉煌、极乐的时刻，他都自然而然地感兴趣。"[2]

由此我们看到，社会学家最关心就是人的问题，他们不断思考、不断提出新的社会理论，就是为了能从理性、科学的角度理解和总结人类本性与社会秩序。

---

[1] ［德］马克斯·舍勒：《价值的颠覆》，罗悌伦译，生活·读书·新知三联书店，1997年，第207页。

[2] ［美］彼得·伯格：《与社会学同游》，何道宽译，北京大学出版社，2014年，第21页。

价值中立还是情感关切？

在社会学研究中，还有两个重要的问题想在这里和大家讨论一下。

第一个问题，有关研究的价值立场。在研究的过程中，社会学家应该保持价值中立，还是带上鲜明的情感与价值立场？社会学难免会关切人们的信念，以及支撑人们社会行为的各种价值。社会学家同样也对社会与世界怀抱着价值与信仰，甚至还抱持着认定应该如何组织社会与世界的情怀。但在社会学的研究中，社会学家是否可能将他们的价值与信仰，与他们由研究中得出的结论区分开？

对于这一问题，并没有一个明确的"是"或者"不是"的答案。

大部分的社会学家都有一个相同的观点，即认为社会学提供了介入社会及政治行动的科学基础。某些社会学家相信，为了让社会学建立其学术与科学的信誉，就必须要采取一种超然和价值中立的立场。这究竟是否可行，仍旧没有共识，但我们不得不承认这毕竟是一种很普遍的立场。

其他的社会学家则认为自己更加接近人文学科，而非自然科学。在他们的观点中，社会学对于社会行动和关系的描述与分析，用的是人文学科的想象力和描述能力，而非模仿自然科学的方法。因此，就某种意义而言，社会学家的知识无法全然中立与超然，因为这些知识早已经被人们用来诠释与重新塑造出社会学家研究的社会现象。

在韦伯看来，所谓的社会事实，实际上都极其依赖社会学家所佩戴的诠释或者道德的眼镜。然而处于价值中立的立场上，韦伯认为社会学家不应公开表明他们对社会事实等事物抱持的个人观点。

　　但是，假使所有的社会构想与概念，都不可避免地要侵染上社会学家的价值与信仰，那么由此产生出的知识，如何能够不充斥着观察者本身的价值和偏见呢？对于韦伯而言，他由此创造出了所谓的"理想类型"的概念，以作为"事实诠释的单一面向"。在我们其中的一节中，大家已经学习到，理想类型是一种解释的机制，试图突显特定社会现象最为重要的性质或者特征。理想类型既不是事物应然面的规范性描述，也不是实然面的实证性描述，而是希望有助于对社会既存的形式进行测量和比较。

　　事实上，在我看来，社会学家是有着天然的使命的，他们应该怀抱着公共的关怀和抱负，希冀通过社会学的知识生产为改变世界、推动社会变迁做出贡献。

　　美国社会学家赖特·米尔斯在《社会学的想象力》一书中就曾指出，社会学独特的"心智品质和洞察能力"，是"将公共议题与个人困扰相关联，与个体生活的问题相关联，才能揭示前者的人性意涵"。[1] 由此，社会学作为一种公共的智力工具和批判利刃，它自带的批判性，就要求社会学者能够穿透我们日常生活的图景，看到一个大时代在结构性迭变趋势下，所带来的诸多问题和困境，并有勇气运用自由和理性，去改造社会，使之成为一个更加良序善治的社会。

---

[1] ［美］赖特·米尔斯：《社会学的想象力》，李康译，北京师范大学出版社，2017年，第 319 页。

这也正是米尔斯那句名言"力求客观，但绝不冷漠"的真意所在。

面对中国社会的真问题

第二个问题，则是社会学作为一门理论，如何指导社会现实。

我们无时无刻不身处于现代社会的日常生活之中，可是对于个体与社会的关系、个体在社会中的表现形式、社会的形式和秩序、个体与个体之间的互动模式等的关注和熟悉程度远远不够。面对个人与社会复杂的关系，特别是面对如今中国社会所面临的种种现代社会的弊病，齐美尔为我们指出了一个思考的方向："我们的任务不是去抱怨或纵容，而只能是理解。"

在我看来，社会学在如何理解社会现实上，至少有三个批判性的维度值得去做。

第一，社会学应当对各种新的经济、组织、政治和文化现象，在理论上追求创新。

自 20 世纪末期以降，高新科技的发展、经济结构的演变、社会—政治体制的改革而引发的巨大、深刻的变迁，使得整个人类社会面对着一系列前所未闻的新问题：民粹主义盛行、反智主义狂欢、地区矛盾、贫富分化愈加严重。对此，社会学这门学科，如果要在 21 世纪中生存下去，就必须有能力面对和处理这些新的问题，力求客观，但绝不冷漠。而要培育此种能力，就必须努力发展新的知识系统。

第二，社会学应当对当代人文社会科学领域的知识加以融会贯通，努力实现跨学科知识交流与融合，或者说，努力变成"新社会学"。

这里所谓的"新社会学"有两层意思：一层意思是说，社会学本身的知识内容，必须得吸取人文社会科学相关领域的知识，才能实现发展和创新；另一层意思是说，社会学这门学科，亦有能力跨入人文社会科学的相关领域，成为其他学科基本建设的一个环节。

第三，社会学应当对中国社会的真问题、对中国的新鲜经验进行社会学的概念化建构，成为社会科学的共享知识。

所谓"对中国社会的真问题"，是说社会学的研究问题，不应来自依据经典大师的语录而对社会生活的直接剪裁，也不应来自权力机构的"长官意志"的提示，而应来自社会学者作为一个掌握了社会学知识的社会行动者，在这个社会里经由积年累月地探索和体验而提出的问题，并且这些问题必定是靠近这个社会的实际运作逻辑的。同时，在研究中国社会的真问题的时候，不应该仅仅只是囿于本土范围，而是必须要超越本土，尝试着与西方社会学的前沿理论对话，以期丰富甚至推动整个社会学学科的发展。

对于这三点，我们可以从一个小例子里一窥其精髓。

目前，中国社会正在逐步走向一个"断裂"的社会：在社会等级与分层结构上，一部分人被甩到社会结构之外，而且在不同的阶层和群体之间缺乏有效的整合机制；在地区之间，城乡表现出明显的二元分化；在文化及社会生活的诸多层面，不同社会部分的专属文化混杂共存。

以农民工的城市融入问题为例。国家统计局发布的《2019 年农民工监测调查报告》显示，2019 年底农民工数量已达 2.91 亿，其中增量主要来自本地农民工。如此庞大的人群再加上目前相对滞后的城镇化进度，使城市，尤其是特大城市的治理面临着诸多挑战。在此背景下，北上广深等许多大城市纷纷开始进行整治疏解活动，大量不符合城市核心功能定位的边缘弱势群体被驱离。我们在其中的一节里，跟大家分享过的有关北京拆除菜市场的研究，就是其中一个例子。

从结构性的社会分层角度看，各阶层各职业的人都在发挥一定的作用和功能，以维持社会秩序的基本运转。他们相互需要，互相依存，才得以形成完整的城市生态系统。社会有机体中，整体是为了各个部分而存在，但同时，社会各个部分又受到整体的制约，受限于其在整个结构整体之中所处的位置，除非社会整体发生变化，否则各个部分不可能独立承担整体变化所需要的条件。涂尔干在《社会分工论》中就指出，社会秩序是建立在劳动分工之上，分工使得人与人之间形成有序的互动，互相依赖，从而产生了情感，基于情感产生了集体良知，这就是基本的道德。

然而通过行政手段强制清理弱势群体，这不但破坏了城市原本稳定的社会生态结构，而且相当于变相地让最弱势的底层群体承担了城市进化过程中所耗费的各式社会成本和残留的各类社会问题。从社会学的角度出发，在城市管理中，我们更加需要的，是为外来务工人员提供有效的阶层向上流动通道，以及基本的公共服务保障，推进流动人口和打工族的及时"市民化",推进趋于均衡发展和资源的合理配置,这样才可以使得他们更好地融入城市系统之中,达至滕尼斯笔下一种共同体的关系纽带和精神归属。

成为理性、自由的人

米尔斯曾经说过:"我不相信社会科学能拯救世界……我所具有的知识使我对人类的机遇有非常悲观的估计。但即使这是我们现在所处的境地,我们还是必须问,如果凭借智识确能发现摆脱我们时代危机的出路,那么不正轮到社会科学家来阐述这个出路吗?我们所代表的——尽管并不总是很明显——是对人和人类处境的自觉。"

归根结底,秩序的背后是人性,是我们作为个人在现代世界中的处境和命运、抉择与改变。人不能脱离社会而单独存在,作为社会人的我们,按照米尔斯所言,应该成为理性的人、自由的人、公共的人、道德的人,因为只有"所有人都成为具有实质理性的人,他们的独立理性将对他们置身的社会、对历史和他们自身的命运产生结构性的影响"。

我们不能奢求所有人,但是,在这一刻觉醒的人,都应该意识到自己该成为怎样的人。